# 동아시아 고대사의 쟁점

# 동아시아 고대사의 쟁점

이덕일 지음

한사군 한반도설과
임나=가야설 비판

만권당

**일러두기**

- 본문에 나오는 인명과 지명, 학교명, 서적명 등은 원칙적으로 한글 맞춤법 표기법에 따랐다.
- 일본의 지명이나 인명의 경우 원칙적으로 한글 맞춤법 표기법에 따랐으나, 한자로 의미가 더 명확하게 통할 수 있는 단어나 고서적명 등은 한자음 그대로 표기했다.
   예)『고사기』,『일본서기』등
- 문헌이나 논문을 직접 인용한 경우에도 독자들의 혼란을 막기 위해 인명 표기는 통일했다.
- 중국의 지명이나 인명의 경우 한자음대로 표기했다.
- 북한 인명이나 잡지 등의 표기는 북한 표기를 존중했다.
   예) 리지린,『력사과학』등
- 전집이나 단행본, 정기간행물은『 』, 논문, 연구보고서 등은「 」로 표기했다.

# 동아시아는 역사전쟁 중

## 1. 중국

　미국의 트럼프 대통령은 2017년 『월스트리트 저널(wall street journal)』과의 인터뷰에서 중국의 시진핑 주석이 "한국은 역사적으로 중국의 일부였다."라고 말했다고 밝혔다. 여기에서 말하는 한국은 북한이 아니라 한국 전체를 뜻한다는 설명까지 덧붙였다. 이에 대해 남한의 강단사학은 약속이나 한 듯 일제히 '침묵 모드'에 들어갔다. 예상했던 바다. 필자는 이 보도를 보고 '중국은 역사학 관련 상황이 국가주석에게까지 보고되고, 국가주석은 역사학 관련 사항을 숙지하고 있구나!'라는 생각이 들었다.

　우리 국민들은 동북공정(2002~2007)은 알지만, 중국이 그 전부터, 그리고 지금까지 계속 역사 관련 공정을 해오고 있다는 사실은 잘 알지 못한다. 동북공정보다 앞서 하상주단대공정(夏商周斷代工程:

1996~2000)이 있었다. 삼대(三代)라고 불렸던 고대 하·상·주(夏商周)의 역사 연대를 확정 짓는 역사공정이다. 중국은 그간 하·상·주 중에서 주(周)나라만 연대가 확실한 역사로 인정해왔다. 19세기 말 갑골문이 발견되고, 1920년대 하남성 안양현(安陽縣)에서 은허(殷墟) 유적이 드러나면서 상(商: 은)나라도 실존했던 왕조로 인정했지만, 하(夏)나라는 아니었다. 중국은 하상주단대공정으로 은·주나라뿐만 아니라 하나라도 서기전 2070년부터 서기전 1600년까지 실존했던 나라라고 단정 짓고 각급 학교에서 가르치고 있다. 상나라는 서기전 1600년부터 서기전 1046년까지, 주나라는 서기전 1046년부터 서기전 771년까지 실존했던 왕조라고 확정 지었다. 하상주단대공정은 사실상 하나라를 실존 왕조로 만들기 위한 역사공정이었다. 은나라는 전 세계 학자들이 모두 인정하는 것처럼 동이족 국가이기 때문이다.

중화문명탐원공정(中華文明探源工程: 2004~2015)이라는 역사공정도 있었다. 하·상·주 이전의 전설시대였던 삼황오제(三皇五帝)까지도 역사 사실로 둔갑시키는 프로젝트다. 그 일환으로 산서성(山西省) 양분현(襄汾縣)의 도사(陶寺) 유적을 오제(五帝) 중 요(堯) 임금의 왕성이라고 주장하고 있다. 또한 하남성 낙양시 언사(偃師)의 이리두(二里頭) 유적을 하나라 왕성 유적이라고 확정 지었다. 국사수정공정(國史修訂工程: 2010~2013)도 있었다. 『사기(史記)』부터 『청사고(清史稿)』까지 중국의 25사(史)를 수정해서 다시 발간하는 프로젝트다. 지금은 중화문명전파공정(中華文明傳播工程: 2016~2020) 중이다. 이런 역사공정으로 새로 만든 역사를 전 세계에 선전하는 공정이다.

중국의 여러 역사공정은 주로 한국 고대사와 충돌하고 있다. 동북공정뿐만 아니라 신강 위구르 지역의 역사를 중국사로 만드는 서북공정과 티베트 지역의 역사를 중국사로 만드는 서남공정도 있었지만, 이들 지역에는 인도의 티베트 망명정부 외에 독립된 국가가 없기 때문이다.


## 2. 일본

사사카와 료이치(笹川良一: 1899~1995)라는 일본 극우파 인물이 있다. 1931년 일본 극우 정당 국수대중당을 만들었는데, 이탈리아의 파시스트 무솔리니를 숭배해 국수대중당의 제복을 파시스트 당과 비슷한 것으로 만들었던 인물이다. 1945년 일제 패전 후 A급 전범으로 체포되었으니 사형당했어야 마땅한데, 미국의 동아시아 정책이 전범들을 포용하는 것으로 전환되면서 석방되어 경정(競艇) 도박산업으로 큰돈을 벌었다. 그가 만든 재단이 사사카와 재단(현재 이름은 일본재단)인데, 지금은 그 아들 사사카와 료헤이(笹川陽平)가 이사장이다. 사사카와 료헤이는 일본의 극우 교과서를 만들자는 '새로운 역사 교과서를 만드는 모임(새역모)'의 회장이기도 한데, 이 사사카와 재단이 '남경 대학살은 없었다'는 등의 국제 학술대회를 조직해 과거 일제의 만행을 부인하는 데 앞장섰다. 물론 일본군 위안부도 없었다고 부인한다. 이 사사카와 재단의 자금 100억 원이 국내 모 사립대학에 '아시아 연구기금'이라는 명목으로 유입되었다. 또 다른 사학도 50억 원을 지원받았고, 지금도 계속 지원되고 있다. 1990년대 중·후반 일본 연수 또는 일본 유학 붐이 분 배경이 이런 일본 극우파 자금 지원이었다.

일본 극우파들이 한국의 학자들과 대학원생들에 주목한 이유가 있다. 1980~1990년대 일본의 고고학자들이 가야 지역과 일본 규슈 지역의 고고학의 흐름을 조사한 적이 있었다. 그 결과, 일방적으로 가야계가 일본 열도로 진출했다는 사실이 고고학적으로 드러났다. 그 역의 경우는 성립되지 않았다. 고대 야마토왜(大和倭)가 가야에 진출해 임나일본부를 세웠다는 임나일본부설이 일본 고고학자들에 의해 완전히 무너진 것이었다. 그러자 일본 극우파들은 한국 학자들을 일본으로 불러들여 재교육한 후 한국으로 되돌려 보내는 전략으로 수정했다. 장학금은 물론 일부는 생활비까지 대주는 파격적 혜택이었다. 이들이 귀국 후 일본군 참모본부에서 조직적으로 유포한 '임나=가야설'을 주장한 것은 일본 극우파들의 잘 짜인 구도 안에서 움직이는 것이었다. 일본에서 재교육을 받거나 학위를 받은 한국인 학자들은 귀국 후 국내 주요 대학의 사학과 교수 자리를 꿰찼다. 이들은 총론으로는 임나일본부를 부인한다고 스스로 면죄부를 준 후 각론에서는 임나가 야마토왜의 외교기관이라는 둥 교역기관이라는 둥 온갖 현란한 논리로 가야를 임나로 둔갑시켜 놓고 있다. 일본에 정한론(征韓論)이 등장하던 19세기 말과 비슷한 상황이 전개되고 있는 것이다.

## 3. 남한과 북한

중국은 국가 차원에서, 일본은 극우파들의 조직적 차원에서 역사전쟁에 나서고 있다. 중국과 일본이 역사전쟁에 나서는 이유는 명백하다. 언제가 될지는 알 수 없지만 미래의 어떤 시기에 국제 정세가 변해서 다시 군사 침략이 가능한 시기가 되면 한국에 대한 영토 강점의 논리로 사용하기 위해서다. 동아시아 역사전쟁이 미래의 영토전쟁이 되는 이유다.

이런 동아시아 역사전쟁에서 한국은 어떤가?

중국이 동북공정에 나서자 한국은 고구려역사재단과 그 후신인 동북아역사재단을 만들어 대응에 나섰다. 이 재단이 지금껏 쓴 국고만 4천억 원이 훌쩍 넘는다. 중국에서 각종 역사공정에 쓴 돈의 열 배는 넘을 것이다. 그러나 그간 동북아역사재단은 필자가 『우리 안의 식민사관』(만권당, 2018)과 『매국의 역사학, 어디까지 왔나』(만권당, 2015)에서 낱낱이 밝힌 대로 대한민국 국민들이 낸 세금으로 중국의 동북공정과 일본 극우파의 역사 왜곡을 지원하는 행위를 조직적·의도적으로 자행해왔다.

이 역사전쟁에 조금이라도 관심이 있는 국민들은 이 문제에 관한 한 대한민국은 국가가 아니고, 이 나라에는 정부가 없다고 입을 모은다. 아니 정부가 없으면 그나마 다행인데, 국고로 중국 동북공정과 일본 극우파의 역사 왜곡을 지원하는 행위를 반복해왔으니 더 큰 문제다. 주요 정치인·관료들이 식민사학자들과 맺은 식민사학 카르텔과 주요 정치인·관료들이 역사에 무지한 사맹(史盲)이 이런 반국가적 행태의 숙주다.

구체적 사례로 국고 10억 원을 하버드대학에 상납해 중국 동북공정, 일본 극우파가 왜곡한 한국사를 영문으로 만들어 전 세계에 배포하려다 민족사학자들에 의해 제동이 걸렸다. 동북아역사재단에서 국고 47억 원을 지원해 제작한 『동북아 역사 지도』는 식민사학을 추종하는 남한 강단사학계의 적나라한 실상을 드러냈고, 많은 국민들은 큰 충격을 받았다. 이 지도는 한사군을 한반도에 그려 중국에 넘겨주었고, 4세기에도 백제, 신라, 가야는 존재하지 않았다고 그리지 않았다. 반면 같은 시기 일본에는 거대한 야마토왜가 제국으로 존재하고 있었다고 그렸다. 그래야 야마토왜가 가야 지역을 점령해 임나일본부를 설치했다는 논리가 성립될 수 있기 때문이다. 잇단 지적에도 불구하고 독도는 끝내 누락시켰다. 심지어 조조(曹操)가 세운 위(魏)나라가 경기도까지 차지했다고 그렸다. 조조가 경기도까지 점령할 군사력이 있었으면 주적(主敵)인 오(吳)와 촉(蜀)을 무너뜨리고 중원을 통일했을 것이라는 평범한 상식은 통하지 않는다. 이 지도에서 조조의 위나라가 경기도까지 지배했다고 그린 것을 중국의 시진핑이 보고받고, "한국은 역사적으로 중국의 일부였다."라고 말해도 되겠다는 자신감이 생겼을 가능성도 있다. 『동북아 역사 지도』에 나타난 반민족·반국가적 행태는 친일적이라고 비판받던 박근혜 정권에서도 용납할 수 없을 정도여서 폐기할 수밖에 없었다.

그런데 이 망국적 지도를 이른바 촛불정권을 자부하는 문재인 정권에서 동북아역사재단 이사장으로 임명한 김도형이 다시 제작하겠다고 기염을 토했다.(『한국일보』, 2018. 2. 22.) 『한국일보』 기자 조태성은 김도형 이사장에 대한 인터뷰 기사의 제목을 「지난 4, 5년 외풍 시달려 …… 『동북아 역사 지도』 사업 재개하겠다」라고 뽑으면서 "한사군 위치 문제를 두고 좌초돼 '유사역사' 논란을 거세게 불러일으켰던 『동북아 역사 지도』 사업이 재개된다."고 환영했다. 한사군의 위치를 경기도까지 그려서 중국에 넘겨주고, 4세기에도 백제, 신라, 가야는 존재하지도 않았다고 삭제한 반면 일본에는 거대한 야마토 제국이 존재한 것으로 그려 놓고, 독도는 끝내 누락시킨 지도의 내용을 비판한 것이 '외풍'이고 '유사역사학'이라는 비난이다. 한 세기 전 조선총독부가 대종교, 천도교, 미륵불교 등의 민족종교를 '유사종교'로 낙인찍어 탄압했던 현상의 정확한 재연이었다. 2016년 『역사비평』은 '한국 고대사와 사이비 역사학'이라는 특집을 꾸려 이른바 생물학적 나이는 젊은 기경량, 안정준, 위가야 등을 내세워 조선총독부에서 조직적으로 유포한 '한사군 한반도설'과 '임나=가야설'을 옹호하고 나섰다. 그러자 보수 언론은 물론 이른바 진보 언론들까지 일제히 나서 천동설을 깨뜨린 위대한 학자들이라도 탄생한 양 대서특필했다. 한국 사회에서 드물게 보는 좌우 언론 합작이었다. 생물학적 나이는 젊은 이들은 팟캐스트에서 "조조의 위나라가 경기도까지 차지했다는 사실은 『삼국지(三國志)』를 한 번만 읽어보면 다 알 수 있다."고 천연스레 거짓말까지 유포했다.

북한은 어떤가? 북한은 해방 후 '한사군 한반도설'을 주장하던 일부 고고학자들과 '처음부터 한사군은 요동에 있었다'고 주장하는 문헌사학자들 사이에 오랜 논쟁을 전개했다. 그러다가 1958년경 리지린이 북경대 대학원에 유학해 고사변(古史辨) 학파의 고힐강(顧頡剛)을 지도교수로 고조선사를 연구했다. 고힐강 역시 한사군은 북한 지역에 있었다고 본 중화주의 사학자였지만, 중국의 수많은 사료를 근거로 대륙 고조선사를 밝혀낸 리지린의 연구 성과를 부인할 수 없었다. 그래서 북한 학계는 1962년 리지린의 『고조선 연구』 출간을 계기로 조선총독부에서 만든 '한사군 한반도설'은 자취를 감추었고, '한사군 요동설'이 자리를 잡았다. 현재 북한에서 '한사군 한반도설'을 주장하는 학자는 한 명도 없다. 놀라운 것은 이 문제에 관한 한 상부의 명령 등의 학문 외적인 방법으로 '한사군 한반도설'을 폐기하고 '한사군 요동설'을 확립한 것이 아니라 학자들 사이의 치열한 논쟁을 거쳐 '한사군 요동설'을 확립했다는 점이다. 반면 남한 학계는 지금까지 이 문제를 두고 논쟁다운 논쟁 한번 한 적이 없다. 이 문제에 관한 한 남한은 아직도 총독부 홍위병들의 세상이다.

남한 학계의 이른바 정설이라는 '임나=가야설'에 대해 북한 학계는 어떤 견해일까? 1963년 월북학자 김석형은 「삼한 삼국의 일본 열도 내 분국에 대하여」(『력사과학』, 1963. 1.)를 발표했는데, 이 논문은 일본군 참 모본부의 광개토대왕릉비 조작설을 제기했던 재일 사학자 이진희 교수에 의해 일본에도 소개되어 일본 학계에 큰 충격을 주었다. 임나는 가야가 아니라 가야계가 일본 열도에 진출해 세운 소국, 분국이라는 것으로 지금의 오카야마(岡山)현 기비(吉備) 지방이 임나라는 주장이었다. 이후 북한 학계는 분국설이 정설이 되었고, '임나=가야설'을 주장하는 학자는 없다.

김석형의 분국설은 규슈를 비롯해 일본 고대의 수도 나라 등지의 수많은 고고학 발굴 결과로도 사실로 입증되었다. 그러나 남한 강단사학자들은 아직도 "김석형이 임나의 위치를 일본 열도로 비정한 것이 치명적 약점"이라고 우기면서 '임나=가야설'을 정설이라고 주장하고 있다. 남한 학계의 시계는 1945년 8월 15일 이전에 맞추어져 아직도 '한사군 한반도설'과 '임나=가야설'만이 정설이라고 우긴다.

동북아역사재단뿐만 아니라 한국학중앙연구원도 마찬가지다. 한국학중앙연구원은 한가람역사문화연구소가 수행했던 '일제강점기 민족지도자들의 역사관 및 국가건설론 연구'의 15권의 저서 중 4권을 출판 금지했다. '한사군 한반도설'을 비판하고 '한사군 요동설'을 주장한 저서, 조선총독부 직속 조선사편수회 출신 학자들의 해방 후 행적을 연구한 저서, 독립운동가들의 고대사관을 연구한 저서, 남한 실증사학을 서양의 실증주의 역사관에 비추어 비판한 저서 등은 남한에서 출판되면 안 된다는 것이다. 북한에서 이미 1962년에 정설로 확립된 '한사군 요동설'이 대한민국에서는 출판 금지 대상이다. 독립운동가들이 어떤 고대사관을 가졌는가 하는 점도 남한에서는 출판 금지 대상이라는 것이니 한국학중앙연구원은 대한민국 정부가 아니라 일본 내각 소속이라고 하면 명실이 상부할 것이다.


## 4. 사료의 힘, 진실의 힘

중국의 주은래(周恩來: 1898~1976) 총리는 1963년 6월 28일 중국을 방문한 북한의 조선과학원 대표단을 만나서 "(중국에서) 도문강(圖們江), 압록강 서쪽은 역사 이래 중국 땅이었다거나, 심지어 고대부터 조선은 중국의 속국이었다고 말하는 것은 황당한 이야기"라고 비판하면서 고대 요동 지역은 한국사의 강역이라고 인정했다. 모택동(毛澤東: 1893~1976) 주석도 북한의 김일성 주석을 만나 요동은 원래 한국 땅이라고 인정했다. 중국의 여러 고대 사료에 나온 것을 인정한 것이고, 그때만 해도 패권을 추구하지 않았던 사회주의자의 양심으로 말한 진실이었다. 그러나 시진핑이 패권주의를 노골화하면서 중화인민공화국을 만든 모택동 · 주은래의 양심의 말을 "한국은 역사적으로 중국의 일부였다."라는 궤변으로 뒤집었다. 시진핑은 아마도 남한 학자들이 그렇게 주장하지 않느냐고 자신의 이론을 정당화하고 있을 것이다. 북한이 1962~1963년에 폐기한 '한사군 한반도설'과 '임나=가야설'이 남한 강단사학계에서는 여전히 정설이다. 남한 강단사학계가 분단에 기생해 수명을 연장하는 분단사학이라는 명확한 증거다.

이제 조선총독부가 만든 식민사학, 곧 남한 강단 식민사학은 관 속에 들어갈 때가 되었다. '한사군 한반도설'과 '임나=가야설'이 왜 관 속에 들어가야 하는지는 이 책을 일독하면 쉽게 알 수 있을 것이다. 비록 현실은 중화 패권주의 사관, 일본 극우파 사관과 남한의 강단 식민사관이 3각 연합 편대를 형성하고 있을지라도 진실의 힘과 사료의 힘이 끝내 승리해온 것이 학문의 역사이다.

2019년 1월, 종로 수운회관 내 한가람역사문화연구소에서

# 차례

# '한사군 한반도설'과 '임나＝가야설' 비판

## 1. 고조선의 서쪽 강역

### (1) 고조선의 서쪽 국경과 중심지

고조선사에서 건국 시기 문제와 함께 중요한 것이 강역 문제다. 이는 고조선의 영토가 얼마나 넓었는가 하는 문제인데, 이 중에서도 중요한 것이 서쪽 국경선이 어디까지인가 하는 부분이다. 즉 고조선이 존속하고 있던 시기에 중국사에 존재했던 연(燕)·진(秦)·한(漢)과의 국경이 어디였는가를 찾는 문제이기도 하다. 이와 더불어 이 시기 고조선의 중심지, 즉 도읍지가 어디였는가 하는 점도 중요하다.

먼저 고조선의 서쪽 국경선은 어디까지였는가?

고조선은 춘추전국시대의 연나라, 전국시대를 통일한 진나라, 그리고 한나라와 국경을 맞대고 있었다. 고조선의 서쪽 국경이 어디인가 하는 문제는 연나라, 진나라, 한나라의 동쪽 국경이 어디인가 하는 문제와 같은 것이다. 고조선의 중심지, 즉 도읍은 어디였는가에 대해서 세 가지 설이 있다. 대동강 유역이었다는 '대동강 중심설', 고대 요동(遼東) 지역 이었다는 '요동 중심설', 그리고 요동 지역에 있다가 대동강 유역으로 천도했다는 '중심지 이동설'이 그것이다. 먼저 고조선과 중국의 국경 문제를 살펴보자.

## (2) 산동반도까지 걸쳐 있던 고조선

중국 문헌 가운데 '조선'이라는 명칭이 가장 먼저 등장하는 것은 서기전 8~7세기 때의 사실을 기록한 『관자(管子)』다. 『관자』는 춘추시대 제나라 재상이며 '관포지교(管鮑之交)'로 널리 알려진 관중(管仲)이 지은 것이다. 이는 최소한 서기전 7세기경 중국인들이 이미 조선의 존재를 알고 있었음을 말해준다. 『관자』의 해당 조항을 보자.

> (제나라의) 환공이 말하기를 "사방의 오랑캐가 복종하지 않는 것은 아마도 잘못된 정치가 천하에 퍼져서 그런 것이 아닌가 걱정이오……." 관자가 말하기를 "……발, 조선(發朝鮮)이 조근(朝覲)을 오지 않는 것은 문피와 털옷(綖服)을 예물로 요청하기 때문입니다. …… 한 장의 표범 가죽이라도 여유 있는 값으로 계산해준다면 8천 리 떨어진 발, 조선도 조근을 오게 될 것입니다."라 하였다.[1]

---

1 『관자』제80편 「경중갑(輕重甲)」. "桓公曰, '四夷不服, 恐其逆政, 游於天下, 而傷寡人, 寡人之行, 爲此有道乎?' 管子對曰, '吳越不朝, 珠象而以爲幣乎! 發朝鮮不朝, 請文皮綖服而以爲幣乎! 禺氏不朝, 請以白璧爲幣乎! 崑崙之虛不朝, 請以璆琳琅玕爲幣乎! 故夫握而不見於手, 含而不見於口, 而辟千金者, 珠也, 然後八千里之吳越可得而

이는 서기전 8~7세기 춘추시대 때의 인물인 관중이 조선의 존재를 알고 있었음을 말해준다. 관중은 산융(山戎), 고죽(孤竹) 등을 정벌하기 위해 연나라의 북방을 지나 난하(灤河) 유역까지 진출했던 일이 있었다. 그는 이때 이미 조선의 존재와 위치에 대해서 알고 있었을 것이다. 여기에서 발, 조선이 어디인지 이해하려면 식신(息愼) 또는 숙신(肅愼)을 이해해야 한다. 『사기(史記)』 「오제본기(五帝本紀)」 〈제순(帝舜)〉조를 보면 "북쪽에는 산융과 발, 식신이 있다."[2]는 구절이 나온다. 이는 서기전 23세기경의 일을 기록한 것인데, 이 구절에 대해서 고대 중국의 역사가인 정현(鄭玄)은 "식신은 혹 숙신이라고 이르는데, 동북의 이(夷)족이다."[3] 라는 주석을 달았다. 여기에서 알 수 있는 것은 서기전 23세기경의 일을 기록한 『사기』 「오제본기」 〈제순〉조의 '발, 숙신'이 1,600여 년 후인 서기전 8~7세기경의 일을 기록한 『관자』에는 '발, 조선'으로 표기되었다는 사실이다. 즉 '식신 = 숙신 = 조선'이라는 것이다. 그래서 조선의 정약용은 물론 독립운동가 신채호, 정인보 및 북한의 리지린 등이 모두 숙신을 조선과 같은 명칭으로 보았다. 『사기』 「사마상여열전(司馬相如列傳)」은 제(齊)나라가 국경을 맞대고 있는 다른 나라들에 대해서 이렇게 설명하고 있다.

또 제나라는 …… 동북쪽으로 숙신과 이웃하고 있으며, 오른쪽은 탕곡과

---

朝也. 一豹之皮容金而金也, 然後八千里之發朝鮮可得而朝也.'"

2 『사기』 「오제본기」 〈제순〉. "北山戎·發·息愼."

3 『사기』 「오제본기」 〈제순〉의 『사기집해(史記集解)』 주석. "鄭玄曰, '息愼, 或謂之肅愼, 東北夷.'"

경계를 이루고 있다.[4]

제나라는 산동반도에 있던 나라인데, 이 구절의 '사(邪)'자에 대해 『사기』 주석서인 『사기정의(史記正義)』는 "동북으로 접하고 있는 것을 이른다."라는 주석을 달고 있다. 숙신, 곧 고조선은 제나라와 동북쪽으로 국경을 접하고 있었다는 뜻이다. 이 내용은 한나라 경제(景帝)와 무제(武帝) 때인 서기전 2세기경의 인물인 사마상여(司馬相如)의 「자허부(子虛賦)」라는 사부(辭賦)에 나오는 것이다. 이때가 언제인지 시기를 특정하지는 않았지만, 고조선이 멸망하기 직전인 서기전 2세기경의 중국 지식인들은 고조선이 한때 산동반도에 있던 제나라와 국경을 맞대고 있었음을 알고 있었다는 것을 말해준다. 즉 고조선이 한때는 산동반도 북부 일부까지 차지하고 있었다는 사실이다. 이 글은 고조선이 동북쪽으로는 제나라와 접하고 있었고, 탕곡으로 경계를 이루었다는 내용이다.

『사기』「오제본기」〈제요(帝堯)〉조의 "희중(羲仲)에게 따로 명해서 욱이(郁夷)에 살게 했는데, 이곳을 양곡(暘谷)이라고 했다."[5]라는 구절에 대한 주석에서는 양곡을 현재 산동반도에 있던 청주(靑州)라고 설명하고 있다.[6] 이 역시 동이족의 강역이 산동반도까지 걸쳐 있었음을 뜻하는 것이다. 중국 고대 사서(史書)의 이런 구절들은 동이족과 고조선이 산동반도 일각까지 차지하고 있었음을 말해준다.

고조선의 강역에 대해 설명하는 책 중에 중국의 고대 지리서인 『산해

---

4 『사기』「사마상여열전」. "且齊 …… 邪與肅愼爲鄰, 右以湯谷爲界."
5 『사기』「오제본기」〈제요〉. "分命羲仲, 居郁夷, 日暘谷."
6 『사기』「오제본기」〈제요〉의 『사기정의』 주석. "案：嵎夷, 靑州也."

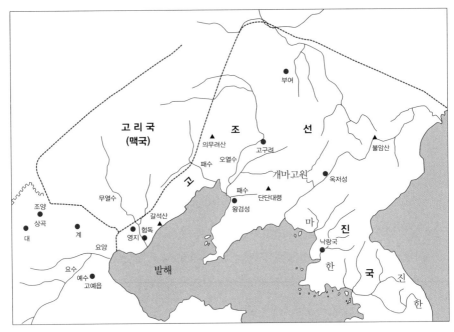

리지린이 『고조선 연구』에서 본 서기전 5~4세기 조선 고대 국가들의 위치

경(山海經)』도 있다. 『산해경』은 "조선은 열양(列陽)의 동쪽에 있는데, 바다(海)의 북쪽이며 산의 남쪽에 있다. 열양은 연나라에 속한다."[7]라고 말하고 있다. 여기에서 열양은 열수(列水)의 북쪽을 뜻한다. 『후한서(後漢書)』「군국지(郡國志)」〈유주(幽州) 낙랑군〉조는 후한 때 낙랑군에 열구현(列口縣)이 있었다면서 열구현이란 이름은 열수가 있기 때문에 생긴 지명임을 말해주고 있다. 이 구절에 대해서 『후한서』「군국지」〈낙랑군〉조는 "곽박(郭璞)이 『산해경』에 주석하기를 '열(列)은 강의 이름이다.

---

7 『산해경』「해내북경(海內北經)」. "朝鮮在列陽東, 海北山南. 列陽屬燕."

열수는 요동에 있다'고 했다."[8]라고 설명하고 있다.

후한 때 현재의 북경 부근인 유주에서 관할하던 군(郡) 중에 낙랑군이 있었는데, 그 산하에 열구현이 있었다. 열구현은 현 내에 열수가 흐르기 때문에 생긴 지명인데, 열수는 요동에 있었다는 뜻이다. 이때의 요동은 고대의 요동으로, 요령성(遼寧省) 요하(遼河) 동쪽을 일컫는 현재의 요동과는 다른 지역이다. 현재의 요동에서 몇백 킬로미터 서쪽의 현재의 하북성(河北省) 일대가 고대의 요동이었다.

국내의 대부분의 고대사학자들은 이병도가 열수를 대동강이라고 비정한 이래 같은 목소리를 내고 있는데,[9] 이는 열수에 대한 중국 고대의 1차 사료를 무시한 비학문적 주장이다. 앞서 본 것처럼『산해경』은 "조선은 열양의 동쪽에 있는데, 바다의 북쪽이며 산의 남쪽에 있다. 열양은 연나라에 속한다."라고 말하고 있다. 열수가 대동강이라면, 열수의 북쪽인 열양은 연나라라고 했으니 대동강 북쪽은 연나라 땅이 되어야 한다. 언제부터 대동강 북쪽 평양이 연나라 땅이 되었는가? 대동강 북쪽 평양까지 연나라에 내주고 나면 고조선은 어디에 비정해야 하는가? 함경도나 강원도로 가야 하는가?

『산해경』에는 또 "동해(東海)의 안쪽, 북해(北海) 귀퉁이에 조선이라는 나라가 있다."[10]는 기록이 있다. 여기에서 말하는 동해와 북해는 어느

---

8 『후한서』「군국지」5 〈유주 낙랑군〉. "郭璞注『山海經』曰, '列, 水名. 列水在遼東.'"
9 이병도는『한국 고대사 연구』(박영사, 1976)에서 열구를 "대동강 입구"(88쪽)라고 쓰고, "(열구현이) 열수(대동강)의 하구 부근임은 더 말할 것도 없다."(126쪽)라고 썼다. 그러나 중국의 1차 사료는 열수가 요동에 있다고 말하고 있지, 대동강이라고 말하는 사료는 존재하지 않는다. 그럼에도 국내의 고대사학자들은 거의 모두 열수를 대동강으로 비정하고 있다.
10 『산해경』「해내경(海內經)」. "東海之內, 北海之隅, 有國名曰朝鮮."

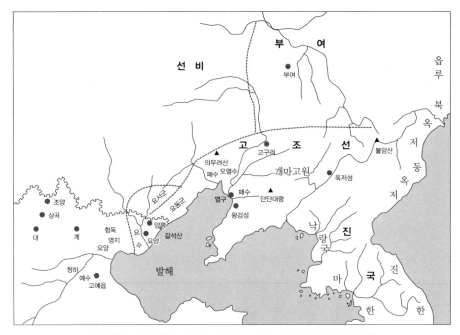

**리지린이 『고조선 연구』에서 본 서기전 3~2세기 조선 고대 국가들의 위치**

바다일까? 이 역시 '반도 고조선설'에 갇힌 대다수 고대사학자들은 지금의 서해라고 주장해왔다. 1차 사료적 근거를 가지고 있는 것이 아니라 고조선이 지금의 평남 일대에 있던 소국이라는 고정관념을 가지고 서해라고 근거 없이 비정했던 것이다.

『사기』「조선열전(朝鮮列傳)」에는 한나라의 양복(楊僕)이 제(齊)를 출발해 발해(渤海)에 떠서 고조선의 왕검성(王儉城)을 공격했다는 기록이 있다.[11] 『산해경』에서 말하는 바다 역시 발해라고 볼 수 있는데, 『사기』

---

11 『사기』「조선열전」. "樓船將軍楊僕從齊浮渤海."

「조선열전」의 이 구절은 고조선을 공격하는 한나라 군사가 제, 곧 오늘날 산동반도에 있는 제나라에서 북쪽의 발해를 거쳐 고조선의 왕검성을 공격했다는 뜻이다.

『전국책(戰國策)』「제책(齊策)」에 나오는 "소진(蘇秦)이 제 선왕(宣王)에게 '제나라 북쪽에는 발해가 있습니다'라고 말했다."[12]는 기록도 마찬가지다. 당시 중국인들에게 바다란 북쪽으로는 발해이고, 그 남쪽으로는 중국의 산동반도 및 그 아래 내륙에 접한 바다를 뜻하는 것이다. 앞서 살펴본 것처럼 중국의 여러 사료들은 고조선과 연나라가 국경을 맞대고 있었다고 기록하고 있다. 『전국책』「연책(燕策)」에는 "소진이 연나라 문후(文侯)에게 '연나라는 동쪽으로 조선·요동에 접해 있고, 북쪽에는 임호(林胡)·누번(樓煩)이 있으며, 서쪽에는 운중(雲中)·구원(九原)이 있고, 남으로는 호타수(呼沱水)·역수(易水)로 둘러싸여 있다'고 말했다."는 기록이 있다.[13] 이 기록도 역시 연나라의 동쪽 국경과 조선의 서쪽 국경은 요동, 즉 고대 요동이라는 사실을 말해준다.

(3) 고대 요동의 위치

이 시기 중국의 고대 기록들에서 말하는 요동은 현재의 요동이 아니다. 현재는 요령성 요하를 기준으로 그 동쪽을 요동, 서쪽을 요서라고

---

12 『전국책』「제책」. "蘇秦爲趙合從, 說齊宣王曰, '齊南有太山, 東有琅邪, 西有淸河, 北有渤海, 此所謂四塞之國也.'"

13 『전국책』「연책」. "蘇秦將爲從, 北說燕文侯曰, '東有朝鮮·遼東, 北有林胡·樓煩, 西有雲中·九原, 南有呼沱·易水'. 地方二千餘里, 帶甲數十萬, 車七百乘, 騎六千疋, 粟支十年.'"

하지만, 고대의 요동은 지금보다 훨씬 서쪽에 있었다. 그러나 지금의 요동을 기준으로 삼더라도 고조선의 국경이 압록강 또는 청천강이라는 식민사학의 주장은 설득력이 없다.

간략하게나마 고대 요동에 대해서 살펴보자. 고대 요동의 위치를 비정하는 데 중요한 것은 만리장성의 동쪽 끝이다. 만리장성의 동쪽 끝이 어디인가를 알면 고대 요동의 위치도 자연히 드러나게 되고, 낙랑군을 비롯한 한사군(漢四郡)의 위치도 드러난다.

『삼국지』「동이열전(東夷列傳)」에는 "진나라가 천하를 통일한 뒤 몽염(蒙恬)을 시켜 장성(長城)을 쌓게 했는데, 요동까지 이르렀다."[14]는 기사가 있다. 전국 7웅(雄)의 하나였던 진(秦)나라 시황이 나머지 여섯 나라를 모두 멸망시켜서 전국을 통일한 후 태자 부소(扶蘇)와 장군 몽염을 시켜 만리장성을 쌓았는데, 그 동쪽 끝이 요동이었다는 뜻이다. 이때의 요동이 어디를 말하는지는 『수경주(水經注)』를 보면 알 수 있다. 『수경주』는 "진 시황이 태자 부소와 몽염에게 명하여 장성을 쌓게 했는데, (서쪽 끝은) 임조(臨洮)[15]에서 시작해서 (동쪽 끝은) 갈석(碣石)에 이르렀다."[16]고 전한다. 『삼국지』「동이열전」은 진 시황 때 쌓은 만리장성의 동쪽 끝을 '요동'이라고 말하고 있는데, 『수경주』는 동쪽 끝을 '갈석산(碣石山)'이라고 말하고 있는 것이다. 고대 중국인들이 인식하는 요동은 갈석산과 같은 지역이었다는 뜻이다. 갈석산의 위치에 대해서는 하북성

---

14  『삼국지』「동이열전」. "及秦幷天下, 使蒙恬築長城, 到遼東."
15  현재 중국 학계는 임조를 감숙성(甘肅省) 임조현으로 보고 있다. 中國社會科學院 主辦, 譚其驤 主編, 『中國歷史地圖集』, 第2冊, 「秦·西漢·東漢時期」, 中國地圖出版社, 1982, pp. 5~6, 33~34.
16  『수경주』 권3. "始皇令太子扶蘇與蒙恬築長城, 起自臨洮, 至于碣石, 卽是城也."

창려현(昌黎縣)의 갈석산설, 산동성(山東城) 무체현(無棣縣)의 갈석산설, 산서성(山西省) 갈석산설 등 여러 주장이 있다. 이 중 중국의 자리에서 볼 때 가장 동쪽에 위치한 것이 하북성 창려현의 갈석산이다. 중국의 자리에서 가장 유리한 설이 하북성 창려현 갈석산설이라는 뜻이다. 이 갈석산은 지금도 하북성 창려현 북쪽에 있다. 이는 창려현 갈석산이 있는 곳이 고조선과 진나라의 국경 지역이었다는 뜻이다.

## (4) 한 시대 고조선의 서쪽 국경

그러면 한나라 때 위만조선의 서쪽 국경은 어디였을까? 위만조선 멸망 직전의 기록으로 『회남자(淮南子)』가 있다. 『회남자』는 한 고조 유방(劉邦: 재위 서기전 202~서기전 195)의 손자인 회남왕(淮南王) 유안(劉安: 서기전 179~서기전 122)이 편찬한 것인데, 유안은 한사군 설치 14년 전까지 생존했던 인물이다. 따라서 『회남자』에는 한사군 설치 직전 위만조선과 한나라의 국경에 대한 한나라 왕실 지식인의 인식이 담겨 있다.

『회남자』 「시측훈(時則訓)」은 두 나라의 국경과 관련해 "오위(五位): 동방의 끝, 갈석산에서 (고)조선을 지나 대인(大人)의 나라를 통과하여……"[17]라고 말하고 있다. "갈석산에서 (고)조선을 지나"라는 말은 갈석산을 지나면 곧 고조선이라는 말이다. 여기에서 말하는 고조선은 고조선의 서쪽 변방에 있던 위만조선을 뜻한다. 이는 위만조선과 한나라의 국경이 갈석산이었다는 뜻이다. 한나라 왕실 출신의 지식인이 위만조선 멸망 직전에 말한 두 나라의 국경에 대한 언급은 당시의 정확한

---

17  유안, 『회남자』 「시측훈」. "五位 : 東方之極, 自碣石山過朝鮮, 貫大人之國."

역사지리 지식을 담고 있다고 해야 할 것이다. 즉 조한전쟁(朝漢戰爭) 직전 위만조선과 전한(前漢)의 국경은 갈석산이었다.

『한서(漢書)』「가연지열전(賈捐之列傳)」에도 위만조선과 한나라의 국경을 말하는 기록이 있다.「가연지열전」에는 "(한나라가) 서쪽으로는 여러 나라와 연대하여 안식(安息)에 이르렀고, 동쪽으로는 갈석을 지나 현도·낙랑으로써 군을 삼았다."[18]라는 구절이 있다. 가연지(?~서기전 43)는 유명한 문인이었던 가의(賈誼)의 증손(曾孫)으로서 전한 원제(元帝: 재위 서기전 49~서기전 33) 때 상서령(尙書令)까지 역임한 관료 지식인이었다. 한나라 원제는 위만조선이 멸망한 지 50여 년 후의 인물이니 가연지 역시 위만조선 멸망 50여 년 후 한나라 지배층의 국경 지식을 말하고 있는 것으로 보아야 할 것이다. 가연지가 "동쪽으로는 갈석을 지나 현도·낙랑으로써 군을 삼았다."라고 말하는 것은 갈석산을 지나면 곧 위만조선이 있었는데, 그 자리에 현도군과 낙랑군을 설치했다는 뜻이다. 이는 다시 말해 갈석산 가까운 곳에서 현도군과 낙랑군의 위치를 찾아야 한다는 뜻이기도 하다.

(5) 고조선 왕검성의 위치

위만조선의 수도였던 왕검성의 위치에 대해서 그간 평양이라는 설이 유력했다. 그러나 이는 고조선의 계통을 '단군조선→기자조선→위만조선'으로 인식하면서 그 도읍지를 평양으로 인식해온 결과물이지 정확한 사료를 배경으로 한 것이 아니었다. 특히 서기전 12세기경의 인물인

18 『한서』「가연지열전」, "西連諸國至于安息, 東過碣石以玄菟·樂浪爲郡."

기자(箕子)가 조선으로 왔다는 '기자동래설(箕子東來說)'의 영향이 컸다. 기자동래설이 고려 중기 이후 유학자들의 사대주의 의식과 맞물리면서 기자가 실제로 평양에 왔던 것처럼 인식하게 되었던 것이다.

서기전 108년 설치되었다는 낙랑군 조선현의 위치를 현재의 평양으로 보는 시각은 고려 중·후기에 처음 등장했다. 조선 초기에 편찬된 『고려사(高麗史)』「지리지(地理志)」〈북계(北界)〉조에 평양을 위만조선의 수도 왕검성과 낙랑군 조선현으로 바라보는 인식이 등장한다.

(평양은) 본래 3조선[19]의 옛 도읍이다. 당(唐) 요(堯) 무진(戊辰)년에 신인이 단목수 아래 내려오니 국인들이 임금으로 삼았는데, 평양에 도읍하고 호를 단군이라고 했으니, 이것이 전조선(前朝鮮)이다. 주(周)나라 무왕이 상(商)나라를 정벌하고 기자를 조선에 봉했는데, 이것이 후조선(後朝鮮)이다. 41대 준왕 때에 이르러 연(燕)나라 사람 위만이 있어서 망명자들 천여 명을 모아 와서 준왕의 땅을 탈취하고 왕험성[王險城: 험(險)은 다른 본에는 검(儉)으로 되어 있는데, 곧 평양이다]에 도읍했으니, 이것이 위만조선이다. 그 손자 우거(右渠) 때에 (한나라의) 조칙을 즐겨 받지 않자 한 무제가 원봉 2년 장수를 보내 토벌하고 사군으로 삼았는데, 왕험성은 낙랑군이 되었다. 고구려 장수왕 15년에 국내성에서 도읍지를 (평양으로) 옮겼고, 보장왕 27년에 신라 문무왕이 당과 함께 공격해서 멸망시키니 비로소 그 땅이 신라에 들어갔다.[20]

---

19 단군·기자·위만조선을 말한다. 그러나 윤내현은 단군조선과 기자·위만조선은 달리 보아야 한다면서 단군조선만을 한국사의 계보에 넣었다. 윤내현, 『고조선 연구』, 만권당, 2015를 참조할 것.

20 『고려사』권58 「지리지」 3 〈북계〉. "本三朝鮮舊都. 唐堯戊辰歲, 神人降于檀木之下, 國

『고려사』의 이 기사는 단군조선과 기자조선은 같은 계승 관계로 보면서도 위만조선은 찬탈한 왕조로 보는 것인데, 그럼에도 단군·기자·위만조선의 수도를 시기 구분 없이 모두 평양으로 고정시키고 있다. 단군조선의 수도와 기자조선의 수도와 위만조선의 수도를 모두 평양으로 보는 것이다. 『삼국유사(三國遺事)』 권1 「기이」 1 '고조선 왕검조선(王儉朝鮮)'에는 고조선의 수도가 '평양성(平壤城) → 아사달(阿斯達) → 장당경(藏唐京)'으로 이전한 것으로 기록되어 있는데, 『고려사』는 이런 천도 기사를 고려하지 않고 모두 평양으로 고정시켜 인식하고 있는 것이다.

이런 현상이 발생한 것은 중국인들의 역사지리 지식과 고려·조선인들의 지리 지식이 뒤섞이게 된 것이 주요 요인이라고 할 수 있다. 위만조선의 수도 자리에 대한 중국인들의 인식이 잘못되게 하는 데 결정적인 영향을 끼친 것은 북위(北魏) 역도원(酈道元: 466 또는 472~527)의 『수경주』다. 고구려 장수왕이 재위 15년(427) 평양성으로 천도한 지 100여 년 후의 인물인 역도원은 고구려의 도읍 변천사 및 평양이 고유명사가 아니라는 사실을 알지 못했다. 그래서 장수왕이 천도한 평양을 위만조선의 왕검성과 같은 곳으로 생각했다. 『사기』 「조선열전」과 『한서』 「조선열전」에서는 모두 위만조선과 한나라의 국경선을 패수(浿水)라고 말하고 있다. 이 패수의 위치를 어디로 보느냐에 따라 위만조선과 한나라의 국경선에 대해서 많은 견해가 도출되었다.

---

人立爲君, 都平壤, 號檀君, 是爲前朝鮮. 周武王克商, 封箕子于朝鮮, 是爲後朝鮮. 逮四十一代孫準時, 有燕人衛滿, 亡命聚黨千餘人, 來奪準地, 都于王險城〔險一作儉, 卽平壤〕, 是爲衛滿朝鮮. 其孫右渠, 不肯奉詔, 漢武帝元封二年, 遣將討之, 定爲四郡, 以王險爲樂浪郡. 高句麗長壽王十五年, 自國內城, 徙都之. 寶藏王二十七年, 新羅文武王, 與唐夾攻, 滅之, 地遂入於新羅."

중국의 고대 지리서인 『수경(水經)』 원문은 고조선과 한나라의 국경 역할을 했던 패수의 흐름에 대해서 "동쪽으로 흘러서 바다로 들어간다."고 설명했다.[21] 역도원은 장수왕이 천도한 평양을 위만조선의 왕검성으로 생각했으므로 『수경』 원문의 패수 설명에 의문을 가졌다. 역도원은 패수를 서쪽으로 흘러서 바다로 들어가는 강이라고 생각했던 듯하다. 그래서 역도원은 위나라를 방문한 고구려 사신들에게 패수의 흐름에 대해 물었고, 고구려 사신들은 서쪽으로 흘러서 바다로 들어간다고 대답했다. 그래서 역도원은 패수가 동쪽으로 흘러서 바다로 들어간다는 『수경』 원문이 틀렸다고 생각해서 서쪽으로 흘러서 바다로 들어간다고 고쳤던 것이다.[22]

그런데 이는 역도원이 고구려 도읍 변천사에 밝지 못했기 때문에 생긴 착각이다. 『삼국사기』 「고구려본기」 〈동천왕 21년(247)〉조에는 고구려가 평양성으로 천도했다는 기사가 있다. 이 기사는 역도원이 평양성의 위치를 착각했다는 사실을 말해주고 있다.

동천왕 21년(247) 봄 2월에 왕은 환도성(丸都城)에서 전란을 겪었는데, 다시 도읍으로 삼을 수는 없다고 해서 평양성을 쌓고 백성들과 종묘와 사직을 옮겼다. 평양성은 본래 선인(仙人) 왕검(王儉)의 땅이다. 혹은 (동

---

21 『수경주』 권14. "경(経). 패수는 낙랑군 누방현에서 나와 동남쪽으로 흘러서 임패현을 지나 동쪽으로 바다에 들어간다(浿水出樂浪鏤方縣, 東南過臨浿縣, 東入于海)." 수경 원문은 경(経)이라고 표시한다.

22 『수경주』 권14. "若浿水東流, 無渡浿之理, 其地今高句麗之國治, 余訪番使, 言城在浿水之陽. 其水西流逕故樂浪朝鮮縣, 卽樂浪郡治, 漢武帝置, 而西北流. 故『地理志』曰：浿水西至增地縣入海. 又漢興, 以朝鮮爲遠, 循遼東故塞至浿水爲界. 考之今古, 於事差謬, 蓋『経』誤證也."

천)왕이 왕검성에 도읍했다고 말했다.[23]

　서기 247년 동천왕이 천도한 평양성은 장수왕이 서기 417년에 천도한 평양성과는 다른 곳이다. 동천왕이 천도한 평양성은 물론 만주에 있던 평양성이다. '선인 왕검'은 단군을 뜻한다. 이 구절의 "평양성은 본래 선인 왕검의 땅이다. 혹은 왕이 왕검성에 도읍했다고 말했다."라는 말은 동천왕 때 천도한 평양성이 고조선 왕검성이라는 사실을 말해준다. 즉 장수왕이 천도한 평양성을 왕검성으로 보고 패수가 동쪽으로 흐르는 강이라는 『수경』 원문이 틀렸다고 생각한 역도원의 견해가 틀렸다는 사실을 말해주는 것이다. 역도원이 패수를 서쪽으로 흘러 바다로 들어가는 강에서 찾아서 주석을 단 것은 고구려 도읍 변천사에 밝지 못한 중국의 역대 지식인들에게 큰 영향을 끼쳤고, 이것이 역으로 고려·조선에 들어와 고려·조선의 지식인들에게 그릇된 인식을 낳게 했다.

　이런 과정에서 나온 것이 기자조선의 수도를 평양으로 보는 '기자동래설'이다. 은(殷)나라 사람 기자가 동쪽 조선으로 와서 조선의 제후가 되었다는 것이 기자동래설인데, 이 논리가 언제 한국사에 등장하는지를 살펴보면 '평양 = 왕검성 = 낙랑군설'의 뿌리를 알 수 있다. 기자는 서기전 12세기경의 인물로, 기자가 한국사에 처음 문헌으로 등장하는 것은 『고려사』「예지(禮志)」〈숙종 7년(1102)〉조이다.

　　10월 임자 초하루에 예부에서 주청하기를 "우리나라가 교화되고 예의를

---

23　『삼국사기』「고구려본기」〈동천왕 21년〉. "春二月, 王以丸都城經亂, 不可復都, 築平壤城, 移民及廟社, 平壤者本仙人王儉之宅也, 或云王之都王險."

알게 된 것은 기자로부터 비롯되었습니다. 그러나 제사를 지내는 예전 (禮典)에 기자가 실려 있지 않으니 그 무덤을 찾고, 사당을 세워서 제사를 지내기를 바랍니다."라고 하자 그대로 따랐다.[24]

고려 예부에서 기자의 무덤을 찾자고 주청한 해가 1102년이다. 다시 말해서 그때까지 평양에 기자의 무덤은 없었다는 이야기다. 기자 사후 2,300여 년 후에 느닷없이 기자의 무덤을 평양에서 찾기 시작한 것이다. 그러나 평양에 있을 리가 없는 기자의 무덤을 평양에서 찾으려니 있을 턱이 없었다. 그 후 유학 이데올로기가 더 강해지면서 평양 내의 적당한 곳을 골라서 기자의 무덤이라고 결정하고 봉분을 만들어 사당을 세웠다. 『고려사』「예지」에 따르면, 고려에서 지금의 평양에 기자의 사당을 세우고 제사한 때는 이때보다도 200여 년 후인 충숙왕 12년(1325) 10월로서[25] 14세기 중엽이다. 이처럼 고려의 유학자들이 사대주의에 경도되어서 기자가 온 곳을 평양이라고 믿었고, 이에 따라 위만조선의 도읍도 평양이라고 믿게 되었다. 유학 사대주의가 일종의 이데올로기가 된 것이다.

『고려사』「악지(樂志)」〈속악(俗樂)〉조는 지금의 평양을 뜻하는 '서경'을 설명하면서 "서경은 고조선이니, 곧 기자가 봉함을 받은 지역이다."[26] 라고 설명하고 있다. 또한 '대동강(大同江)'이라는 곡에 대한 설명에서는 "주 무왕이 은나라 태사 기자를 조선에 봉해서 팔조법금을 펼치게 했다.

---

24 『고려사』「예지」〈숙종 7년〉. "十月壬子朔, 禮部奏, '我國敎化禮義, 自箕子始, 而不載 祀典. 乞求其墳塋, 立祠以祭.' 從之."
25 『고려사』「예지」〈충숙왕 12년〉. "忠肅王十二年十月, 令平壤府, 立箕子祠以祭."
26 『고려사』「악지」〈속악〉. "西京. 古朝鮮卽箕子所封之地."

…… 대동강을 황하에 비교했다."[27]라고 말하고 있다.

그러나 이런 시각이 고려 후기까지도 일치된 것은 아니었다. 『고려사』 「지용수열전(池龍壽列傳)」에는 "본국은 요(堯: 하)나라와 같은 시기에 건국되어서 주 무왕이 기자를 조선에 봉했는데, 하사받은 땅은 서쪽으로 요하까지 이르러 대대로 강역으로 지켜왔습니다."[28]라는 말이 나온다. 지용수는 공민왕 때의 무장인데, 기자 수봉지를 서쪽 요하까지로 보았던 것이다. 그러나 유학자들의 집권이 대세가 되면서 14세기 들어서 기자의 사당을 세우고, 서경(평양) · 대동강 지역을 기자와 연결해 인식했다. 유학자들은 '기자가 온 곳 = 평양'이라는 이데올로기 조작 작업에 박차를 가했다.

기자동래설은 이처럼 기자 사후 2,300여 년 후인 12세기에 유학 이데올로기로서 처음 등장했다가 유학자들의 권력 장악이 확고해지는 14세기부터 확산된 것이다. 『고려사』의 기자 관련 기록들은 모두 후대에 유학 이데올로기 차원에서 만들어진 것이다.

반면 『사기』 「송미자세가(宋微子世家)」의 주석에는 "두예(杜預)가 말하기를 '양국(梁國) 몽현(蒙縣)에 기자의 무덤이 있다'고 했다."[29]는 구절이 있다. 두예(222~285)는 3세기 중엽의 서진(西晉) 학자이고, 양국 몽현은 현재의 하남성(河南城) 상구(商丘) 근처로서 산동성과 만나는 지역이다. 기자가 속했던 은나라가 곧 상나라이니, 상나라 언덕이란 뜻의 하남성

---

27 『고려사』 「악지」 '대동강'. "周武王, 封殷太師箕子于朝鮮, 施八條之敎, 以興禮俗, 朝野無事. 人民權悅, 以大同江, 比黃河."
28 『고려사』 권140 「지용수열전」. "本國與堯並立, 周武王封箕子于朝鮮, 而賜之履, 西至于遼河, 世守疆域."
29 『사기』 「송미자세가」 주석 『사기색은』. "杜預云, '梁國蒙縣有箕子冢.'"

상구에 기자의 무덤이 있다는 두예의 설명이 시기적으로나 이치로 보나 사실에 가깝다. 북위의 역도원은 『수경주』 권23 〈변수(汳水)〉조에 대한 주석에서 역시 두예의 말을 인용했는데, 그 설명이 보다 자세하다.

역도원은 "두예가 말하기를 '양국 몽현 북쪽에 박벌성(薄伐城)이 있는데, 성안에 성탕(成湯)의 무덤이 있고, 그 서쪽에 기자의 무덤이 있다.'"[30]라고 말하고 있다. 이것은 〈변수〉조에 대한 설명이니 변수가 어디인지 알면 기자의 무덤이 어디인지는 자연히 해결된다. 청나라 고조우(顧祖禹: 1631~1692)가 편찬한 『독사방여기요(讀史方興紀要)』 권46은 하남성에 대한 설명인데, 지금의 하남성 개봉시(開封市) 부근에 있는 변수(汴水)를 변수(汳水)라고 보고 있다. 하남성 상구에 기자의 무덤이 있다는 두예의 설명과 하남성 개봉시의 변수가 흐르는 곳에 박벌성이 있다는 서술에는 연관성이 있다. 현재 중국에서는 기자조선 자리를 하북성 노룡현(盧龍縣)으로 보고 있는데, 하남성에 있는 기자 무덤과의 상관관계에 대해서 보다 자세한 연구가 뒤따라야 할 것이다. 중국 학계도 기자조선을 하북성 노룡현으로 보고 있는데, 기자가 지금의 평양으로 왔다는 것은 일체의 사료적 근거가 없다. 평양에 기자의 무덤이 생긴 것은 14세기 이후다.

## (6) 대동강 남쪽으로 비정한 낙랑군 조선현

중국 한나라에서 위만조선을 멸망시키고 세웠다는 한사군의 중심 군

---

30 『수경주』 권23 〈변수〉의 주석. "杜預曰, '梁國蒙縣北有薄伐城, 城中有成湯冢, 其西有 箕子冢.'"

은 낙랑군이다. 그리고 그 낙랑군의 군치(郡治)는 조선현인데, 낙랑군 조선현의 위치는 평양이라고 보는 견해가 조선 학자들 사이에서 있어왔다. 기자조선의 도읍을 평양으로 보면서 위만조선의 도읍지도 평양이라고 보아왔던 것이다. 이 역시 사료에 대한 엄밀한 검토를 거쳐 결정한 것이 아니라 '기자조선＝위만조선'이라는 연속선상에서 본 것이다. 조선 학자들은 위만조선의 도읍지를 평양으로 보았다.

그러나 일제강점기 때 일본인 학자들이 낙랑군의 치소(治所)라는 조선현을 대동강 북쪽에 있는 평양이 아니라 대동강 남쪽에 있어야 한다고 인식하면서 일부 혼선이 생기게 되었다. 그래서 대동강 남쪽의 토성리(土城里)를 낙랑군 조선현 자리라고 조금 고쳐 주장하게 되었다. 조선 총독부에서 1915년 편찬한 『조선고적도보(朝鮮古蹟圖譜)』를 보자. 도쿄 제대 공대 교수 세키노 다다시(關野貞)가 쓴 것이다.

평안남도 대동군 대동강면의 토성동(土城洞)은 대동강 좌안(左岸)에 있는데, 사방 45정(町)의 지역에 흙으로 쌓은 성벽을 두른 유적의 자취가 뚜렷하다. 그 안팎에서 한나라 때 와당(瓦當)이 발견되었는데, 이와 같은 문양을 갖고 있는 기와 및 한·위(漢魏)시대에 속하는 벽돌을 다수 발견했다. 또 그 부근에 낙랑군 시대의 고분군(古墳群)이 존재하는데, 이곳은 아마도 낙랑군치(樂浪郡治)의 유적일 것이다.[31]

이처럼 조선총독부는 한사군은 한반도 북부에 있었다는 '한사군 한반도 북부설'은 추종하면서도 낙랑군의 치소인 조선현만은 평양으로 보던

---

31　關野貞, 「樂浪郡治址」 『朝鮮古蹟圖譜』, 朝鮮總督府, 1915.

기존 유학자들의 견해를 따르지 않고 대동강 남쪽 토성리로 비정했다. 대동강 북쪽의 평양이나 남쪽의 토성리나 서로 지척인데, 왜 이런 주장을 했던 것일까?

그 해답은 이병도의 스승인 이나바 이와기치(稻葉岩吉: 1876~1940)에게 있다. 조선총독부 수사관(修史官)으로서『조선사(朝鮮史)』35권을 편수(編修)했던 이나바 이와기치는 패수를 대동강으로 생각했다. 그런데 그는 평양이 대동강 북쪽에 있다는 사실이 걸렸다. 위만조선의 왕검성 및 낙랑군 조선현은 대동강 북쪽에 있는 평양일 수 없다고 생각한 것이다. 『사기』「조선열전」은 '연나라 사람 위만이 동쪽으로 새외(塞外)를 나와서 패수를 건너 왕험성에 도읍했다.'[32]고 기술하고 있다. 위만은 패수를 건너 왕검성에 도읍했기 때문에 대동강 북쪽이 아니라 남쪽에 있어야 한다고 생각한 것이다. 그래서 이나바 이와기치는 대동강 남쪽에서 낙랑군 조선현의 치소를 찾기 시작했고, 토성동에서 토성 흔적과 와당과 벽돌 몇 편이 나오자 이곳이 조선현 치소라고 주장했다. 그리고 이것을 조선총독부에서 받아들여 대동강 남쪽의 토성동을 위만조선의 왕검성 및 낙랑군 조선현이라고 비정했다. 해방 후에 이른바 국사학계의 태두(?)라고 불렸던 이병도를 비롯해 일제 식민사관을 극복하지 못한 한국의 고대사학자들 대부분은 조선총독부의 위치 비정을 그대로 따라서 토성동을 낙랑군 조선현의 치소라고 지금까지 주장해왔다.

---

32 『사기』「조선열전」. "滿亡命, 聚黨千餘人, 魋結蠻夷服而東走出塞, 渡浿水, 居秦故空地上下鄣, 稍役屬眞番·朝鮮蠻夷及故燕·齊亡命者王之, 都王險."

## (7) 낙랑군 조선현의 위치

그럼 낙랑군 조선현의 위치는 어디일까? 낙랑군 조선현의 성격에 대해서『한서』「지리지」는 "응소(應劭)는 '기자를 봉한 곳이다'라고 말했다."[33] 라고 설명하고 있다. 낙랑군 조선현은 기자의 도읍지라는 뜻이다. 응소는 2세기 후반의 인물이다.

중국 사료들은 낙랑군 조선현을 때로는 조선성(朝鮮城)이라고 적고 있는데, 같은 곳을 의미한다. 조선성, 즉 조선현의 위치에 대해서『태평환우기(太平寰宇記)』는 "노룡현 조선성은 즉 기자가 은나라로 봉함을 받은 지역이다. 지금은 폐성(廢城)이다."[34] 라고 말하고 있다. 노룡현에 조선성이 있는데, 여기가 바로 기자가 은나라로 봉함을 받은 지역이라는 것이다. 즉 이 지역이 낙랑군 조선현 지역이라는 뜻이다.

『태평환우기』는 북송(北宋)의 낙사(樂史: 930~1007)가 편찬했는데, 이때의 노룡현은 현재의 중국 하북성 노룡현을 뜻한다. 낙랑군 조선현은 평양도 아니고 대동강 남쪽의 토성리도 아니고 하북성 노룡현 지역에 있었다는 뜻이다. 이는 송나라 때 하북성 노룡현에 낙랑군 조선현으로 알려진 폐성이 존재하고 있었다는 뜻이다.

다음은 명나라 때 기록인『일지록(日知錄)』을 보자.

『일통지(一統誌)』에서 말하기를 "조선성이 영평부(永平府) 경내에 있는데, 기자가 봉함을 받은 지역이다."라고 했다. 즉 이는 기자가 봉함을 받

---

33 『한서』「지리지」〈낙랑군〉 '조선현'. "應劭曰, '武王封箕子於朝鮮.'"
34 『태평환우기』 권70. "蘆龍縣:朝鮮城, 卽箕子受殷封之地. 今有廢城."

은 지역이 영평부라는 뜻이다.[35]

『일지록』은 영평부 경내에 조선성이 있다고 말하고 있다. 영평부 지역이 기자가 봉함을 받은 지역이라는 것으로서, 곧 낙랑군 조선현을 뜻한다. 『일지록』은 명나라 때의 학자 고염무(顧炎武: 1613~1682)가 지은 유명한 책이다. 이때의 영평부도 현재의 하북성 노룡현을 뜻한다. 그런데 고염무가 인용한 『일통지』는 13세기에 작성된 『대원일통지(大元一統志)』를 뜻할 것이다. 『대원일통지』에도 하북성 노룡현에 낙랑군 조선현이 있었다고 기술되어 있었다는 뜻이다.

다음은 『독사방여기요』를 보자. 『독사방여기요』의 〈영평부〉조는 지금의 하북성 노룡현에 대한 역대의 변천 사실을 이렇게 기술하고 있다.

> 노룡현 신창성: (지금 영평부를 다스리는 곳이다……) 수(隋)나라에서 노룡현으로 개칭했다. 또 조선성이 있는데, 영평부 북쪽 40리이고, 한나라 낙랑군 속현이다.[36]

청나라 때 작성한 『독사방여기요』도 영평부, 즉 지금의 하북성 노룡현에 조선성이 있었는데, 이곳이 바로 한나라 낙랑군 속현이라는 것이다. 한나라 낙랑군 속현이라는 말은 낙랑군 조선현이라는 뜻이다.

이처럼 송나라 때 작성한 『태평환우기』와 명나라 때 작성한 『일지록』,

---

35 『일지록』 권31. "『一統誌』乃曰, '朝鮮城在永平府境內, 箕子受封之地.' 則是箕子封於 今之永平矣."

36 『독사방여기요』 「북직(北直)」 8 〈영평부〉. "新昌城, 卽今府治 …… 隋改曰盧龍縣. 又朝 鮮城, 在府北四十里, 漢樂浪郡屬縣也."

그리고 청나라 때 작성한 『독사방여기요』는 일관되게 지금의 하북성 노룡현을 낙랑군 조선현이라고 설명하고 있다. '송나라→명나라→청나라'의 역사학자나 역사지리학자들은 일관되게 현재의 하북성 노룡현을 낙랑군 조선현으로 비정하고 있는 것이다. 낙랑군 조선현을 평양으로 본 고려·조선의 유학자들이나 대동강 남쪽의 토성리로 본 조선총독부 소속의 일본인 학자들의 견해는 아무런 사료적 근거가 없거나 잘못된 사료를 근거로 한 자의적 해석일 뿐이다.

낙랑군의 위치가 중요한 것은 한사군의 중심이기 때문이다. 나머지 삼군은 낙랑군 부근에 있었다. 따라서 낙랑군의 위치를 찾으면 한사군의 위치를 알 수 있다. 낙랑군의 치소인 조선현의 위치에 대해 중국 사료들은 일관되게 지금의 하북성 노룡현에 있었다고 말하고 있다. 지금 평양에 있었다고 말하는 중국의 고대 사료는 없다. 한사군은 한반도 북부에 있지 않았다.


## 2. 임나일본부설의 실체

### (1) 임나일본부란 무엇인가?

임나일본부설이란 일본의 고대 야마토왜가 한반도 남부를 지배하고 임나일본부라는 식민통치 기관을 설치했다는 주장이다. 그 주장의 핵심은 위치와 시기, 두 가지다. 일본인 학자들은 첫째, 임나의 위치에 대해 한반도 남부라고 주장했다. 보다 구체적으로는 가야가 임나라는 것이다. 둘째는 임나가 한반도 남부를 지배한 기간으로, 369년, 즉 서기 4세기 후반부터 6세기 후반까지 한반도 남부를 식민통치했다는 것이다.

임나일본부설은 일본이 제국주의로 발돋움하던 메이지(明治) 시대 때 시작되었는데, 그 목적은 한국 점령을 정당화하기 위한 것이었다. 즉 한 반도 남부는 과거 일본사의 강역이었으니 근대 한국을 점령하는 것은 침략이 아니라 고토 회복에 불과하다고 주장하기 위한 것이었다. 일본 내의 임나일본부의 흐름에 대해 일본의 위키백과는 이렇게 쓰고 있다.

> 제2차 세계대전 이전 일본 가야 지방의 연구에서는 『일본서기(日本書 紀)』에 나타나는 임나일본부를 왜국이 조선 반도 남부를 지배하기 위해 설치한 파견 기관으로 사서(史書:『일본서기』)대로 해석했다. 그 흐름의 연구는 메이지 때 나카 미치요(那珂通世: 1851~1908), 스가 마사토모(菅 政友: 1824~1897) 등을 비롯해서 쓰다 소키치(津田左右吉: 1873~1961) 를 거쳐 전후(戰後)에 스에마쓰 야스카즈(末松保和: 1904~1992)의 『임나 흥망사(任那興亡史)』에서 집대성되었다.[37]

여기에 이름이 등장하는 나카 미치요, 스가 마사토모, 쓰다 소키치, 스에마쓰 야스카즈는 모두 일제의 한국 점령을 주창하거나 찬성한 식민사 학자들이다. 바로 이 대목에서 임나일본부설이 갖고 있는 정치적 성격 을 알 수 있다. 또한 임나일본부설이란 일제 식민사학에서 한국 점령을 정당화하기 위해 만든 논리라는 사실을 알 수 있다.

이 중에서도 특히 중요한 인물이 조선총독부 및 경성제대에서 근무했 던 스에마쓰 야스카즈다. 그는 일제 패전 후 일본으로 쫓겨 가서 1947

---

37 일본 위키백과 '임나일본부'.

년부터 일본의 왕족 및 귀족 자제들을 교육하던 학습원대학(學習院大學)의 교수로 근무하면서 1949년 『임나흥망사』를 출간했다. 스에마쓰 야스카즈의 『임나흥망사』가 그 이전의 '임나'에 대한 일본인 식민사학자들의 견해와 다른 점은 경상남북도에 국한되었던 이른바 임나의 강역을 충청도 및 전라도까지 확대했다는 점이다. 스에마쓰 야스카즈는 패전으로 실의에 찬 일본제국의 신민들에게 '대일본제국은 다시 한국을 점령할 수 있으니 좌절하지 말라'는 메시지를 전한 것이다. 실제로 2015년 4월 일본 문부성의 검정을 통과한 8종의 일본사 교과서 중 4종의 교과서에서 임나일본부에 관한 내용이 다시 실렸다. 일본의 사회 분위기가 극우적으로 흘러가면 임나일본부는 다시 살아나게 되어 있고, 여차하면 다시 한국 침략의 논리로 악용될 수 있다. 그래서 이 문제는 순수한 고대사 논쟁이 아니라 첨예한 현대사가 되며, 대한민국의 수호에 관한 문제로까지 연결되는 것이다.

## (2) 일본 극우파가 전개한 임나사의 흐름

스에마쓰 야스카즈의 『임나흥망사』 서문에는 메이지 20년대(1890년대)에 스가 마사토모의 『임나사(任那史)』 3권이 나왔다고 서술하고 있다.[38] 스가 마사토모는 메이지 시대 일본 황국사관(皇國史觀)의 뿌리 역할을 하던 미토번(水戶藩) 출신의 학자다. 미토번은 이른바 존황양이(尊皇攘夷) 사상, 즉 황국사관의 수원지 역할을 한 곳으로, 스가 마사토모 자신이 황국사관으로 일본 전체 역사를 개관한 『대일본사(大日本史)』

---

38  末松保和, 『任那興亡史』, 吉川弘文館, 1949.

편찬에 참가했던 황국사관론자다.

메이지 시절 여러 일본인 학자들이 임나에 주목했던 것은 두말할 것도 없이 일제가 한국을 정벌해야 한다는 정한론의 논리로 활용할 수 있기 때문이었다. 정한론의 핵심은 '임나 = 가라(가야)'라는 것으로, 과거 한반도 남부의 임나가 고대 일본의 식민지였으니 일제의 한국 정복은 옛 땅을 되찾는 역사적 귀결이라는 논리다. 그런데 임나일본부에 대한 내용은 『일본서기』에만 나오고 『삼국사기』에는 전혀 나오지 않는다. 그래서 일본인 학자들은 『삼국사기』가 조작되었다는 이른바 '『삼국사기』 초기 기록 불신론'을 같이 주장했다.

임나일본부설과 정한론을 살펴볼 때 반드시 연구해야 할 조직이 일본군 참모본부다. 참모본부는 조선을 강제로 개항시킨 6년 후인 1882년 『임나고고(任那考稿)』, 『임나명고(任那名稿)』 등 두 권의 저서를 간행했다. 이듬해에는 참모본부 소속의 간첩인 사코 가케노부(酒勾景信) 중위가 만주 집안현(集安縣)에 있던 '광개토대왕릉비'의 탁본을 가져왔다. 참모본부가 최초로 손을 댔기 때문에 지금까지 위조 논쟁이 계속되고 있는데, 비문에 '임나가라(任那加羅)'라는 용어가 나오는 2면 하단과 3면 상단만 집중적으로 훼손되어서 이때 이미 일본군 참모본부가 일본에 불리한 내용을 지웠다는 의혹을 사고 있다. 학계도 아닌 일본군 참모본부가 광개토대왕릉비 탁본과 해석에 관여하고, 임나에 관한 두 권의 저서를 발간했다는 사실 자체가 임나를 정한론으로 해석하고 이를 바탕으로 한국 침략의 도구로 삼았다는 것을 말해주고 있다.

『임나사』를 쓴 반 노부토모(伴信友)는 1848년 일본을 '대황국(大皇國)', 즉 '위대한 천황의 나라'라고 서술하면서 『일본서기』와 배치되는 『삼국사기』는 거짓 기술과 과장이 많아서 믿을 수 없다는 '『삼국사기』

불신론'을 주장했다.[『中外經緯草稿』(1848)] 뒤이어 나카 미치요는 「가라고(加羅考)」에서 임나가 곧 가라(가야)라면서 『일본서기』「신공기(神功紀)」를 근거로 신공왕후가 신라를 비롯한 삼한과 가라를 정벌했다고 서술했다.[39]

그런데 신공왕후가 삼한과 가라를 정벌했다는 내용이 『삼국사기』에는 전혀 나오지 않는다. 즉 『일본서기』와 『삼국사기』 둘 중 하나는 거짓이다. 만약 『삼국사기』가 거짓이라면 일본인들은 『삼국사기』가 왜 거짓인지를 조목조목 밝혀냈을 것이다. 그러나 연구하면 할수록 『삼국사기』는 사실을 기술한 사서이고 『일본서기』는 거짓이라는 점이 드러나기 때문에 무조건 『삼국사기』를 믿을 수 없다고 주장하는 '『삼국사기』 초기 기록 불신론'을 만들어냈다. 20세기에 '『삼국사기』 초기 기록 불신론'이 탄생한 것이다.

나카 미치요 역시 『삼국사기』는 믿을 수 없다는 '『삼국사기』 불신론'을 주장하면서 '임나 = 가라'를 지금의 김해 일대로 비정했다.[40] 만주철도(만철: 滿鐵)의 쓰다 소키치도 『삼국사기』를 부정하고 '임나 = 가라'라고 주장하면서 그 강역은 나카 미치요처럼 김해 일대라고 비정했다.[41]

이때만 해도 임나의 강역은 경남 일부에 국한되었다. 그 후 조선총독

---

39 일본인 식민사학자들의 임나설에 대한 비판은 최재석 교수에 의해 체계적으로 이루어져 왔다. 최재석 교수의 『삼국사기 불신론 비판』(만권당, 2016), 『고대 한일 관계사 연구』(경인문화사, 2010), 『고대 한일 관계사 연구 비판』(경인문화사, 2010)에는 이런 내용이 체계적으로 담겨 있다. 최재석 교수는 1985년 「삼국사기 초기 기록은 조작되었는가」를 필두로 한일 고대사에 관한 300여 편의 학술 논문과 30여 권의 학술 저서를 발간했다. 한국과 일본을 통틀어 가장 많은 연구 성과를 발표한 학자다. 그러나 일본 학계는 물론 한국 학계도 최재석 교수의 연구 결과를 일체 인용하지 않는 반학문적 행태로 무시하고 있다.

40 那珂通世, 『朝鮮古史考』, 1894~1896.

41 津田左右吉, 「任那疆域考」『朝鮮歷史地理研究』 1, 1913.

부의 이마니시 류(今西龍: 1875~1932)는 김해를 남가라라고 한정하면서 임나일본부, 즉 임나를 다스리는 치소는 경북 고령에 있었다고 임나 강역을 경남에서 경북까지 확대했다.[42] 지금 한국의 고대사학자들이 임나의 중심을 고령이라고 주장하는 것은 이마니시 류의 학설을 추종하는 것이다.

그 후 스에마쓰 야스카즈는 일제 패전 후 쓴 『임나흥망사』에서 임나의 강역을 충청도 및 전라도까지 확대했다. 이렇게 임나는 일제가 한국을 정복해야 한다는 정한론에서 출발해서 그 강역도 경남 김해에서 경북 고령으로, 그리고 전라도까지 점점 확대되었다. 이 문제에 대해 국내외에서 가장 많은 연구를 한 최재석 교수는 이렇게 지적하고 있다.

> 필자는 아무리 읽어도 『일본서기』에서 가야와 임나가 동일한 나라라는 기사를 찾지 못하였으며, 또한 가야는 물론이려니와 이른바 임나가 '일본부'의 지배를 받았다는 기사도 보지 못하고 있다. 그렇다면 가야와 임나가 동일국이라는 주장은 일인(日人) 학자들의 역사 왜곡에서 비롯됨을 알게 된다. 이러한 왜곡 주장은 『삼국사기』가 조작 · 전설이라고 하는 주장과 함께 한국 사학계에도 영향을 주어 한국 학계의 통설 내지 정설로 받아들여지고 있다. 이병도 · 김정학 · 이기동 · 김현구처럼 가야와 임나가 동일하다고 공공연하게 주장하고 있는 사람이 있는가 하면, 그러한 공언은 하지 않더라도 양자(兩者)가 동일함을 전제로 하고 논리를 전개시키는 사람도 있다.[43]

---

42  今西龍, 「加羅疆域考」 『史林』 4-3, 1919.
43  최재석, 「임나 왜곡사 비판」 『통일신라 · 발해와 일본의 관계』, 일지사, 1993, pp. 493~494.

최재석 교수의 지적대로 국내에서도 가야를 임나라고 주장하는 학자들이 많다. 노골적으로 '임나=가야'를 주장하고, 임나는 가야의 별칭이라고 주장한다. 그런데 이런 주장을 하는 학자들은 이구동성으로 이른바 『삼국사기』 불신론'을 함께 주장한다. 『삼국사기』 기사를 인정하면 임나일본부설 자체가 성립될 수 없기 때문이다. 그러므로 『일본서기』와 『삼국사기』 중 어느 것이 사실을 반영한 역사서인가를 검토해야 한다.

### (3) 『일본서기』와 『삼국사기』·『삼국유사』

① 『일본서기』, 왜 조작된 사서인가?

『일본서기』는 720년에 편찬되었는데, 일본 내에서도 일부 극우파를 제외한 대부분의 일본 학자들이 사실 그대로를 기록한 역사서라고 인정하지 않는다. 먼저 『일본서기』는 역사서의 기초 중의 기초인 연대 자체가 맞지 않는다. 다음은 일본의 『일본사대사전(日本史大事典)』에서 『일본서기』를 평가한 대목이다.

> (『일본서기』의) 기술(記述) 체재는 권3 이하를 중국의 역사서에 따라 편년체, 즉 기사를 연월일(날짜는 간지로 기술한다) 순으로 배열했기 때문에 책력(曆)이나 기록이 없는 옛 시대에 대해서는 이야기를 그 진행에 따라 잘라서 적당한 연월일에 끼워 넣은 꼴이 되어서 사실(史實)인가 하는 의문을 증가시켜 이야기가 정리가 되어 있지 않다. 게다가 신무(神武) 즉위를 기원전 660년에 해당하는 신유년(辛酉年)으로 설정했기 때문에 초기의 천황은 부자연스러울 정도로 장수하게 되었고, 「신공기」에서도 왕후를 『위지왜인전(魏志倭人傳)』에 전하는 히미코(卑弥呼)라고 생각했기 때

문에 120년 정도 연대를 끌어올렸다.[44]

일본에서 가장 권위 있는 『일본사대사전』에서도 『일본서기』에 대해서 "사실인가 하는 의문"이 증가하고 있다고 평가하고 있다. 그 핵심에 실제 사실과 맞지 않는 연대 문제가 있다. 역사서에서 가장 중요한 것이 연대 문제인데, 『일본서기』는 연대 자체가 맞지 않는 희한한 역사서다. 더 큰 문제는 연대가 맞지 않는 것이 실수가 아니라 일부러 연대를 조작했다는 점이다. 『일본사대사전』은 『일본서기』가 연대를 2주갑, 즉 120년 끌어올렸다고 말했다. 이를 주갑제(周甲制)라고 하는데, 1주갑은 60년, 2주갑은 120년이다. 서기 369년 신공왕후가 가라 7국을 점령하고 임나를 설치했다는 『일본서기』 「신공기」도 연대를 120년 끌어올려서 369년으로 해석하고 있는 것이다. 그런데 같은 『일본서기』 「신공기」지만 어느 대목은 120년을 끌어올리면 시기가 맞지 않는다. 『일본서기』 「신공기」에는 중국의 『삼국지』 「위서」를 인용한 대목들이 있는데, 이는 120년을 끌어올리면 내용이 맞지 않기 때문에 그 연대 그대로 해석해야 한다. 연대 자체를 일부러 조작한 역사서라는 뜻이다. 그래서 일본 학자들은 「신공기」의 어느 부분은 120년을 끌어올려서 해석하고, 어느 부분은 끌어올리지 않고 그대로 해석한다. 그러니 『일본서기』는 정상적인 역사서라고 보기 힘든 것이다.

한 예로 『일본서기』 〈응신(應神) 7년(276)〉조는 이렇게 기록하고 있다.

　가을 9월 고구려인, 백제인, 임나인, 신라인이 같이 내조(來朝)했다. 무내

---

44 「日本書紀」 『日本史大事典』 5, 東京, 平凡社, 1993.

숙녜(武內宿禰: 다케우치노 스쿠네)에게 명하여 여러 한인들을 거느리고 연못을 만들게 했다. 그래서 그 못을 한인지(韓人池: 한인의 연못)라고 한다.[45]

한 해의 가을 9월에 고구려 · 백제 · 임나 · 신라 사신이 동시에 야마토왜에 조공을 바쳤다는 것이다. 『일본서기』 「응신기」를 120년 끌어올리면 396년이 되는데, 이때는 고구려 광개토대왕 6년이고, 백제 아신왕 5년이다. 광개토대왕릉비에 따르면 396년은 영락(永樂) 6년인데, 이해 광개토대왕은 백제 정벌에 나서 58성 700촌을 획득하고 백제 임금의 아우와 대신 10명을 데리고 개선했다고 말하고 있다. 이런 광개토대왕이 야마토왜에 사신을 보내 조공을 바쳤다는 것이다. 그것도 백제 · 신라 · 임나 사신과 동시에 조공을 바쳤다는 것이다. 광개토대왕이 바다 건너 야마토왜에 조공을 바쳤다는 기사를 사실이라고 볼 수 있을까? 그래서 『일본서기』는 처음부터 마음먹고 조작한 사서로 봐야 한다는 주장이 자연스럽다. 많은 기사가 조작이라는 것이다.

② 『일본서기』에 대한 새로운 해석: 분국설

그런데 아무리 왜곡이 심한 역사서라 하더라도 역사서 전체를 거짓이라고 보는 것도 문제가 있다. 역사서 전체를 거짓으로 쓰려면 왜 썼는지 의문이 들기 때문이다. 『일본서기』에는 고구려, 백제, 신라, 가라에 대한 이야기가 수도 없이 나온다. 가장 중요한 것은 『일본서기』에서 묘사하는 고구려, 백제, 신라, 가라는 『삼국사기』에서 묘사하는 고구려, 백제, 신라,

---

45 『일본서기』〈응신 7년〉.

가야와는 다르다는 것이다. 그래서『일본서기』에 나오는 고구려, 백제, 신라, 가라 등은『삼국사기』에 나오는 고구려, 백제, 신라, 가야와는 다른 정치 세력이라는 해석이 나오게 되었다. 즉『삼국사기』에 나오는 고구려, 백제, 신라, 가야 등의 제국들이 일본 열도에 진출해 세운 분국(分國)이라는 주장이다. 이를 분국설이라고 한다.

분국설은 북한의 김석형이 1963년에 최초로 주장한 것이다.[46] 김석형의 분국설은 일본 내의 학자들에게 큰 충격을 주었다. 일본인 학자들 중에서도『일본서기』에 나오는 고구려, 백제, 신라, 임나 등에 관한 기사를 사실로 보기 어렵다고 생각하는 학자들이 많았기 때문이다. 또한 일본 열도 내에는 고구려·백제·신라·가야계의 지명이 전국 각지에 퍼져 있다. 이런 지명들이 지금까지 존재하는 것은 고대에 고구려·백제·신라·가야계 사람들이 일본 열도에 진출했고, 그 후예들이 지금까지 이어진다는 증거다.

『일본서기』에 나오는 임나가 현재 어디인가에 대해서는 여러 학설이 존재한다. 북한 학계에서는 고대 일본의 수도였던 나라 부근의 기비(吉備) 지역이라고 보고 있다.[47] 이 지역은 고구려·백제·신라계 지명들이 많이 남아 있고, 고대 한국계 무덤인 전방후원분이 다수 남아 있는 지역이다.

남한 내에서는 대마도로 보는 학자들이 다수 있다. 최재석, 이병선, 윤내현, 문정창, 황순종 같은 학자들이 모두 임나의 위치를 대마도로 보고

---

46  김석형, 「삼한 삼국의 일본 열도 내 분국에 대하여」,『력사과학』, 1963년 1월호.
47  조희승,『초기 조일 관계사(상)』, 평양, 사회과학출판사, 1988, pp. 192~198.

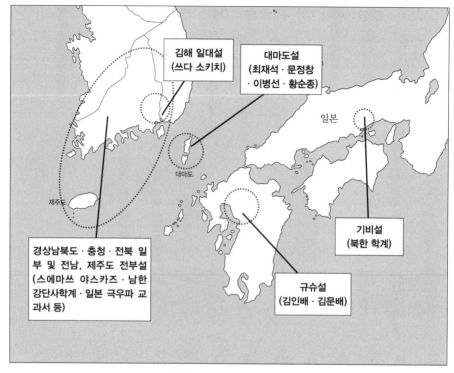

**임나의 위치에 대한 여러 학설**

있다.[48] 또한 김인배, 김문배 같은 학자들은 지금의 규슈 지역을 고대 임나 지역이라고 보고 있다.[49] 『일본서기』에 나오는 임나는 여러 면에서 검토했을 때 한반도 남부에 있었다고 볼 수 없다. 서기 4세기 말에서 6세기까지 한반도 남부에 임나가 존재했다면 『삼국사기』에 등장하지 않

---

48  이병선, 『임나국과 대마도』(동양서원, 1992); 문정창, 『한국사의 연장, 고대 일본사』(인간사, 1989); 황순종, 『임나일본부는 없었다』(만권당, 2016).

49  김인배·김문배, 『임나신론—역설의 한일 고대사』, 고려원, 1995.

을 리가 없다. 그래서 임나가 존재했다면 일본 열도 내에 있었다고 보는 것이 합리적이다. 그런데 『일본서기』는 일본에서 편찬한 『고사기(古事記)』와도 그 내용이 다르다는 문제점이 있다.

### ③ 『일본서기』와 『고사기』

『일본서기』와 비교할 수 있는 일본 측 사료로 『고사기』가 있다. 『일본서기』는 720년에 편찬되었고 『고사기』는 712년에 편찬되었기 때문에 두 사서는 사실상 같은 시기에 편찬되었다. 하지만 같은 시기에 편찬된 사서임에도 두 사서의 내용이 너무 다르다.

8년의 차이를 두고 편찬한 『일본서기』와 『고사기』는 국왕의 수명과 재위 연대부터 맞지 않는다.[50] 『일본사대사전』이 지적한 것처럼 100세 이상 장수는 기본이고 심지어 168세(『고사기』), 140세(『일본서기』)까지도 장수했다니 그 사실성에 대해 의문이 제기되는 것은 당연하다. 그래서 초기의 여러 일왕들은 실존 인물이 아니라 허구라는 설이 등장했지만, 제국주의 시대에는 초대 신무가 서기전 660년에 즉위한 것을 기정사실화해서 일본사가 2,600년 되었다고 가르쳤다. 쓰다 소키치는 15대 응신부터 실존했던 왕이고, 그 이전까지는 가공의 왕이라고 주장했다가 메이지 시대 때 재판까지 받았는데, 지금은 많은 일본 학자가 이 주장을 지지한다. 15대 응신부터 실존했던 왕이라는 것이다. 그러나 응신도 나이가 각각 110세(『일본서기』), 130세(『고사기』)나 되어 사실로 볼 수 있을까 의문이다. 응신부터 실재했던 임금으로 보니 응신의 어머니라는

---

50 『일본서기』와 『고사기』상의 일왕 수명의 차이에 대해서는 최재석, 『고대 한일 관계사 연구』, 경인문화사, 2010, pp. 27~29 참조.

〈표1〉『일본서기』와 『고사기』 속 일왕의 수명

| 천황명 | 『일본서기』 | 『고사기』 | 차이 |
|---|---|---|---|
| 1대 신무(神武) | 127세 | 137세 | 10년 |
| 2대 수정(綏靖) | 84세 | 45세 | 39년 |
| 3대 안녕(安寧) | 57세 | 49세 | 8년 |
| 4대 의덕(懿德) | 77세 | 45세 | 32년 |
| 5대 효소(孝昭) | 113세 | 93세 | 20년 |
| 6대 효안(孝安) | 137세 | 123세 | 14년 |
| 7대 효령(孝靈) | 128세 | 106세 | 22년 |
| 8대 효원(孝元) | 116세 | 57세 | 59년 |
| 9대 개화(開化) | 111세 또는 116세 | 63세 | 48년 또는 53년 |
| 10대 숭신(崇神) | 120세 | 168세 | 48년 |
| 11대 수인(垂仁) | 140세 | 153세 | 13년 |
| 12대 경행(景行) | 106세 | 137세 | 31년 |
| 13대 성무(成務) | 107세 | 95세 | 12년 |
| 14대 중애(仲哀) | 52세 | 52세 | 일치 |
| 신공왕후 | 100세 | 100세 | 일치 |
| 15대 응신(應神) | 110세 | 130세 | 20년 |
| 17대 이중(履中) | 70세 | 64세 | 6년 |
| 26대 계체(繼體) | 82세 | 43세 | 39년 |

신공왕후 역시 가공인물이다.

　『고사기』에도 신공왕후는 등장하지만, 『일본서기』에서처럼 삼한을 정
벌했다거나 가라 7국을 정벌하고 임나를 세웠다는 따위의 내용은 없다.
같은 시기에 편찬한 사서들이지만 서로 손발이 맞지 않는 것이다. 그럼

에도 『일본서기』「신공기」의 가라 7국 정벌에 관한 내용을 기준으로 삼아 '임나' 이야기를 꾸며내고 있기 때문에 기본적인 문제가 있다. 신공왕후 자체가 가공인물이기 때문에 『일본서기』「신공기」를 근거로 세운 임나는 허구일 수밖에 없다.

④ 『일본서기』와 『삼국사기』·『삼국유사』

『일본서기』와 『삼국사기』·『삼국유사』를 비교해보자. 『일본서기』〈신공왕후 섭정 55년(255)〉조에 "백제 초고왕이 세상을 떠났다."[51]는 기사가 있는데, 『삼국사기』에 따르면 서기 255년은 백제 8대 고이왕 22년이다. 고이왕은 이해에 세상을 떠나지 않고 286년까지 살았다. 『일본서기』를 2주갑, 즉 120년 끌어올리면 375년이 되는데, 이해는 백제 13대 근초고왕 30년이다. 『삼국사기』는 이해 "겨울 11월 근초고왕이 세상을 떠났다."[52]고 기록하고 있다. 『일본서기』〈신공왕후 섭정 55년〉조는 120년을 끌어올려 서기 375년의 일로 해석하면 『삼국사기』와 부합한다. 그래서 일본 학자들도 『일본서기』 신공왕후 섭정 55년은 120년을 끌어올려 해석한다. 다시 말해 『삼국사기』가 『일본서기』의 사실 여부를 판명할 수 있는 기준이 되는 것이다. 에도(江戶) 시대까지 일본의 역사학자들은 『삼국사기』와 『삼국유사』를 기준으로 『일본서기』를 해석해왔다. '『삼국사기』 초기 기록 불신론'이 아니라 '『일본서기』 초기 기록 불신론'이 에도 시대까지는 일본 학자들 사이에서도 받아들여졌던 것이다.

그러다가 정한론이 등장하면서 상황이 달라진다. 일본이 한국을 지배

---

51 『일본서기』〈신공 섭정 55년〉. "百濟肖古王薨."
52 『삼국사기』「백제본기」〈근초고왕 30년〉. "冬十一月王薨."

해야 한다는 정치 논리를 앞세우다 보니 역사학의 기본인 사료 검증도 팽개치고 『일본서기』의 내용을 무조건 사실이라고 우기기 시작한 것이다. 그래서 '『삼국사기』 조작설' 또는 '『삼국사기』 불신론' 따위의 비학문적 주장을 하게 된 것이다.

일본인 학자들이 조작설을 제기한 근본 이유는 『삼국사기』를 받아들이면 한반도 남부에 임나가 존속할 수 없기 때문이다. 그래서 『삼국사기』를 부인하고 『일본서기』만이 사실이라는 제국주의 침략 사관인 '『삼국사기』 초기 기록 불신론'을 만들었다. 해방 후 북한 학계는 김석형의 분국설이 나온 1963년을 기점으로 '임나 = 가야설'을 폐기했지만, 남한 학계는 그로부터 거의 한 주갑이 지난 현재까지도 『삼국사기』 초기 기록 불신론'을 이른바 '정설'로 신봉하고 있다. 조선총독부 조선사편수회 출신 학자들이 남한 학계의 주축을 이루는 바람에 일제의 정치 선전이 지금껏 '정설'로 위세를 떨치고 있는 것이다.

## (4) 『일본서기』와 너무 다른 『삼국사기』・『삼국유사』의 내용

일본인 식민사학자들이 한반도 남부에 임나를 설치했다고 주장하는 근거는 앞서 언급한 대로 『일본서기』 〈신공 49년(249)〉조의 기사다. 신공왕후 자체를 가공인물로 보는 견해는 차치하고 일단 이 기사의 내용을 검토해보자. 일본인 학자들은 이 기사도 120년 끌어올려서 369년으로 본다.

> 49년 봄 3월에 (신공왕후가) 아라타와케(荒田別)와 카가와케(鹿我別)를 장군으로 삼고, 백제 사신 구저(久氐) 등과 함께 군사를 다스려 건너가게

해서 탁순국(卓淳國)에 이르러 신라를 공격하려 했다. 이때 어떤 사람이 "군사 숫자가 적기 때문에 신라를 공격해서 깨트릴 수 없습니다. 다시 사와쿠코로(沙白蓋盧)를 보내 군사 증원을 요청해야 합니다."라고 말했다. (신공왕후는) 곧 모쿠라콘지(木羅斤資: 목라근자)와 사사나코(沙沙奴跪: 사사노궤)(이 두 사람은 성을 알 수 없다. 다만 모쿠라콘지는 백제의 장군이다)에게 정예로운 군사를 주어 사와쿠코로와 함께 파견해 탁순에 모두 모여 신라를 공격해 깨트리고, 이로 인해 비자발(比自㶱)·남가라(南加羅)·녹국(㖨國)·안라(安羅)·다라(多羅)·탁순·가라(加羅) 7국을 평정했다. 군사를 서쪽으로 돌려서 고해진(古爰津)에 이르러 남쪽 오랑캐(南蠻)인 침미다례(忱彌多禮)를 도륙해서 백제에게 주었다.[53]

이 기사의 요지는 신공왕후 섭정 49년에 신공왕후가 아라타와케, 카가와케를 보내 신라를 정벌하게 했으나 군사 숫자가 적었기 때문에 다시 모쿠라콘지와 사사나코에게 군사를 더 주어 파견해 신라를 정벌하게 했다는 것이다. 그런데 신라를 정벌했는데 정작 정벌당한 곳은 신라가 아니라 가라 7국이라는 희한한 내용이다. 이렇게 정벌한 가라 7국이 바로 임나라는 것이 '임나일본부설의 요체'다.

당초 『일본서기』에서 신공왕후가 정벌하기로 결심한 나라는 가야가 아니라 신라다. 신공왕후가 신라를 정벌하기로 결심한 이유는 〈신공 47

---

53 『일본서기』〈신공 49년〉. "以荒田別·鹿我別爲將軍, 則與久氐等共勒兵而度之, 至卓淳國, 將襲新羅. 時或曰 '兵衆少之, 不可破新羅. 更復, 奉上沙白蓋盧, 請增軍士.' 卽命木羅斤資·沙々奴跪〔是二人不知其姓人也, 但木羅斤資者百濟將也〕領精兵, 與沙白蓋盧共遣之, 俱集于卓淳, 擊新羅而破之, 因以平定比自㶱·南加羅·㖨國·安羅·多羅·卓淳·加羅七國. 仍移兵西, 至古爰津, 屠南蠻忱彌多禮, 以賜百濟."

년(247) 4월)조에 나오는데, 백제 왕이 구저 등을 야마토에 보내 조공 (朝貢)했는데 때마침 신라 왕도 야마토에 조사(調使), 즉 조공사(調貢 使)를 보냈다는 것이다. 신공왕후가 백제와 신라에서 바친 조공품을 조사해보니 백제 조공품의 질이 신라의 것에 비해 좋지 않았다. 그 이유를 따져 물으니 신라에서 백제의 조공품을 가로채어 신라의 것인 양 바쳤다는 것이다. 그래서 신공왕후가 천신(天神)에게 기도하고 2년 후인 49년 신라 정벌에 나섰다는 것이 『일본서기』의 내용이다. 『일본서기』〈신공 49년〉조에서 신라를 공격해 가라 7국을 정벌하고 남쪽 오랑캐인 침미다례를 도륙해서 백제에게 주었다는 기사 다음에 이런 내용이 이어진다.

이에 백제 왕 초고(肖古)와 왕자 귀수(貴須)도 군사를 이끌고 와서 만났다. 이때 비리(比利)·벽중(辟中)·포미지(布彌支)·반고(半古) 4읍이 자연히 항복했다. 이때 백제 왕 부자가 아라타와케, 모쿠라콘지 등과 의류촌[意流村: 지금은 주류수기(州流須祇)라고 한다]에서 서로 봤는데, (초고 왕은) 기쁘고 감동해서 예를 두텁게 해서 보냈다. 오직 치쿠마나가히코(千熊長彦)와 백제 왕은 백제국에 가서 벽지산(辟支山)에 올라 맹약했다. 다시 고사산(古沙山)에 올라 반석 위에 앉았는데, 백제 왕이 맹세하기를 "풀을 펼쳐서 자리를 만들면 불에 탈까 두렵고, 또 나무를 취해서 자리를 만들면 물에 떠내려갈까 두렵습니다. 그래서 반석 위에 자리 잡아서 맹세함으로써 길고도 멀도록 언제까지나 없어지지 않으려고 하는 것입니다. 이로써 지금 이래 천추만세(千秋萬歲) 동안 끊어지지 않고 다함이 없이 항상 서쪽 울타리(西蕃: 서쪽 오랑캐)로 칭하면서 춘추로 조공을 바치겠습니다."라고 하였다. 그리고 치쿠마나가히코와 함께 도읍 아래 와서

두텁게 예우하고 또한 구저 등을 딸려 (야마토에) 보냈다.[54]

신공 49년(249)에 120년을 더하면 369년이 되는데, 이때는 백제 근초고왕 24년이니 『일본서기』에 등장하는 '백제 왕 초고'는 근초고왕이라는 것이다. 신공왕후가 장수를 보내 신라를 정벌하고 가라 7국과 침미다례 등을 백제에게 주자 근초고왕과 태자 근구수(近仇首)가 벽지산에 올라가 야마토에 영원히 충성하겠으며, 영원히 조공을 바치겠다고 맹세했다는 내용이다. 『일본서기』의 주석에서 목라근자(모쿠라콘지)에 대해 백제의 장군이라고 설명하고 있는데, 백제의 분국의 장수든지 백제에서 야마토왜로 귀화한 장수로 해석해야 할 것이다.54

요약하면 서기 369년에 야마토왜가 가라 7국을 정벌해서 백제에게 주었고, 백제의 근초고왕은 아들 근구수와 함께 야마토왜에 충성을 맹세했다는 것이다. 그러면 『삼국사기』는 369년에 어떤 일이 있었다고 말하고 있는지 살펴보자.

근초고왕 24년(369) 가을 9월에 고구려 왕 사유(斯由: 고국원왕)가 보병과 기병 2만 명을 거느리고 치양(雉壤)에 와서 주둔하면서 군사를 나누어 민호(民戶)를 약탈했다. 왕이 태자(근구수)에게 군사를 주어, 지름길로 치양에 이르러 급하게 습격하여 이를 쳐부수고, 5천여 명의 목을 베고 전리품을 장병들에게 나누어 주었다. 겨울 11월에 한수(漢水) 남쪽에서 왕이 친히 군사를 사열했는데, 기는 모두 황색을 썼다.[55]

---

54 『일본서기』〈신공 49년〉.
55 『삼국사기』「백제본기」〈근초고왕 24년〉.

『삼국사기』는 369년에 근초고왕과 태자 근구수가 고구려의 2만 군사와 격전을 치러 5천 명의 목을 베고 전리품을 장병들에게 나누어 주었다고 설명하고 있다. 이해 겨울 한수 이남에서 근초고왕이 군사를 사열하면서 사용했다는 황색 깃발은 황제의 깃발을 뜻한다. 『삼국사기』「고구려본기」〈고국원왕 39년(369)〉조도 고국원왕이 2만 병력으로 백제를 공격했지만 패했다는 같은 사실을 기록하고 있다.

『일본서기』〈신공 49년〉조와 『삼국사기』「백제본기」〈근초고왕 24년〉조가 모두 사실일 수는 없음은 말할 것도 없다. 고구려 대군을 꺾고는 황제의 깃발을 휘날리며 군사들을 사열하는 『삼국사기』의 근초고왕과 야마토에서 온 치쿠마나가히코에게 영원히 조공을 바치겠다고 맹세하는 근초고왕이 같은 인물일 수는 없는 것이다. 『삼국사기』「백제본기」〈근초고왕 24년〉조와 『일본서기』〈신공 49년〉조 중 하나는 거짓이다. 다른 사료들과 비교 및 교차 검증을 통해 어느 것이 사실인지 살펴보자. 일본의 『고사기』「신공기」에는 가라 정벌 기사 자체가 없다. 『삼국사기』는 이미 살펴보았으므로 『삼국유사』를 살펴보자.

『삼국유사』「가락국기(駕洛國記)」에 따르면 서기 369년은 5대 이시품왕(재위 346~407) 재위 23년이다.[56] 일본인 식민사학자들의 주장대로 '가야＝임나'라면 369년에 이시품왕은 쫓겨나거나 야마토왜의 신하가 되어야 한다. 그러나 이시품왕은 멀쩡할 뿐만 아니라 그 뒤를 아들 좌지왕(재위 407~421)이 6대 임금으로 이었다. 뿐만 아니라 좌지왕의 아들 7대 취희왕(재위 421~451), 취희왕의 아들 8대 질지왕(재위 451~492), 질지왕의 아들 9대 겸지왕(재위 492~521)을 거쳐 마지막으로 겸지왕의 아

---

56 『삼국유사』「가락국기」〈이시품왕〉.

들 구형왕(재위 521~532)까지 금관가야의 왕위가 이어졌다.[57] 『삼국사기』는 물론 『삼국유사』도 369년에 가야를 정벌하고 임나를 설치했다는 것은 허구라는 사실을 말해주고 있다.

또한 가야의 멸망 기사를 가지고도 『일본서기』와 『삼국사기』·『삼국유사』 중 무엇이 사실을 말하고 있는지 살펴볼 수 있다. 『삼국유사』「가락국기」와 『삼국사기』「신라본기」〈법흥왕 19년〉조는 금관가야가 532년 신라에 항복했다고 공통적으로 말하고 있다. 일본인들이 남가라라고 부르는 금관가야는 369년이 아니라 법흥왕 19년(532)에 망했다. 이렇게 『삼국사기』뿐만 아니라 『삼국유사』와 '비교 및 교차 검증'을 해봐도 369년 가야를 멸망시키고 임나를 설치했다는 『일본서기』「신공기」의 기록은 거짓임이 쉽게 입증된다.

즉 서기 369년에 가야를 정벌하고 임나를 설치했다는 『일본서기』 기사는 거짓이다. 일본 열도 내에 있던 임나를 정벌했다면 모르겠지만, 당시 야마토왜가 한반도까지 출정해서 가라를 정벌하는 일 따위는 있지 않았다. 한반도 남부에는 '임나'든 '임나일본부'든 고대 야마토왜의 식민지 따위는 존재하지 않았다. '가야 = 임나설'은 완전한 허구다.

### (5) 백제는 야마토왜를 경영했다

『일본서기』에는 일본이 물자, 인력, 군대 등을 백제에 보낸 기사가 실

---

57　『삼국유사』「가락국기」는 2대 거등왕(재위 199~253) →3대 마품왕(재위 253~291) →4대 거질미왕(재위 291~346) →5대 이시품왕(재위 346~407) →6대 좌지왕(재위 407~421) →7대 취희왕(재위 421~451) →8대 질지왕(재위 451~492) →9대 겸지왕(재위 492~521) →10대 구형왕(재위 521~532)의 순서로 기록하고 있다.

려 있다. 아래와 같은 기사들이다.

① 계체 6년(512, 무령왕 12) 4월: 말 40필

② 흠명(欽明) 7년(546, 성왕 24) 정월: 양마(良馬) 70필, 선(船) 10척

③ 흠명 9년(548, 성왕 26) 10월: 축성 인부 370인

④ 흠명 11년(550, 성왕 28) 3월: 시(矢) 30구(具)

⑤ 흠명 12년(551, 성왕 29) 3월: 맥종(麥種) 1,000석(石)

⑥ 흠명 14년(553, 성왕 31) 6월: 양마 2필, 선 2척, 궁(弓) 50장(張), 전(箭)
  50구

⑦ 흠명 15년(554, 성왕 32) 정월: 병(兵) 1,000명, 말 100필, 선 40척

⑧ 흠명 17년(556, 위덕왕 3) 정월: 병장(兵仗), 양마 다수

　최재석 교수는 이를 백제가 경영하던 야마토왜에 사람을 보내 징발한
것으로 해석하고 있다.[58] 물론 『일본서기』는 야마토왜가 하사한 것처럼
기록하고 있지만, 이는 상국 백제가 멸망한 후 야마토왜를 중심으로 역
사를 기술한다는 『일본서기』의 원칙에 따른 기술일 뿐이다. 무령왕의 관
재(棺材)를 야마토왜에서 가져온 것처럼[59] 백제는 자국의 담로(擔魯)였
던 야마토왜에서 인력과 물품을 가져왔던 것이다. 야마토 중심 사관을
추종하는 남한의 고대사학자들은 백제가 선진 문물을 제공하자 야마토
왜에서 그 대가로 군병과 군사 물자를 보낸 것이라고 주장하지만, 야마

---

58　최재석, 앞의 책 『고대 한일 관계사 연구』, p. 74.
59　박상진·강애경, 「백제 무령왕릉 출토 관재의 수종(樹種)」 『국립박물관 고적조사 보고서』
　　23, 1991.

토왜는 6세기 중엽까지 철기 생산 능력이 없었다는 점에서 성립될 수 없는 논리다. 철기 생산 능력이 없는 야마토왜는 강한 군사가 존재할 수 없었고, 강력한 고대 국가도 될 수 없었다. 야마토왜에 관위(官位)가 처음으로 시행된 때는 추고(推古) 11년(603)이었다.[60] 그때까지 국가 체제는 고사하고 국가 형태도 갖추지 못했음을 말해준다.

『일본서기』에는 또한 백제에서 야마토왜에 여러 경론(經論)과 승려, 사찰 및 건축 기술자들을 보낸 기록이 전하고 있다. 일례로 법륭사 몽전(夢殿)은 백제 위덕왕이 부왕(父王: 성왕)을 기려서 만든 유상(遺像)이다.[61] 『일본서기』〈민달(敏達) 6년(577, 위덕왕 24) 11월〉조는 백제 위덕왕이 경론과 율사(律師), 선사(禪師), 비구니(比丘尼), 주금사(呪禁師), 조불공(造佛工), 조사공(造寺工) 6인을 보냈다고 기록하고 있고,[62] 『일본서기』〈숭준(崇峻) 원년(588, 위덕왕 35)〉조는 백제에서 사공(寺工) 태량미태(太良未太), 문가고자(文賈古子)와 노반박사(鑪盤博士) 장덕백매순(將德白昧淳), 와박사(瓦博士) 마내문노(麻奈文奴) 등을 보냈다고 기록하고 있다.[63] 이는 백제에서 전문 장인(匠人)들을 보내지 않으면 야마토왜는 사찰 건축 능력이 없었다는 것을 말해주는 사례다.

『일본서기』에는 또 백제에서 장군들을 보냈다는 아래와 같은 기록들

---

60 『일본서기』〈추고 11년 12월〉. "十二月戊辰朔壬申始行冠位. 大德·小德·大仁·小仁·大禮·小禮·大信·小信·大義·小義·大智·小智, 幷十二階."

61 김상현, 「백제 위덕왕의 부왕을 위한 추복(追福)과 몽전관음(夢殿觀音)」『한국 고대사 연구』15, 1999.

62 『일본서기』〈민달 6년 11월〉. "百濟國王, 付還使大別王等, 獻經論若干卷, 幷律師·禪師·比丘尼·呪禁師·造佛工·造寺工六人, 遂安置於難波大別王寺."

63 『일본서기』〈숭준 원년〉. "百濟國遣 …… 寺工太良未太·文賈古子·鑪盤博士將德白昧淳·瓦博士麻奈文奴……."

이 있다.

> ① 백제 왕이 백제 장군 조미문귀(姐彌文貴)·주리즉이(洲利卽爾)와 오
> 경박사 단양이(段楊爾)를 파견했다.[64]
> ② 백제 왕이 백제 장군 주리즉차(州利卽次)·작막고(灼莫古)와 오경박
> 사 한고안무(漢高安茂)를 왜에 파견했다. 백제가 구원병을 청했다.[65]

『일본서기』는 이 장군들이 일본에 가서 구원병을 청한 것으로 기록하
고 있지만, 구원병을 청할 때는 주로 사신들이 가지 장군들이 가지는 않
는다. 이에 대해 최재석 교수는 백제에서 야마토왜를 군사적으로 지배
하기 위해서 보낸 장군으로 보는데, 이것이 더욱 설득력 있는 논리다.
『일본서기』에는 백제에서 관리를 파견했다는 기록도 있다.

> 백제 왕이 전부(前部) 덕솔(德率) 진모선문(眞慕宣文)과 내솔(奈率) 기마
> (奇麻), 하부(下部) 동성자언(東城子言) 등 3인의 백제 관리를 왜에 파견
> 했다.[66]

또 〈흠명 15년(561) 2월〉조에도 백제가 관리 3인과 오경박사, 승려(9
인), 역(易)박사, 력(曆)박사, 의(醫)박사, 채약사(採藥師: 2인), 악인(樂人:
4인) 등을 야마토왜에 파견했다는 기록이 있다. 『일본서기』는 이 역시

---

64 『일본서기』 〈계체 7년(513) 6월〉.
65 『일본서기』 〈계체 10년(516) 9월〉.
66 『일본서기』 〈흠명 8년(554) 4월〉.

구원병을 청하기 위한 것으로 보고 있지만, 603년에야 관위가 처음으로 시행되었던 야마토왜에 해외에 파견할 군사가 있을 리가 없다는 점에서 허구의 논리다. 이 관리들 역시 야마토왜를 통치하기 위해 보낸 인물로 보아야 할 것이다.

야마토왜가 백제의 속국 내지는 담로였다는 점은 663년의 백강(白江) 전투에 대한 『구당서(舊唐書)』 「백제전(百濟傳)」의 기술을 봐도 알 수 있다.

유인궤(劉仁軌)는 백강구에서 부여풍(扶餘豊)의 군대를 만나 네 번 싸워 모두 승리하고 풍(豊)의 선박 400척을 불태우니 적군이 크게 패하여 부 여풍은 도주하고 거짓(옛) 왕자 부여충승, 충지 등은 사녀(士女)와 왜군 을 거느리고 항복하니 백제의 여러 성이 모두 항복 귀순하였다.[67]

이때의 선박 400척은 일본에서 건너온 것이었다. 660년에 백제의 수도가 함락되자 백제의 유장들은 백제부흥운동을 일으키는 한편 야마토왜로 건너가 선박을 건조하고 군사를 조련했다. 그 결과, 3년 후인 663년에 2만 7천 명의 군사와 400척의 배가 백강 하구에서 나당연합군과 맞붙었다. 전투 결과는 백제의 패배였는데, 이 군사에 대해서 중국의 사료는 왜왕의 군사라고 하지 않고 부여풍의 군사라고 명기하고 있는 것이다. 또한 왜군들을 거느리고 항복하는 것도 백제의 왕자들이라는 점에서 이는 더욱 명확해진다. 야마토왜는 백제의 속국 내지는 담로였던 것으로 보아야 할 것이다.

---

67 『구당서』 「백제전」.

## (6) 백제와 야마토왜의 진실

『일본서기』라고 거짓말만 서술하고 있는 것은 아니다. 『일본서기』는 많은 부분을 변개하고 조작했지만, 그중 사실을 담고 있는 내용도 있다. 야마토왜에서는 궁전은 백제궁(百濟宮)으로 불렸고, 왜왕의 시신을 안치한 곳은 백제 대빈(大殯)이라고 불렸다.[68] 또 백제궁 근처의 강은 백제천(百濟川)이라고 불렸고, 사찰은 백제사라고 불렸다.[69] 야마토왜는 백제의 속국 내지는 담로의 하나였음을 알 수 있다.

백제의 수도가 660년 함락되자 야마토왜에서 지금의 규슈 지역에 전시 수도인 태재부(太宰府)를 설치하고 백제에서 건너간 장수들을 중심으로 군사를 훈련하고 배를 건조한 것도 당시 야마토왜가 백제의 담로 같은 지위였음을 말해준다. 이렇게 훈련된 군사들은 백제부흥군에 가담했다.

이 백제부흥군을 이끄는 인물은 풍왕이었다. 663년 나당연합군과 백제부흥군은 지금의 금강 하구인 백강에서 격돌하는데, 이 백강 전투에서 백제부흥군이 패전하면서 백제는 역사의 뒤안길로 사라지게 된다. 『일본서기』는 백제부흥군의 수도를 주류성(周留城)이라고 표기하고 있는데, 663년 백제의 주류성이 함락되자 야마토왜의 국인(國人)들이 "조상들의 무덤이 있는 그곳을 어찌 다시 갈 수 있겠는가?"라고 한탄했다는 기사를 싣고 있다. 야마토왜의 지배층들에게 백제는 조상들의 무덤

---

68 『일본서기』 〈서명(舒明) 13년 10월〉. "十三年冬十月己丑朔丁酉, 天皇崩于百濟宮. 丙午, 殯於宮北, 是謂百濟大殯."
69 『일본서기』 〈서명 11년〉. "今年, 造作大宮及大寺. 則以百濟川側爲宮處."

이 있는 곳이었다. 즉 야마토왜 자체가 백제인들이 이주해 세운 나라였던 것이다.

663년 백제가 멸망한 지 57년 후인 720년에 편찬된 『일본서기』는 모국인 백제가 사라진 상황에서 백제인들이 주축이 되어 쓴 것이다. 모국 백제가 사라진 상황에서 야마토왜 스스로 자립해야 했다. 그래서 많은 사실 관계를 왜곡하게 된 것이다. 『일본서기』가 신라에 대해서 지속적인 적대감을 드러내는 것 역시 신라에 망한 백제의 후예들이 서술했기 때문일 것이다.

일본의 극우 세력들이 한국 점령의 야욕을 꺾지 않고 있는 것 또한 백제를 '조상들의 무덤이 있는 곳'으로 인식했던 것과 무관하지 않다. 그래서 백제와 야마토왜의 관계를 거꾸로 쓴 『일본서기』의 임나 관계 기사를 고토 회복의 근거로 삼았던 것이다. 그러나 이는 일본의 극우파들과 그들의 한국인 추종자들의 주장일 뿐이고, 김석형이 분국설에서 주장한 것처럼 임나는 한반도에 있지 않았다.

## 3. 실증사학에 대해서[70]

실증사학이란 한마디로 실증을 중시하는 역사학이라는 것이다. 그런데 실증이란 역사학의 목적이 아니라 방법론에 불과한 것이다. 역사는 당연히 실증을 기본으로 한다. 그런데 한국 사학계는 역사학의 방법론

---

70  실증사학에 대한 비판 글은 서양사 연구가인 박양식의 「서양사학 이론에 비추어 본 실증사학」『숭실사학』 제31집, 2013에서 많은 부분을 따왔다.

에 불과한 실증을 마치 역사학의 목적인 것처럼 승격시켰다. 남한 고대 사학계의 주류라고 할 수 있는 이기백은 한국의 역사학을 '민족주의 사학', '유물사관', '실증사학' 셋으로 분류했다. 이기백은 민족주의 사학이 한국사의 발전을 민족의 정신적 측면에서 설명하려 했다고 규정짓고, 유물사관에 대해서는, 민족 속에는 경제적으로 지배하는 자와 지배받는 자의 대립이 있어왔는데, 그 대립의 양상은 일정한 공식에 의해서 역사적으로 발전해왔다고 규정했다. 이기백은 이른바 실증사학에 대해서 이렇게 설명했다.

> 이에 대해서 실증사학은 한국사의 발전을 어떤 선입견을 가지고 이에 맞추어서 보는 것에 반대하였다. 오히려 실증적인 태도로 객관적인 사실을 정확하게 인식함으로써 한국사의 올바른 이해에 접근할 수 있다고 주장하였다.[71]

무엇을 말하는지 이해하기 힘든 문장 구조다. "어떤 선입견을 가지고 이에 맞추어서 보는 것에 반대"하고, "실증적인 태도로 객관적인 사실을 정확하게 인식"함으로써 "한국사의 올바른 이해에 접근할 수 있다."는 말이 무슨 뜻일까? 이기백의 말을 이해하려면 그가 말하는 "어떤 선입견"이 무엇을 뜻하는지를 이해해야 한다. 이기백은 실증사학 외에 민족주의 사학과 유물사관을 들었다. 실증과 민족주의는 사학(史學)이지만 유물은 사관(史觀)으로 달리 분류했다. 그러나 여기에 다른 하나를 더 들어야 했다. 바로 일제 식민사관이다.

---

71  이기백, 『한국사 신론』, 일조각, 1999, p. 5.

해방 이후 국내 역사학계에는 세 종류의 역사학자 집단이 있었다. 독립운동가들의 역사관을 계승한 민족주의 사학과 사회경제사학으로 불렸던 유물사학, 그리고 조선총독부의 역사관을 계승한 식민사학이었다. 이 식민사학이 실증주의 사학으로 외피를 바꿔 입는 것인데, 이기백이 말하는 "어떤 선입견"이란 바로 이 식민사학에 대한 선입견을 뜻하는 것이다.

조선총독부 직속 조선사편수회 출신의 이병도의 설명도 이기백과 대동소이하다.

> 그러나 역사를 새롭게 고찰한다고 객관을 몰각한 주관이거나 어느 한 편벽된 사관에 치우치거나 또는 사실을 고립적 표본으로 고찰한다면 그것은 잘못이다. 항상 객관을 토대로 삼아 시야를 넓히어 다각적으로, 또 종적(縱的: 시간) · 횡적(橫的: 공간) · 심적(心的) · 물적(物的)인 관련 아래 공정하게 고찰하여야 한다.[72]

이 역시 무슨 뜻인지 이해하기 힘든데, '객관', '공정' 등의 용어를 강조하는 경우 대개 자신의 편벽된 관점을 호도하기 위한 경우가 많다.

이기백은 "또 실증사학은 한국사학을 독립된 학문으로 정립시키는 데

---

72 이병도, 『한국사 대관(大觀)』, 동방도서, 1983, p. 2. 일제 식민사관을 추종해 한국사를 반도사로 서술한 이 책의 제목은 『한국사 소관(小觀)』이라 하는 것이 더 적합할 것이다. 그러나 이 책에서 이병도는 단군을 천왕의 아들이자 고조선 사회의 제주(祭主)이자 군장(君長)이라고 실존성을 인정했다. 21세기 이 나라의 강단사학은 식민사학자라고 비판받는 이병도도 인정한 단군의 실존마저도 부정하는 것으로 퇴화했다. 자신들의 진정한 스승은 한국인 이병도가 아니라 일본인 역사학자들이라는 이야기다.

공헌하였다."[73] 라면서 실증사학 이후에 역사학이 독립된 학문이 된 것처럼 말했는데, 이 역시 우리 선조들의 오랜 역사 서술 전통을 무시한 사실 왜곡에 불과하다.

남한의 실증사학자들은 문헌 고증을 위주로 하고 사료 비판에 철저하다고 자평한다. 그러나 낙랑군이 고대 요동에 있었다는 사료는 많아도 지금의 평양에 있었다는 사료는 전무하다. 일례로 『후한서』 「광무제본기(光武帝本紀)」 주석은 "낙랑군은 옛 고조선국이다. 요동에 있다."[74] 라고 말하고 있다. 뿐만 아니라 같은 『후한서』 「최인열전(崔駰列傳)」의 주석은 "장잠현(長岑縣)은 낙랑군에 속해 있는데, 그 땅은 요동에 있다."[75] 라고 말하고 있다. 그런데 남한의 실증주의 사학은 낙랑군은 평양에 있었다고 사료 없이 우기고 있다. 이런 사례는 수도 없이 많다. 결국 남한의 실증주의 사학이란 해방 이후에도 민족의 바람과는 거꾸로 일제 식민사관을 한국사의 주류 사관으로 유지하기 위한 도구였을 뿐이다.

실증주의 사학이 사료 없는 주장을 실증이라고 우긴 이유는 박양식 교수의 분석처럼 "한국의 전통적인 역사 연구 방법과 자신들의 역사 연구 방법을 차별화하기 위한 것이자 제국대학들에서 훈련받지 않은 역사가들의 학문을 비전문가의 것으로 낙인찍어버리기 위한 것"이었다.

남한의 실증사학자들은 일제로부터 계승한 랑케 사학, 그것도 일제 식민주의 사관으로 왜곡된 랑케 사학을 물려받았다. 일본 역사학은 20대인 랑케의 제자 루트비히 리스(Ludwig Riess)의 지도하에 랑케의 근

---

73  이기백, 앞의 책 『한국사 신론』, p. 5.
74  『후한서』 「광무제본기」 〈건무(建武) 6년〉의 주석. "樂浪郡, 故朝鮮國也. 在遼東."
75  『후한서』 「최인열전」 주석. "長岑縣, 屬樂浪郡, 其地在遼東."

대역사학 방법론을 습득했다. 그런데 랑케의 실증주의란 독일의 국가애국주의가 강하게 가미된 것이었다. 랑케는 당시 프랑스보다 열세였던 독일이지만 독일에서 있었던 그대로의 역사를 서술하면 독일사를 서술할 수 있다는 생각에서 실증주의를 주장한 것이었다. 랑케 사학의 문헌비판 방법과 함께 세계사적 파악을 습득한 리스의 제자 사카구치 다카시(坂口昻)는 역사를 하나의 식민통치술로 전환시켰다. 그는 민족과 국민을 근대의 역사적 형성물로 간주하면서 그 민족과 국민을 일대일 관계로 파악하지 않고 다민족국가로 간주하면서 일본 국민 속에 한국인까지 포함했다.[76] 1909년부터 1911년까지 유럽에서 유학한 그는 독일이 속령 폴란드에서 실시한 국사교육 체계에 주목했다. 그가 역사 교과서에 주목한 것은 "일반적으로 병합지에 적용해야 할 국사교육에 참고"가 되고, 특히 조선에서 역사교육의 모델이 될 수 있었기 때문이다. 사카구치 다카시는 "외국 정부로서 같은 국민 문제를 안고 있는 자는 자주 이를 연구하고 또는 이를 참작한다. 우리 조선의 통치도 그러한 바가 있을 것이다."[77]라고 말했다. 사카구치 다카시는 독일을 모범으로 하는 제국의 문화정책 모델을 일본의 식민지 통치기관과 학계, 교육계에 제시함으로써 시대의 추세에 대한 역사가의 임무를 수행했다.[78] 이러한 일본의 식민주의 사관은 조선사편수회로 그대로 이어져 실행에 옮겨졌고, 이것이 해방 이후 지금까지도 남한 역사학계의 주류로 행세하고 있는 것이다.

---

76  고야마 사토시(小山哲), 「'세계사'의 일본적 전유: 랑케를 중심으로」, 도면회·윤해동 엮음, 『역사학의 세기: 20세기 한국과 일본의 역사학』, 휴머니스트, 2009, p. 84.
77  고야마 사토시, 위의 글 「'세계사'의 일본적 전유: 랑케를 중심으로」, p. 96.
78  고야마 사토시, 위의 글 「'세계사'의 일본적 전유: 랑케를 중심으로」, p. 99.

이제 남한 실증주의 사학은 파탄에 다다랐다. 남한의 실증주의 사학자들이 '사료 없는 주장'으로도 가짜 실증주의의 아성을 쌓을 수 있었던 것은 자료 독점이 가능했기 때문이다. 그러나 이제 중화민국(대만) 중앙연구원(中央硏究院) 역사어언연구소(歷史語言硏究所)의 '한적전자문헌자료고(漢籍電子文獻資料庫)'만 들어가도 『사기』부터 『청사고』까지 중국 역대 25사의 주석까지 모두 확인할 수 있다. 한문만 해석할 줄 알면 누구나 이곳에 들어가 남한 강단사학자들의 주장이 아무런 사료적 근거도 없는 자기들만의 넋두리라는 사실을 쉽게 확인할 수 있다.

'실증 없는 실증사학'이 언제까지 수명을 연장할지, 인류 역사상 유례를 찾을 수 없는 남한 실증사학의 행태는 국내뿐만 아니라 세계 사학계의 연구 대상이 될 것이다.

제1부

# '한사군 한반도설'
# 비판

# Ⅰ. 시기별 사료로 보는 낙랑군의 위치

## – 낙랑군 교치설 비판

## 1. 들어가는 글

남한 강단사학계는 조선총독부에서 주장한 대로 고조선의 강역을 평안남도 일대로 국한해왔다. 그러다가 1992년 한·중 수교 이후 지금의 요령성은 물론 내몽골과 하북성 일대에서도 고조선 유물이 쏟아지자 슬그머니 주장을 바꾸었다. 요동에 있던 고조선이 지금의 평양 일대로 이주했다는 이동설이다. 물론 아무런 사료적 근거가 없는 일방적 주장일 뿐이다.

그런데 이동설은 하나가 더 있다. 이른바 낙랑군 이동설이다. 지금의 평양에 있던 낙랑군이 313년 지금의 요서 지역으로 이주했다는 이른바 교치설(僑置說)이다.[79] 그간 남한의 강단사학계는 고조선의 위치에 대해

---

79  공석구, 「낙랑군의 위치와 갈석산」 『요서 지역 조사와 현장 토론회 자료집』, 동북아역사재단, 2016, p. 69; 노태돈 편저, 『단군과 고조선사』, 사계절, 2010, p. 59.

이병도의 비정에 따라서 "고조선의 중심 지역은 서북 해안 지대인 대동강 유역(평양)"[80]이라고 인식해왔다. 이병도는 서기전 109년 "한나라 수군이 지금의 산동반도로부터 바다를 건너 열수(지금의 대동강)로 들어와 왕험성을 치다가 …… 한(漢)은 위씨조선 땅에 본 주민의 국가를 말살하고 자국의 군현제를 실시하여 원(原: proper) 조선에는 낙랑군"[81]을 설치했다고 주장했다. 이병도는 「위씨조선흥망고(衛氏朝鮮興亡考)」에서도 "왕험성의 위치가 지금의 평양인 것을 알 수 있다."[82]라고 단정 지었다. 이병도의 논리에 따르면 단군조선의 도읍지인 평양에 위만조선의 도읍지가 들어섰고, 그 자리에 낙랑군이 들어섰다는 것이다.[83]

그러나 위만조선의 도읍지가 지금의 평양이라는 주장은 낙랑군에 대한 당대의 기초 사료인 『한서』 「지리지」에 의해서도 부정된다. 『한서』 「지리지」는 낙랑군 조선현은 기자조선의 도읍지 자리에 세운 현이고,[84] 위만조선의 도읍지 왕험성 자리에는 요동군 험독현을 세웠다고 말하고 있기 때문이다.

> 요동군 험독현: 응소가 "조선 왕 위만의 도읍이다. 물이 험한 데 의지했으므로 험독(險瀆)이라고 불렀다."고 했다. 신찬(臣瓚)은 "왕험성은 낙랑군 패수의 동쪽에 있다. 이로부터 험독이라고 했다."고 했다. 안사고(顔

---

80  이병도, 『조선사 대관』, 동지사, 단기 4281, p. 20. 1948년(단기 4281)까지만 해도 이병도도 단기를 사용했다.

81  이병도, 위의 책 『조선사 대관』, p. 30.

82  이병도, 「위씨조선흥망고」 『한국 고대사 연구』, 박영사, 1976, p. 91 및 p. 69 지도.

83  이병도는 기자조선 대신에 한(韓)씨조선이 있었다고 주장하지만, 그 도읍지는 역시 평양이라고 보고 있다.

84  『한서』 「지리지」〈낙랑군〉 '조선현'. "應劭曰, '武王封箕子於朝鮮.'"

師古)는 "신찬의 설이 옳다."고 했다.[85]

한나라의 정사인 『한서』「지리지」는 위만조선의 도읍지였던 왕험성에는 요동군 험독현을 세웠고, 기자조선의 도읍지에는 낙랑군 조선현을 세웠다고 전한다. 고대 요동은 지금의 요동보다 훨씬 서쪽의 하북성 난하 유역이지만, 요령성 요하를 기준으로 삼는 지금의 요동으로 쳐도 요동군 험독현이 평양일 수는 없는 것이다. 『한서』「지리지」는 요동군의 인구는 5만 5,972호(戶)에 27만 2,539명이고,[86] 낙랑군의 인구는 6만 2,812호에 46만 6,748명이라고 말하고 있다.[87]

요동군 험독현에 주석을 단 응소(?~196)는 생몰연대가 뚜렷하지 않지만, 중평(中平) 6년(184)에 태산태수(泰山太守)를 역임한 인물[88]이므로 남한 강단사학계에서 낙랑군이 평양에 있었다고 주장하는 서기 313년 이전에 생존했던 학자이자 관료이다. 신찬은 생몰연대가 명확하지 않지만 서진(西晋: 265~316) 사람이다.[89] 『사기』 삼가 주석의 하나인 『사기집해』에 주석을 단 유송(劉宋)의 배인(裴駰)이 여러 번 인용했던 저명한 학자다.

---

85  『한서』「지리지」〈요동군〉 '험독현'. "應劭曰, '朝鮮王滿都也. 依水險, 故曰險瀆.' 臣瓚曰, '王險城在樂浪郡浿水之東, 此自是險瀆也.' 師古曰, '瓚說是也.'"
86  『한서』「지리지」. "遼東郡, 秦置, 屬幽州. 戶五萬五千九百七十二, 口二十七萬二千五百三十九."
87  『한서』「지리지」〈낙랑군〉. "武帝元封三年開. 莽曰樂鮮. 屬幽州〔應劭曰, '故朝鮮國也'〕師古曰, '樂音洛, 浪音狼'〕, 戶六萬二千八百一十二, 口四十萬六千七百四十八. 有雲鄣. 縣二十五, 朝鮮〔應劭曰, '武王封箕子於朝鮮'〕."
88  『삼국지』「위서」〈조조기(曹操紀)〉 1.
89  배인, 『사기집해』「서(序)」. "『한서음의』에 신찬이라고 칭한 자는 씨성을 알지 못한다〔『漢書音義』稱臣瓚者, 莫知氏姓〕." 유송은 고대의 남송인데, 서기 420~479년까지 존속했던 남북조 시기 남쪽을 차지했던 왕조다.

남한 강단사학계는 서기 313년에 평양의 낙랑군이 요서 지역으로 이동했다고 주장하는데, 2세기 후반의 학자 응소와 신찬은 위만조선의 도읍지에 세운 험독현이 요동군 소속이라고 달리 말하고 있는 것이다. 또한 신찬은 위만조선의 도읍인 "왕험성은 낙랑군 패수의 동쪽에 있다."고 말했다. 남한 강단사학계의 논리에 따르면 313년에 생존해 있던 신찬은 왕험성이 패수의 동쪽에 있다고 말했고, 여기에 당나라 때의 역사학자 안사고(581~645)도 동의했다.[90]

여기까지만 설명해도 현재 조선총독부 역사관을 추종하는 남한의 강단 식민사학계가 서기전 108년부터 서기 313년까지 낙랑군이 지금의 평양에 있었는데 그곳이 위만조선의 도읍지인 왕험성 자리였다고 주장하는 것은 아무런 사료적 근거가 없음을 알 수 있다. 한사군에 관한 기초 사료인 『한서』 「지리지」는 '낙랑군 조선현은 기자조선의 도읍지에 세운 것이고, 요동군 험독현이 위만조선의 도읍지에 세운 것'이라고 말하고 있다. 또한 '왕험성 = 험독현'의 위치는 낙랑군 패수의 동쪽이라고 말하고 있다. 남한 강단사학계의 주장대로 낙랑군이 평양에 있었다면 위만조선의 왕험성은 그 동쪽인 강원도나 함경남도 등지가 되어야 하고, 패수라는 강의 동쪽에 있으려면 패수는 남북으로 흘러야 하는데, 강원도나 함경남도에는 남북으로 흐르는 강이 없을뿐더러 이 지역을 '요동군'이라고 말할 수 없음은 굳이 설명할 필요도 없다.

역사학적 방법론에 따르면 이미 폐기되었어야 할 '낙랑군 = 평양, 대동

---

90 응소는 왕험성이 낙랑군 패수의 동쪽에 있었다고 뚜렷하게 밝히고 있지는 않지만, 『사기』·『한서』 주석자들이 앞의 내용과 다를 경우 '비야(非也: 틀렸다)'라고 쓴다는 점에서 응소에 대해서 그대로 수긍했다는 것은 응소 역시 신찬 및 안사고와 같은 견해를 갖고 있었다는 뜻이다.

강설'이 아직도 지속되는 이유는 이 이론이 역사 이론이 아니라 일종의 종교적 도그마이기 때문이다. 해방 후 남한의 강단 식민사학계가 일본 제국주의의 정치 선전을 일종의 도그마로 만들어 지금껏 유지해오면서 하나의 학설이 아니라 종교적 교리로 변질시켰기 때문이다.

이런 교리가 유지될 수 있었던 데는 사료 독점이 큰 역할을 했는데, 현재는 과거와 달리 중화민국 중앙연구원의 '한적전자문헌자료고' 등의 인터넷 서비스 등을 이용하면 『사기』부터 『청사고』까지 중국 25사 원문은 물론 주석까지 그대로 제공받을 수 있다. 그러니 더 이상 낙랑군이 평양에 있었다는 주장을 유지하기는 어렵게 되었다. 그래서 나온 것이 이른바 '교치설'이라는 것이다. 교치설은 간단하게 말해서 평양 일대에 있던 낙랑군이 313년에 요서 지역으로 이주했다는 설이다. 낙랑군의 위치가 지금의 평양이라고 말하는 중국 고대 사료는 하나도 없고, 지금의 하북성 일대에 있다는 사료는 계속 쏟아지니까 기존의 평양설과 새로운 하북성설을 절충해 서기전 108년부터 서기 313년까지는 평양 일대에 있다가 서기 313년에 요서 지역으로 이주했다는 새로운 학설을 내놓은 것이다.[91]

---

91  공석구는 「낙랑군의 위치와 갈석산」, p. 69에서 "낙랑군은 313년에 요서 지역으로 옮겨 갔다."고 명시했다. 또한 노태돈은 『단군과 고조선사』, p. 59에서 "313년 평양의 낙랑군이 소멸된 후, 낙랑·대방군 등은 요서 지방에 이치되었다."라고 썼다.

## 2. 313년 낙랑군 교치설은 이마니시 류가 처음 주장

그런데 313년 낙랑군 교치설은 새로운 학설이 아니다. 강단 식민사학계의 대부분의 주장이 그렇듯이 이 역시 한국 강점 초기 조선총독부에서 내세운 논리를 새로운 것처럼 포장해 제시했을 뿐이다. 일제는 1910년 대한제국 강점 직후 총독부 내에 취조국(取調局)을 설치해 구관제도(舊慣制度) 조사 사업과 고적(古蹟) 조사 사업을 전개했다.[92] 총독부 취조국이 조선사편수회의 모태로서, 이때부터 많은 사료를 수집해 불태우거나 일본으로 가져갔다. 또한 고적 조사라는 명목으로 각지를 조사한 후 대동강 남쪽을 낙랑군 조선현 지역이라고 주장하기 시작했다. 1916년 1월에는 구관제도 조사 사업을 중추원 산하로 이관하고 중추원 산하에 '조선반도사편찬위원회'를 발족해『조선반도사(朝鮮半島史)』 편찬 사업에 나섰다.[93]『조선반도사』라는 이름에는 이미 한국사의 강역에서 대륙과 해양을 삭제해 반도 내로 국한시키기 위한 목적이 담겨 있다. 일제 식민사학과 남한 강단사학은 한국사의 시간과 공간 축소를 주 임무로 삼는데, 이에 따라 단군을 부인해 한국사의 시간을 축소하고, 반도사관으로 공간을 축소한 것이다.

『조선반도사』 편찬 사업은 '상고·삼한', '삼국·신라통일' 등을 탈고한 채 1922년 12월에는 조선총독부 산하 조선사편찬위원회로 넘어갔고, 1925년 6월에는 일왕의 칙령 제218호로 조선사편찬위원회가 조선사편

---

92 『風俗調查計劃』,「2. 舊慣, 制度, 風俗 등 조사 경과 개요[大正 15년(1926) 1월 22일]」,
　　『중추원조사자료』에서 인용.
93 중추원의『조선반도사』 편찬 사업의 개요에 대해서는 장신,「조선총독부의『조선반도사』
　　편찬 사업 연구」『동북아역사논총』 23, 동북아역사재단, 2009 참조.

수회로 개편되면서 조선총독부 직속의 독립 관청으로 승격되었다. 조선사편수회를 독립 관청으로 승격시킨 데서 한국사를 전반적이고도 체계적으로 왜곡하려 했던 일제의 강력한 의지를 볼 수 있다. 『조선반도사』의 '상고·삼한' 부분은 국내 강단 식민사학계에 막강한 영향을 끼치는 조선총독부의 이마니시 류가 썼는데, 해당 내용을 보자.

> 당시(4세기 초) 요동에 모용씨(慕容氏)가 흥기(興起)해 고구려를 압박하여 고구려의 남진 기세를 제어하고 있어 잔존할 수 있었다. 당시 대방(帶方)·낙랑의 잔민(殘民)은 대동강 남쪽[아마 봉산(鳳山) 부근] 지방에 요동의 장통(張統)이라는 자를 수령으로 반(半)독립국을 세웠으며, 장통은 대방태수라고 칭하며 고구려의 미천왕과 계속 교전했는데, 결국 이를 견디지 못하였다.[94]

이마니시 류는 『조선반도사』에서 3세기 후반 고구려가 일어나면서 한반도 서북부의 낙랑군은 대동강 북쪽 대부분의 강역을 잃고 6개 현만 남아서 대동강 남쪽으로 옮겼다고 주장했다.[95] 대동강이 무슨 천혜의 험강이라도 되는 듯이 대동강을 사이에 두고 고구려와 낙랑군이 대치했다는 희한한 주장이다. 낙랑군이 대동강 남쪽으로 퇴각했다는 것은 본국과 연결이 끊어졌다는 뜻인데, 본국과 연결이 끊어진 군현들이 북쪽의 고구려, 남쪽의 백제와 대치하면서 생존할 수 있다는 발상 자체가 비상

---

94 『조선반도사』 제1편 「상고·삼한」 '개설'. 연도 미상. 미국 하와이대학 해밀튼도서관 소장. 여기서는 『친일반민족행위관계사료집 Ⅴ—일제의 조선사 편찬 사업』, p. 152에서 재인용.
95 위와 같음.

식적이다.

이마니시 류 역시 이런 논리가 비역사적 · 비상식적이라고 생각했기 때문에 "(낙랑 · 대방군은) 그 이름은 진(晉)나라의 군현이었으나 실제로는 토호(土豪)의 나라로서 명맥을 유지하는 정도였다."[96]고 주장했다. 역사 상식에 맞지 않는 주장을 하려니 온갖 기묘한 상상력이 발휘되는 것이다.

이마니시 류의 '상상으로 쓰는 역사'는 여기에서 그치지 않는다. 고구려 15대 미천왕(재위 300~331)이 왜 대동강 남쪽 '토호의 나라'를 두 눈 뜨고 지켜만 보고 있었는지를 설명해야 했다. 그래서 이마니시 류는 "당시(4세기 초) 요동에 모용씨가 흥기해 고구려를 압박하여 고구려의 남진 기세를 제어하고 있어 (낙랑 · 대방군이) 잔존할 수 있었다."고 주장했다. 이때의 요동 역시 지금의 요동이 아니라 고대 요동이다. 이 요동에 모용씨가 흥기한 것이 고구려의 남진을 막았다는 것이다. 요동에 모용씨가 흥기해서 고구려의 서진을 제어했다면 말이 된다. 요동에 모용씨가 흥기한 것이 어떻게 고구려의 남진을 제어하겠는가? 요동에 모용씨가 흥기했기 때문에 고구려가 잠시 서진을 멈추고 남쪽 '토호의 나라'를 멸망시켰다면 말이 될 것이다. 이미 만들어진 결론에 맞추기 위해 '상상으로 쓰는 역사'를 주장하려다 보니 나오는 주장들이다.

---

96  위와 같음.

## 3. 313년 낙랑군 교치설 근거 사료 검토

조선총독부의 이마니시 류가 주창한 313년 낙랑군 교치설을 『조선반도사』에서 살펴보자.

> 건흥(建興) 원년(313) (장통이) 그 땅을 버리고 그 백성 천여 가(家)를 이끌고 모용씨에게 귀속하여 요동으로 이주하였다. 이후 지리적 호칭으로서 낙랑·대방이라는 이름은 조선 반도에 남았고, 요동에는 두 군의 교치(僑治)가 있어 정치적 호칭은 남았으나 조선 반도에서 한나라 군현이라는 그림자는 이로써 완전히 사라졌다. 실로 사군(四郡)을 설치한 지 422년이 흐른 후였다.[97]

서진(西晉) 민제(愍帝)의 연호인 건흥 원년(313) 장통이 모용씨에게 귀순했다는 것이 주요 논리다. 이마니시 류는 무슨 근거로 이런 주장을 했는지 살펴보자. 먼저 장통이 모용씨에게 귀속되었다는 사료는 『사기』, 『한서』, 『후한서』, 『삼국지』 등 중국의 고대 4사에는 전혀 나오지 않는다. 『사기』부터 『청사고』까지 25사에도 전혀 나오지 않는다. 이 이야기는 북송의 사마광(司馬光: 1019~1086)이 1065~1084년에 편찬한 『자치통감(資治通鑑)』에 나온다.

요동 사람 장통이 낙랑·대방 2군을 근거로 고구려 을불리(미천왕)와 서로 공격했는데, 해를 세속해도 해결하지 못했다. 낙랑 사람 왕준(王遵)이

---

97 『친일반민족행위관계사료집 Ⅴ─일제의 조선사 편찬 사업』, pp. 152~153에서 재인용.

장통을 설득해서 그 백성 1천여 가를 거느리고 모용외(慕容廆)에게 귀부하자 모용외가 낙랑군을 설치하고, 장통을 낙랑태수로 삼고, 왕준을 참군사(參軍事)로 삼았다.[98]

『자치통감』의 이 기사가 대동강 남쪽에 있던 낙랑군이 요서 지역으로 이주했다는 이른바 '교치설'의 모든 근거다. 그럼 먼저 이 사료를 교치설의 근거로 볼 수 있는지 살펴보자.

첫째, 이 사료는 '장통은 요동 사람'이라고 말하고 있다. 요동 사람 장통이 요동이 아니라 대동강 남쪽으로 왔다는 사료는 전혀 없다. 이 무렵 낙랑군이 대동강 남쪽에 있었다는 '만들어진 전제 조건' 아래 아전인수하고 있는 것이다.

둘째, 이 사료는 요동 사람 장통이 고구려 미천왕과 싸우다 패해서 도주했다는 기사다. 이때 낙랑군은 대동강 남쪽으로 쫓겨 간 상태니 몇 해 동안 전투를 했다면 전투 현장은 대동강 남쪽이 되어야 한다. 고구려가 대동강을 도강해야 전투가 벌어질 것이기 때문이다. 고구려가 대동강을 건너서 해를 넘기도록 장통과 전투할 수 있을까? 또한 이 전투에서 패배한 장통이 "그 백성 1천여 가"를 데리고 도주했다는 것인데, '군사 1천여 명'이 아니라 '백성 1천여 가'라는 것은 일반 백성들도 포함하고 있다는 뜻이다. 한 가, 즉 한 호를 6~7명 정도로 잡으면 모두 6~7천여 명의 낙랑군 사람들이 도주한 것이다. 이 중 절반인 3천~3,500명 정도

---

98 『자치통감』 권88 「진기(晋紀)」 10. "遼東張統據樂浪·帶方二郡, 與高句麗王乙弗利相攻, 連年不解. 樂浪王遵說統帥其民千餘家歸廆, 廆爲之置樂浪郡, 以統爲太守, 遵參軍事."

는 여성일 것이다. 남성들이 전쟁으로 많이 죽었다고 볼 경우 여성의 비율은 더 늘어난다. 나머지 3천~3,500명의 남성 중 어린아이와 노인을 빼면 전투 가능 인구는 많이 잡아야 2천~2,500명을 넘지 못할 것이다. 고구려와 싸우다 패배해서 도주하는 처지에 언제 배를 만들어서 대동강을 건너고, 또 2천~2,500명의 군사가 그 두 배에 가까운 5천 명가량의 여성과 노약자를 데리고 가겠는가? 또한 장통이 모용씨에게 가는 길은 단 하나, 북방의 고구려 강역 수천 리를 뚫고 가야 한다. 패잔군인 장통이 민간인들을 거느린 채 고구려 강역 수천 리를 뚫고 요동의 모용씨에게 간다는 것이 가능한가? 장통의 군사가 이런 능력이 있는 강군이었다면 애당초 대동강 남쪽으로 쫓겨 오지도 않았을 것이고, 고구려 군사에게 패배하지도 않았을 것이다.

『자치통감』의 이 사료는 당초부터 요동에 있던 장통이 요동에서 미천왕과 싸우다 더 동쪽이나 동북쪽의 모용외에게 도주한 사실을 전해주는 사료다. 어느 모로 보아도 이 사료가 대동강 남쪽에 있던 낙랑군이 요동으로 교치했다는 근거로 사용될 수는 없다.

게다가 창려 극성(棘城) 출신의 모용외는 전연(前燕)의 임금으로 즉위하지도 못하고, 동진(東晉)으로부터 요동군공(遼東郡公)으로 책봉 받는 데 그쳤다. 모용외가 동진 함화(咸和) 8년 사망하자 동진은 모용외에게 대장군(大將軍), 개부의동삼사(開府儀同三司)를 추증했고, 양(襄)이란 시호를 내렸다.[99] 전연을 개창한 그 아들 모용황(慕容皝)이 함강(咸康) 3년(337)에야 연왕을 자칭하고 그 부친에게 무선왕(武宣王)이라는 시호를

---

99 『자치통감』 권95 〈함화 8년〉. 이 사료는 "여름 5월 갑인일에 요동 무선공 모용외가 죽었다(夏, 五月, 甲寅, 遼東武宣公慕容廆卒)."고 기록하고 있다.

추증했다. 요동 사람 장통이 거느리고 간 1천 가구를 낙랑군으로 삼아 줄 임금 자체가 존재하지 않았다. 또한 앞서 기술했듯이 낙랑군의 인구는 6만 2,812호, 46만 6,748명이었는데, 그 63분의 1에 지나지 않는 1천여 가구가 이주한 것을 낙랑군이 이주한 것으로 보는 것도 견강부회다. 장통이 대동강 남쪽의 낙랑군을 들어서 요동의 모용외에게 갔다는 것은 '상상으로 쓴 역사'에 불과하다.

남한 강단사학계의 주장은 대방군이 314년에 요동으로 이주했다는 것인데, 고구려 미천왕이 장통 도주 뒤에도 1년씩이나 대방군을 내버려 두었다는 사실도 이치에 맞지 않는다. 313년 낙랑군 교치설은 당시의 상황 및 관련 사료를 검토해보면 사실이 아니란 것을 쉽게 알 수 있다.


## 4. 낙랑군에 대한 시기별 중국 사료

그럼 313년 낙랑군 교치설을 중국의 각종 사료로 살펴보자. 이해를 돕기 위해 고조선 및 낙랑군 관련 사료를 시기별로 살펴보자. 중국 고대 사료 중에 서기 313년 이전에 낙랑군이 지금의 평양 또는 대동강 유역에 있었다고 설명하는 사료가 있는지 먼저 살펴보자. 위만조선 도읍지 자리에 낙랑군을 설치했다는 주장이 맞는지 살펴보기 위해 중국 고대 사료가 말하는 고조선 강역을 대략 비정해보자.

(1) 전국시대 및 한나라 초기의 기록: 『산해경』 「해내경」 및 「해내북경」

먼저 『산해경』에 나오는 조선의 위치를 찾아보자. 『산해경』의 작자에 대해서는 우(禹)임금이나 백익(伯益)[100] 등으로 보는 견해도 있지만, 현재『산해경』을 연구하는 중국 학자들은 이 책이 한 시기에 만들어진 것이 아니라 대략 전국시대 초기부터 한나라 초기까지 형성된 것으로 보고 있다. 이렇게 본다면『산해경』은 고조선이 중국 연나라와 다투던 전국 시기부터 조한전쟁을 치렀던 한나라 때까지 만들어진 책이므로 조선의 위치에 대한 1차 사료라고 볼 수 있다.『산해경』은「해내경」과「해내북경」에 조선의 위치에 대한 내용을 언급하고 있다.

① 동해 안쪽, 북해 모퉁이에 나라가 있는데, 이름이 조선이다.[101]
② 조선은 열양 동쪽에 있는데, 바다의 북쪽이고 산의 남쪽이다. 열양은 연나라에 속해 있다.[102]

「해내경」에서 말하는 동해란 산동성, 강소성 등지에 접한 바다이며, 북해란 발해를 뜻한다.「해내북경」에서 말하는 열양은 열수의 북쪽이다. 그런데 식민사학자들이 열수를 대동강이라고 주장하면서 이 주장이 중국의『중문대사전(中文大辭典)』에까지 실려 있다.[103] 그러나『산해경』에 주석을 단 곽박(276~324)은 "열은 강의 이름이다. 열수는 요동에 있다."

---

100 백익은 성(姓)은 영(嬴)이고, 씨(氏)는 조(趙), 이름이 익(益)이다.(『상서(尚書)』·『사기』)
　　 고대 영(嬴) 성의 각 종족의 조상으로서, 춘추전국시대 진국(秦國)과 조국(趙國)의 조
　　 상이다. 우임금을 도와서 치수 사업에 공을 세웠다.(『맹자(孟子)』「등문공(藤文公)」하)
101 『산해경』「해내경」. "東海之內, 北海之隅, 有國名曰朝鮮."
102 『산해경』「해내북경」. "朝鮮在列陽東, 海北山南. 列陽屬燕."
103 『중문대사전』. "列陽, 古地名. 列水, 卽今韓國大同江北部地方, 屬燕國. 『山海經·海
　　 內北經』: '朝鮮, 在列陽東海北山南, 列陽屬燕.'"

라고 말했고, 이는『후한서』「군국지」에도 그대로 실려 있다.[104] 『중문대사전』이 열수를 한국 대동강이라고 쓰고 있는 것은 식민사학의 폐해가 나라에 얼마나 큰 해독을 끼치고 있는지를 잘 말해주는 사례다. 고조선은 고대 요동에 있는 열수 동쪽에 있었는데, 바다의 북쪽이고, 산의 남쪽이다. 열양을 대동강 북쪽 지역이라고 보면 그 동쪽에 고조선이 있었다는 주장인데, 대동강 동쪽은 강원도나 함경남도로서 이곳을 바다의 북쪽으로 볼 수도 없고, 산의 남쪽으로 볼 수도 없다. 또한 이 지역을 지금의 북경 부근에 있었던 연나라에 속해 있다고 볼 수도 없다.

## (2) 한사군 설치 직전의 기록:『회남자』

한 고조 유방의 손자 회남왕 유안은『회남자』에서 이렇게 말했다.

오위: 동방의 끝, 갈석산으로부터 (고)조선을 지나 대인의 나라를 통과하여…….[105]

한사군 설치 14년 전까지 생존했던 회남왕 유안은 갈석산을 지나면 (고)조선이라고 말했다. 위만조선과 한나라가 갈등을 겪던 시기의 국경선, 즉 조한전쟁 직전 전한과 위만조선의 국경이 갈석산이었다는 뜻이다. 현재 갈석산의 위치에 대해서는 하북성 창려현의 갈석산설, 산동성

---

104 『후한서』「군국지」〈유주 낙랑군〉. "樂浪郡: 朝鮮 …… 浿水 …… 占蟬, 遂城 …… 帶方 …… 列口(郭璞注『山海經』曰, '列, 水名. 列水在遼東'), 長岑 …… 樂都."
105 『회남자』「시측훈」. "五位：東方之極, 自碣石山過朝鮮, 貫大人之國."

무체현의 갈석산설, 하북성 또는 산서성설 등 여러 주장이 있는데,[106] 남한의 강단사학계는 아직도 갈석산이 있는 낙랑군 수성현(遂城縣)을 황해도 수안군(遂安郡)에 있었다고 주장하고 있다. 남한 강단사학자들이 국고(國庫) 47억 원을 들여 만든 『동북아 역사 지도』에서 낙랑군 수성현을 황해도 수안이라고 비정한 것이 이를 말해준다.[107] 갈석산에 대한 여러 비정 중에서 중국 측에 가장 유리한 것이 하북성 창려현 갈석산설이다. 다른 비정들은 이보다 훨씬 서남쪽까지 간다. 그러니 중국에 가장 유리한 갈석산을 기준으로 삼아 『회남자』의 기록을 해석해도 하북성 창려현 갈석산 동쪽부터는 고조선 강역이다. 그리고 낙랑군도 여기에 비정해야 한다.

(3) 한사군 설치 직후의 기록: 『한서』 「가연지열전」

가연지는 전한 낙양(洛陽) 사람이다. 한나라 초원(初元) 3년(서기전 46) 한 원제가 가연지의 건의를 받아들여 주애군(珠崖郡)을 폐지한 것으로 유명하다. 주애군은 지금의 중국 해남성(海南省)에 속해 있는데, 그 군치(郡治)는 지금의 해남성 해구시(海口市) 경산구(瓊山區) 용당진(龍塘鎭)으로 비정하고 있다. 한 원제가 가연지의 건의로 주애군을 폐지

---

106 심백강 박사는 전국시대의 갈석산을 하북성 남쪽 역현(易縣)과 서수현(徐水縣) 부근으로 보고 있다. 하북성 창려현 갈석산은 게석산(揭石山)이라는 것이다. 『미래로 가는 바른 고대사 1』, (사)유라시안 네트워크, 2016, pp. 60~61. 『고구려 역사저널』의 성헌식 편집인은 갈석산을 산서성 남쪽으로 본다.

107 동북아역사재단의 『동북아 역사 지도』에 대해서는 이덕일, 『매국의 역사학, 어디까지 왔나』, 만권당, 2015에서 자세하게 서술했다. 남한 강단사학자들의 실체가 드러나면서 국민들에게 큰 충격을 주었던 『동북아 역사 지도』 사태에 대해서 종합적으로 서술한 책이다.

했다는 것은 그가 당대의 역사지리에 밝은 학자라는 사실을 말해준다. 『한서』「가연지열전」에서 가연지는 낙랑군의 위치에 대해 이렇게 말하고 있다.

서쪽으로는 여러 나라와 연대하여 안식에 이르렀고, 동쪽으로는 갈석을 지나 현도·낙랑으로써 군을 삼았습니다.[108]

역사지리에 능했으며 상서령을 역임했던 가연지의 역사지리 인식과 회남왕 유안의 역사지리 인식이 비슷함을 볼 수 있다. 유안이 조선이라고 본 곳을 가연지는 현도·낙랑으로 보고 있기 때문이다. 가연지가 한사군 설치 60여 년 후에 본 낙랑군은 갈석산에서 그리 멀지 않았음을 알 수 있다.

(4) 『사기』 및 『괄지지』에서 말하는 조선과 평양의 위치

『사기』「진시황본기(秦始皇本紀)」 26년조는 "진나라의 영토는 동쪽으로는 바다에 이르러 조선에 닿았다."[109]고 말하고 있다. 당나라 측천무후(재위 690~705) 때 생존했던 장수절(張守節)은 『사기정의』에서 이 구절에 대해 이렇게 주석하고 있다.

여기에서 말하는 바다는 발해의 남쪽에서 양주(揚州), 소주(蘇州), 태주

---

108 『한서』「가연지열전」. "西連諸國至于安息, 東過碣石以玄菟, 樂浪爲郡."
109 『사기』「진시황본기」 26년조. "地東至海暨朝鮮."

(台州) 등지에 이르는 동해(東海)이다. 기(暨)는 급(及: 미치다)이라는 뜻이다. 동북(東北)이 조선국(朝鮮國)이다. 『괄지지(括地志)』에는 "고려(高驪: 고구려)는 평양성(平壤城)에서 다스렸는데, 본래 한(漢)의 낙랑군 왕험성으로서 곧 옛 조선(朝鮮)이다."라고 했다.[110]

진나라의 영토는 동쪽으로 바다에 이르러 조선에 닿았는데, 장수절은 그 바다가 발해의 남쪽에서 양주, 소주, 태주 등지에 이르는 중국 동해라는 것이다. 이 위치 비정에 따르면 고조선은 지금의 산동반도 정도가 된다. 또한 『괄지지』는 고구려의 수도인 평양성이 원래 한나라 낙랑군 왕험성이라고 말하고 있다. 『괄지지』는 당나라 태종의 둘째 아들인 이태(李泰: 620~653)가 편찬한 역사지리서다. 여기에서 말하는 평양성은 지금의 북한 평양이 아니다.

또한 『후한서』 「동이열전」 〈동옥저〉조는 "동옥저는 고구려 개마대산의 동쪽에 있다."[111]면서 그 주석에서는 "개마(蓋馬)는 현 이름인데, 현도군에 속해 있다. 그 산은 지금의 평양성 서쪽에 있는데, 평양은 곧 왕험성이다."[112]라고 설명하고 있다. 지금의 평양성 서쪽에 개마산이라고 불릴 만한 산이 없음은 물론이다. 『한서』 「지리지」는 현도군 산하 서개마현에 대해 이렇게 말하고 있다.

---

110 『사기』 「진시황본기」 26년조 "地東至海暨朝鮮"의 『사기정의』 주석. "海謂渤海南至揚‧蘇‧台等州之東海也. 暨, 及也. 東北朝鮮國. 括地志云:'高驪治平壤城, 本漢樂浪郡王險城, 卽古 朝鮮也.'"
111 『후한서』 「동이열전」 〈동옥저〉. "東沃沮在高句驪蓋馬大山之東."
112 『후한서』 「동이열전」 〈동옥저〉의 주석. "蓋馬, 縣名, 屬玄菟郡. 其山在今平壤城西. 平壤卽王險城也."

서개마현에는 마자수(馬訾水)가 서북으로 흘러서 염난수(鹽難水)로 들어가다가 서남쪽으로 흘러서 서안평(西安平)현에 이르러 바다로 들어간다. 두 개의 군(郡)을 지나는데, 2,100리를 간다. 왕망(王莽)은 현도정(玄菟亭)이라고 말했다.[113]

『한서』및『후한서』는 평양성 서쪽에 개마산이 있어서 그곳에 있는 현을 서개마현이라고 부르는데, 마자수라는 강이 흐르고 있다고 말하고 있다. 마자수는 서북쪽으로 흘러 염난수로 들어갔다가 서남쪽으로 흘러 서안평현에 이르러 바다로 들어가는데, 두 개의 군을 지나며 모두 2,100리를 흐른다는 것이다. 지금의 평양성 서쪽에는 개마산도 없고, 대동강 이외에 마자수로 비정할 수 있는 강이 없다. 대동강은 평양 서쪽에서 발원하는 강이 아닐뿐더러 2,100리를 흐르지도 않고, 두 개의 군을 지나지도 않는다. 염난수란 한때 바다였다는 뜻인데, 한반도 내에서는 이런 강을 찾을 수가 없다. 즉『후한서』에서 말하는 '평양=왕험성' 역시 지금의 평양성이 아니다.

(5)『후한서』본문과 주석에서 말하는 낙랑군의 위치

『후한서』의 왕조(王調)라는 인물에 대한 기사에서 낙랑군의 위치를 알 수 있는 사료가 나온다.『후한서』「광무제본기」〈건무 6년〉조에 이런 기사가 있다.

---

113 『한서』「지리지」〈현도군〉'서개마현'. "馬訾水西北入鹽難水, 西南至西安平入海, 過郡二, 行二千一百里. 莽曰玄菟亭."

처음에 낙랑 사람 왕조가 낙랑군을 근거로 복종하지 않았다.(낙랑군은 옛
조선국이다. 요동에 있다.) 가을 낙랑태수 왕준이 이를 공격하자 낙랑군의
관리들이 왕조를 죽이고 항복했다.[114]

이 사료는 서기 30년에 발생한 사건을 말하고 있는데, 낙랑군 왕조가
낙랑군을 근거로 후한 낙랑태수에 복종하지 않았다는 것이다. 그래서
낙랑태수 왕준이 이를 공격하자 낙랑군의 관리들이 왕조를 죽이고 항복
했다는 사료다. 그런데 이 주석에서 "낙랑군은 옛 조선국이다. 요동에
있다."고 분명히 밝히고 있다.

『후한서』「최인열전」도 마찬가지다. 최인(崔駰: ?~92)은 탁군 안평현
사람으로, 열세 살 때 이미 『시경(詩經)』, 『주역(周易)』, 『춘추(春秋)』 등
에 능통해서 "박학하고 재주가 뛰어나며, 고금의 훈고(訓詁) 백가의 말
에 다 능통했다."는 박학한 학자인데, 『삼국지』에 따르면 촉한(蜀漢)의
관리였다가 서진의 관리가 되는 극정(郤正)이 최인의 문장을 이어받았
다고 말하고 있다.[115] 최인은 거기장군(車騎將軍) 두헌(竇憲: ?~92)에게
종사했는데, 그 상황에 대해서 『후한서』는 이렇게 설명하고 있다.

(거기장군) 두헌이 권력을 마음대로 하고 교만 방자하니 최인이 여러 차
례 간쟁했다. 흉노를 공격하러 나가서 길에서 불법을 더욱 많이 저질렀
다. 최인이 주부(主簿)로서 앞뒤에 걸쳐 기록해서 상주(上奏)하기 수십

---

114 『후한서』「광무제본기」〈건무 6년〉. "初, 樂浪人王調據郡不服(樂浪郡, 故朝鮮國也. 在
遼東). 秋, 遣樂浪太守王遵擊之, 郡吏殺調降."
115 『삼국지』「촉서(蜀書)」「극정열전(郤正列傳)」. "其文繼於崔駰達旨."

차례였다. 그 장단점을 지적하니 두헌이 포용하지 못하고 점점 멀게 대했다. 배인이 고제(高弟: 우등 합격)라는 것을 살펴서 알고 장잠현의 장(長: 현령)으로 내보냈다.(장잠현은 낙랑군에 속해 있는데, 그 땅은 요동에 있다.) 최인은 스스로 멀리 떠나서 뜻을 얻지 못하자 드디어 취임하지 않고 집으로 돌아갔다. 영원(永元) 4년(92), 집에서 죽었다.[116]

『후한서』「최인열전」은 낙랑군 장잠현이 요동에 있다고 주석하고 있다. 그런데 『후한서』「군국지」〈유주 낙랑군〉조에 장잠현이 어딘지 유추할 수 있는 기록이 있다.

낙랑군: 조선(朝鮮)현 …… 패수(浿水)현 …… 점제(占蟬)현, 수성(遂城)현 …… 대방(帶方)현 …… 열구(列口)현(곽박이 『산해경』에 주석하기를 "열은 강의 이름이다. 열수는 요동에 있다."고 했다), 장잠(長岑)현, 둔유(屯有)현, 소명(昭明)현 …… 낙도(樂都)현.[117]

『후한서』「군국지」〈유주 낙랑군〉조는 조선현을 필두로 낙랑군 산하의 18현을 나열하고 있는데,[118] 이 중 장잠현과 이웃인 열구현의 위치를

---

116 『후한서』「최인열전」. "憲擅權驕恣, 駰數諫之. 及出擊匈奴, 道路愈多不法, 駰爲主簿, 前後奏記數十, 指切長短. 憲不能容, 稍疎之, 因察駰高第, 出爲長岑長(長岑縣, 屬樂浪郡, 其地在遼東) 駰自以遠去, 不得意, 遂不之官而歸, 永元四年, 卒于家."

117 『후한서』「군국지」〈유주 낙랑군〉. "樂浪郡: 朝鮮 …… 浿水 …… 占蟬, 遂城 …… 帶方 …… 列口(郭璞注『山海經』曰, '列, 水名. 列水在遼東'), 長岑 …… 樂都."

118 『후한서』「군국지」의 유주 낙랑군 산하 18현의 이름은 다음과 같다. "朝鮮·邯·浿水·含資·占蟬·遂城·增地·帶方·駟望·海冥·列口(郭璞注『山海經』曰 : '列, 水名. 列水在遼東')·長岑·屯有·昭明·鏤方·提奚·渾彌·樂都."

알 수 있다. 곽박은 『산해경』 주석에서 "열(列)은 강의 이름이다. 열수는 요동에 있다."[119]라고 말하고 있다. 열구현은 열수의 입구에 있어서 생긴 이름인데, 열수가 요동에 있으므로 열구현도 장잠현도 모두 고대 요동에 있었던 것이다.

그러나 이병도는 곽박이 『산해경』에서 "열수는 요동에 있다."고 주석한 것은 못 본 체하고, 열수는 대동강이라고 주장했다.[120] 그러면서 『산해경』「해내북경」에 대한 곽박의 주석만을 인용하고 있다. 앞서 본 것처럼 『산해경』「해내북경」은 "조선은 열양 동쪽에 있는데, 바다의 북쪽이고 산의 남쪽이다. 열양은 연나라에 속해 있다."라고 말하고 있는데, 이에 대해서 곽박은 이렇게 주석했다.

조선은 지금의 낙랑의 현인데, 기자를 봉한 곳이다. 열수는 강 이름이다. 지금 대방에 있는데, 대방에는 열구현이 있다.[121]

곽박 당시에는 열수가 대방군에 속해 있었으며, 열구 역시 대방군 소속이라는 뜻이다. 곽박 생존 시에 조선현은 낙랑군에 속해 있었고, 열구현은 대방군에 속해 있었다는 뜻이다. 이에 대해 이병도는 이렇게 설명했다.

119 『후한서』「군국지」〈유주 낙랑군〉'열구현'의 주석. "郭璞注『山海經』曰, '列, 水名. 列水在遼東.'"
120 이병도, 앞의 글 「위씨조선흥망고」, p. 72.
121 『산해경』「해내북경」의 "朝鮮在列陽東海北山南列陽屬燕"에 대한 곽박의 주석. "朝鮮今樂浪縣, 箕子所封也. 列亦水名也. 今在帶方帶方有列口縣."

곽 씨의 주석을 기다릴 것도 없이 열양은 열구와 한 가지, 열수(지금의 대동강)와 관계있는 지명으로 열구가 열수의 하구의 뜻임에 대하여 열양은 열수의 북이란 뜻으로 명명된 것이다. …… 열수가 지금의 대동강임은 기지(既知)의 사실이니 곽 씨가 열수를 '금재대방(今在帶方)'이라고 한 것은 열수의 하류 일부가 당시의 대방 경내인 지금의 황해도 서북계를 흐르고 있기 때문이다.[122]

이병도는 열수가 어떤 사료에 의해 지금의 대동강이 되는지는 설명하지 않고 '기지(이미 아는 것)의 사실'이라는 비학문적 근거로 논리를 전개한다. 이병도의 말대로 열양이 열수 북쪽이고, 열수가 대동강이라면 연나라가 대동강까지 차지했다는 희한한 주장이다. 또한 "열수는 요동에 있다."는 곽박의 주석은 못 본 체하고 열수가 대동강이라는 것은 기지의 사실이라고 우기면서 대방을 황해도로 전제하고 하위 논리를 펴는 것이니 전혀 설득력이 없다.

대방의 위치에 대해서는 따로 살펴볼 필요가 있지만, 여기에서는 한두 가지 사료만 살펴보자.『한서』「지리지」는 낙랑군 함자(含資)현에 대해서 "대수(帶水)가 서쪽으로 대방현에 이르러 바다로 들어간다."[123]라고 말하고 있고, 낙랑군 탄열(呑列)현에 대해서는 "분려산(分黎山)은 열수가 나오는 곳인데, 서쪽으로 점제(黏蟬)현에 이르러 바다로 들어간다. 820리를 흐른다."[124]라고 설명하고 있다. 이병도의 말대로 열수의 하류

122  이병도, 앞의 글 「위씨조선흥망고」, p. 72.
123  『한서』「지리지」〈낙랑군〉'함자현'. "帶水西至帶方入海."
124  『한서』「지리지」〈낙랑군〉'탄열현'. "列水所出, 西至黏蟬入海, 行八百二十里."

일부가 대방 경내로 들어가는 것이 아니라 대수가 서쪽으로 대방현에 이르러 바다로 들어가는 것이다. 낙랑군 탄열현에 분려산이 있는데, 그곳이 열수의 수원지라는 것이다. 대동강은 낭림산맥의 동백산(東白山)과 소백산(小白山)에서 발원하는데, 이 지역은 함경남도 장진군(동백산), 평안남도 영원군(소백산)에 있다.[125] 이병도는 대동강의 발원지를 열수의 발원지로 곡해해서 탄열현을 "열수의 상류처인 지금의 영원군 및 그 부근 일대에 위치하였던 것으로 보아야 하겠다."[126]라고 말했다.

『위서』「지형지(地形志)」〈요서군〉조는 "(요서군은) 진(秦)나라에서 설치했다."면서 세 개 현을 거느리고 있다고 말하고 있는데, 비여(肥如)현, 양락(陽樂)현, 해양(海陽)현이다.[127] 이 중 양락현에 대해서는 "전한·후한 및 진(晉)나라에 속해 있었는데, 진군(眞君) 7년(446) 영지현을 병합해서 함자현에 속하게 했다."[128]고 말하고 있다. 낙랑군 함자현에 대수가 흐르는데, 영지현을 병합한 함자현이 요서군에 속해 있다는 사실만 들어도 낙랑군이 지금의 평양 일대가 아니라 요서 지역에 있었음은 명약관화하다 할 것이다. 요동도 아닌 요서에 있는 지역을 무조건 한반도 내로 비정하는 것이다. 반도사관이 뇌리에 깊숙이 박혀 있기 때문이다.

---

125  국토해양부 국토지리정보원, 『1 : 250,000 대한민국 지세도』, p. 58(소백산), p. 59(동백산).
126  이병도, 앞의 글 「위씨조선흥망고」, p. 151.
127  『위서』「지형지」〈요서군〉 '비여현'. "秦置, 領縣三."
128  『위서』「지형지」〈요서군〉 '양락현'. "二漢·晉屬, 眞君七年幷令支含資屬焉. 有武歷山, 覆舟山, 林楡山, 太眞山."

## 5. 서진의 『태강지리지』와 『진서』 「지리지」가 말하는 낙랑군의 위치

낙랑군의 위치에 대해 가장 많은 정보를 제공하는 사료는 『태강지리지(太康地理志)』다. 당나라 사마정(司馬貞: 679~732)은 『사기』「하본기(夏本紀)」의 주석 『사기색은』에서 이렇게 말하고 있다.

> 『태강지리지』에서 말하기를, "낙랑군 수성현에는 갈석산이 있으며, 만리장성이 시작되는 지점이다."[129]

이는 사마정 때만 해도 『태강지리지』 전체가 전해지고 있었음을 시사한다. 지금은 『사기』나 『삼국지』 등에 주석 형태로 일부가 남아 있다. 『태강지리지』는 낙랑군의 위치에 대해 '첫째, 수성현, 둘째, 갈석산, 셋째, 만리장성의 기점'이라는 세 가지 정보를 제공하고 있다. 이 세 가지 지리적 조건과 유적을 충족하는 지역이 낙랑군 지역이다. 이 기록이 낙랑군의 위치에 대해 가장 많은 정보를 제공하고 있기 때문에 이를 설명할 수밖에 없었다. 남한 강단사학계는 낙랑군 수성현을 황해도 수안군이라고 주장하고 있는데, 이병도의 학설을 따른 것이라고 말하지만, 사실 조선총독부의 이나바 이와기치가 쓴 「진 장성 동쪽 끝 및 왕험성에 관한 논고(秦長城東端及王險城考)」를 따른 것이다. 이나바 이와기치는 이 논문에서 만리장성의 동쪽 끝이 황해도 수안이라고 주장했다.

진(秦) 장성(長城)의 동단(東端)은 지금의 조선 황해도 수안의 강역(境)

---

129 『사기』「하본기」 주석 『사기색은』. "太康地理志』云, '樂浪遂城縣有碣石山, 長城所起.'"

**고조선의 서부 국경 지대**

에서 기(起)하여 …… 개원 동북 지역으로 나온다는 사실은 『한서』「지리지」에 의해서 의심할 바 없다.[130]

이나바 이와기치는 『한서』「지리지」를 근거로 진 장성의 동단이 황해도 수안에서 시작한다는 것은 '의심할 바 없다'고 말했지만, 『한서』「지리지」에는 황해도 수안은커녕 한반도에 대한 기술 자체가 없다. 학문이 아니라 사기다. 문제는 이런 사기술이 조선총독부 역사관을 계승한 남한의 강단사학자들에 의해 지금까지도 통용된다는 점이다. 이나바 이와기치의 '낙랑군 수성현 = 황해도 수안군설'은 이병도로 이어지는데, 그 논리를 살펴보자.

(낙랑군) 수성현 …… 자세하지 아니하나, 지금 황해도 북단에 있는 수안에 비정하고 싶다. 수안에는 승람 산천조에 요동산(遼東山)이란 산명이 보이고, 관방조(關防條)에 후대 소축(所築)의 성이지만 방원진(防垣鎭)의 동서행성의 석성[石城: 고산자(古山子: 김정호)의 『대동지지(大東地志)』에서는 이를 패강장성(浿江長城)의 유지(遺址)라고 하였다]이 있고, 또 『진지(晋志)』의 〈수성현〉조에는 - 맹랑한 설이지만 - '진대장성지소기(秦代長城之所起)'라는 기재도 있다. 이 진 장성설은 터무니없는 말이지만, 아마 당시에도 요동산이란 명칭과 어떠한 장성지(長城址)가 있어서 그러한 부회가 생긴 것이 아닌가 생각된다. 그릇된 기사에도 어떠한 꼬투리가 있는 까닭이다.[131]

---

130 稻葉岩吉,「秦長城東端及王險城考」『史學雜誌』第21篇 第2號, 1910, p. 41.
131 이병도 「낙랑군고(樂浪郡考)」『한국 고대사 연구』, p. 148. 이병도의 이런 주장에 대해

이병도는 이나바 이와기치라는 이름은 들지 않고 마치 자신의 학설인 것처럼 포장했지만, 이나바 이와기치의 학설(?)을 베낀 것에 불과하다. 이병도의 논리는 이런 것이다.

① 황해도 수안의 요동산이 갈석산이다.
② 황해도 수안의 방원진 석성이 만리장성 유적이다.

이 두 가지 논리 중 사실인 것은 하나도 없다. 요동산은 요동산이고, 갈석산은 갈석산이다. 요동산은 지금 황해도 수안에 있지만, 갈석산은 지금 하북성 창려현에 있다. 방원진 석성은 우리 선조들이 자연석으로 쌓은 우리식 석성이고, 만리장성은 대부분 벽돌성이다. 완전히 다르다.

'낙랑군 수성현 = 황해도 수안군설'이 워낙 논리적 타당성이 결여되다 보니 현재 국내 강단사학계에서는 이 문제를 두고 혼란한 상태를 보이고 있다. 『동북아 역사 지도』 제작진은 국회 동북아역사왜곡특위에 제출한 자료에서 낙랑군 수성현을 황해도 수안군으로 비정하면서 위의 이병도의 낙랑군 수성현에 대한 서술을 근거로 제출했다.[132] 이 코미디 같은 주장을 근거로 중국 동북공정에 부응하면서 대한민국 국고 47억 원을 낭비한 것이다.

한편 서울대학교 교수 노태돈은 "낙랑군 수성현 지역에까지 진이 장성을 축조하였을 개연성을 인정하기는 어렵다. 이러한 면들을 고려할

---

서는 필자가 『한국사, 그들이 숨긴 진실』, 역사의아침, 2009, pp. 80~97에서 자세하게 반박했으므로 참조하기 바란다.

132 이병도, 앞의 책 『한국 고대사 연구』, p. 148.

때, 낙랑군 수성현설은 인정하기 어렵다."[133]고 주장했지만, '낙랑군 = 한
반도 서북부설'은 계속 유지하는 상반된 인식을 보이고 있다. 노태돈의
논리를 살펴보자.

이를 요약하면 다음과 같다. 낙랑군 수성현 갈석산설은 진(晉)대에 새로
이 생긴 것이다. 그 뒤 낙랑군이 요서 및 하북 지역으로 이치됨에 따라
수성현설이 이치된 지역에 부회되었으며, 그것은 요서설과도 혼합되는
면을 보였다. 요서설은 북제·북주 및 수의 장성이 갈석에 이르러 요서
의 해안에 도달하였다는 실제 장성 수축 사실과 깊이 결부되어 유포되었
던 것으로 여겨진다. 두 설은 모두 후대의 산물이다. 진 장성의 동단은
『사기』·『한서』의 기록과 현전하는 장성 유지를 통해 볼 때 요동설이 타
당하다.
이렇듯 진 장성이 요동에 이르렀다면, 진·한의 요동군은 지금의 요동군
에 있었던 것이 되며, 낙랑군은 자연 그 동쪽인 한반도 서북부 지역이 분
명해진다.[134]

노태돈은 "진·한의 요동군은 지금의 요동군에 있었던 것이 되며, 낙
랑군은 자연 그 동쪽인 한반도 서북부 지역이 분명해진다."고 주장했다.
앞서 인용한 『한서』「지리지」에서 신찬은 "왕험성(王險城: 요동군 험독
현)은 낙랑군 패수 동쪽에 있다."고 말했고, 안사고는 "신찬의 설이 옳

---

133  노태돈, 앞의 책 『단군과 고조선사』, p. 54.
134  노태돈, 「고조선 중심 지역 변천에 대한 연구」, 앞의 책 『단군과 고조선사』, p. 58.

다."고 말했다.[135] 요동군 서쪽에 낙랑군이 있다는 말이다. 그런데 노태돈은 요동군 동쪽에 낙랑군이 있다고 거꾸로 말한다. 물론 사료적 근거는 제시하지 못하고 자신의 추측만으로 우기는 것이다. 또한 "낙랑군 수성현 갈석산설은 진대에 새로이 생긴 것"이라고 주장했다. 없던 갈석산이 하늘에서 떨어졌는가, 땅에서 솟아났는가?

노태돈은 낙랑군이 313년 요서 지역으로 이치되었다고 주장했는데, 그 근거 사료가 견강부회에 불과하다는 사실은 앞에서 이미 살펴보았다. 또 노태돈의 주장이 타당성을 가지려면 『태강지리지』는 313년 이후에 작성된 지리지여야 할 것이다. 『태강지리지』는 진나라 태강(太康) 연간에 작성한 지리지인데, 태강은 서진의 무제(武帝) 사마염(司馬炎)의 세 번째 연호로서 서기 280~289년이다. 위(魏)나라로부터 선양의 형식으로 나라를 받아 진나라를 세운 무제가 그 전의 연호 함녕(咸寧)을 태강으로 바꾼 이유가 있다. 함녕 6년(280) 3월 오나라 손호(孫皓)가 드디어 진나라에 항복함으로써 분열의 삼국시대가 끝나고 진나라 시대가 열렸고, 진나라는 중원 통일 기념으로 함녕이라는 연호를 크게 편안하다는 뜻의 태강으로 고친 것이다. 비로소 전국을 통일했으니 중원 전체를 행정구역으로 포괄한 전국적인 지리지를 만들어야 했다. 그래서 국가적 사업으로 만든 지리지가 『태강지리지』다.

『진서(晉書)』 「지리지」는 '총서(總敍)'에서 "진 무제 태강 원년(280) 이미 손씨(孫氏: 오나라)를 평정하고 무릇 군국(郡國) 23개를 증설해서

---

135 『한서』 「지리지」 〈요동군〉 '험독현'의 주석. "遼東郡, 險瀆縣:臣瓚曰, '王險城在樂浪郡浿水之東, 此自是險瀆也.' 師古曰, '瓚說是也.'"

설치했다."[136]면서 23개 군국에 대해서 설명하고 있다. 『진서』「지리지」가 『태강지리지』를 근거로 작성되었다는 뜻이다. 『진서』「지리지」의 〈낙랑군〉조를 살펴보자.

> 낙랑군(한나라에서 설치했다. 여섯 현을 관할하며 호수는 3,700이다): 조선현(주나라에서 기자를 봉한 지역이다), 둔유(屯有)현, 혼미(渾彌)현, 수성(遂城)현[진(秦)나라 때 쌓은 장성이 일어나는 지점이다], 누방(鏤方)현, 사망(駟望)현.[137]

313년 이전인 서기 280~289년 작성된 『태강지리지』에서 "낙랑군 수성현에는 갈석산이 있고, 만리장성의 기점이다."라고 말하고 있다. 『태강지리지』를 바탕으로 작성된 『진서』「지리지」도 낙랑군 수성현에 대해 "진(秦)나라 때 쌓은 만리장성이 일어나는 지점이다."라고 말하고 있다. 사마씨의 서진이 삼국을 통일하고 낙랑군을 평주(平州)에 소속시켰다. 북위에서 북연(北燕)을 멸망시킨 후 평주를 요서와 북평으로 나눈 것으로 봐서 그 위치는 고대 요서 지역이었다.

진나라에서 설치한 낙랑군은 물론 한나라가 설치한 낙랑군을 계승한 것으로서, 설치 당시(서기전 108년)부터 『태강지리지』가 작성되던 때(280~289)까지 고대 요동에 있었다. 대동강 남쪽에 있던 낙랑군 따위는 존재하지도 않았다. 요동 사람 장통이 대동강 남쪽에 '토호의 나라, 낙랑

---

136 『진서』「지리지」'총서'. "晉武帝太康元年, 旣平孫氏, 凡增置郡國二十有三."
137 『진서』「지리지」〈평주 낙랑군〉. "樂浪郡(漢置. 統縣六, 戶三千七百):朝鮮(周封箕子地), 屯有, 渾彌, 遂城(秦築長城之所起), 鏤方, 駟望."

군'을 거느리고 있다가 1천 가구를 데리고 모용외에게 도망갔다는 것은 소설에 불과하다. 대동강 남쪽에서 지금의 요서 지역으로 교치한 것이라는 주장 따위는 성립될 여지가 전혀 없다.

## 6. 나가는 글

군이 역사학자가 아니라도 상식적인 눈으로 바라보면 '대동강 남쪽에 있던 낙랑군이 서기 313년에 요서로 이주했다'는 이른바 교치설은 허무 맹랑한 주장이라는 사실을 쉽게 알 수 있다. 일본인 학자들도 마찬가지였다. 이나바 이와기치는 「진 장성 동쪽 끝 및 왕험성에 관한 논고」에서 마쓰이(松井) 문학사(文學士)의 「진 장성 동부의 위치에 대하여(秦長城東部の位置)」(『역사지리(歷史地理)』 13권 3호)라는 논문을 두 차례나 비판했다. 마쓰이 문학사가 진 장성이 요동에 있었다고 주장했기 때문이다. 이나바 이와기치의 비판을 들어보자.

오인(吾人)은 여기에 있어서 마쓰이 문학사의 "한대(漢代)에 있어서는 진 장성의 동단은 요동이라 여겼었는데 진대(晉代)부터 이것을 지금의 조선 서북부 변경까지 도달한 것이라고 여겼다."는 해설은 『사기』・『한서』의 「조선열전」을 고려하지 않은 것이고, 전연(全燕: 연나라 전성기)의 영역 및 진(秦)의 요동군의 변경 경계(邊界)를 거꾸로 잃어버린(遺却) 경향이 있음을 재언(再言)하고자 한다.[138]

---

138 稻葉岩吉, 앞의 글 「秦長城東端及王險城考」, p. 47.

마쓰이가 "한대에 있어서는 진 장성의 동단은 요동이라 여겼었는데 진대부터 이것을 지금의 조선 서북부 변경까지 도달한 것이라고 여겼다."고 서술한 것은 중요한 의미가 있다. 장성의 동단이 바뀐 것이 아니라 진나라 때 장성의 동단에 대한 인식이 바뀌었다는 것이다. 이는 『수경주』의 저자 역도원이 패수의 위치를 동쪽에서 서쪽으로 바꿔 인식한 것을 염두에 둔 말로 해석된다.

지금까지 여러 사료로 살펴본 결과, 낙랑군은 서기전 108년부터 조선 서북부 변경이 아니라 고대 요동 갈석산 부근에 있었다. 대동강 남쪽에 있던 낙랑군이 서기 313년 요서로 이치된 것이 아니라 낙랑군은 원래부터 고대 요동에 있었다. 『위서』에 따르면 북위의 태무제는 연화(延和) 원년(432) 낙랑군 조선현의 백성들을 비여로 옮겼다.[139] 비여는 위나라 때 요서군에 속했던 현이니 그 근처로 옮긴 것이다. 이때의 요서는 물론 고대 요서이다. 진 장성과 갈석산이 있던 지역에서 조금 더 서쪽인 요서군으로 옮겼다는 것이다. 그것도 313년이 아니라 432년의 일이다. 313년에 평양에 있던 낙랑군이 요서로 옮겼다는 주장은 일체의 사료적 근거가 없는 허구이다.

---

139 『위서』「지리지」〈평주 북평군〉. "延和元年徙朝鮮民於肥如, 復置, 屬焉."

# II. 갈석산과 낙랑군 조선현, 요동군 험독현

## 1. 역사상의 갈석산

한국 고대사에 관심이 있는 학자는 물론 일반 국민들도 갈석산에 대해서 대부분 인지하는 상황이 되었다. 이 과정에서 남한의 강단사학계가 실제 사료와는 전혀 다른 '사료 없는 주장'을 반복한다는 사실도 많이 알려졌다. 갈석산의 실제 위치와 남한 강단사학계의 주장이 크게 다름에도 불구하고 시정하지 않고 있기 때문이다.

갈석산이 문제가 되는 것은 낙랑군의 위치와 관련이 있기 때문이다. 『사기』 「하본기」 주석에 "『태강지리지』에서 말하기를, '낙랑군 수성현에는 갈석산이 있으며, 만리장성이 시작되는 지점이다'라고 했다."[140]는 구절이 있다. 낙랑군 수성현에는 갈석산이 있고, 그 근처가 만리장성의 기

---

140 『사기』 「하본기」 주석 『사기색은』. "『太康地理志』云 '樂浪遂城縣有碣石山, 長城所起.'"

점, 즉 동쪽 끝이라는 내용이다. 그간 남한 고대사학계는 수성현을 황해도 수안이라고 주장해왔다. 그러나 한·중 수교 이후 하북성 창려현에 실제로 갈석산이 존재한다는 사실이 널리 알려지자 『태강지리지』 자체를 위서(僞書)로 모는 억지를 쓰기도 했다. 이들이 말하는 '실증'이 사실은 조선총독부에서 만든 '교리'를 해방 후에도 계속 유지하기 위한 허울에 불과하다는 사실을 잘 말해주는 실례다.

중국에 갈석산이라는 이름의 산은 두 군데가 있다. 하북성 창려현 북쪽 4킬로미터 지점의 갈석산과 산동성 무체현 갈석산진의 갈석산이다.[141] 갈석산이 중요한 것은 위만조선과 진·한 사이의 국경이기 때문이기도 하다. 하북성 갈석산에 대해 중국의 여행 사이트에서는 "갈석산은 동방의 이도(夷島)가 중원의 공도(貢道)에 진입하는 기점으로서 가장 이른 지리 경전인 『상서』 「우공(禹貢)」편에 기재되어 있다."[142]고 설명하고 있다. 갈석산을 기점으로 중국 민족과 이민족을 나눈다는 뜻이다. 갈석산을 기준으로 중원과 이민족의 강역을 나누는 중국인들의 인식은 그 유래가 오래되었을 뿐만 아니라 역사적 사실과도 상당 부분 부합한다.

고대 한나라 사람들도 마찬가지였다. 한 고조 유방의 손자로서 한사군 설치 14년 전까지 살았던 회남왕 유안은 『회남자』에서 "오위: 동방의

---

141 중화민국의 한조기(韓兆琦: 한자오치)는 "갈석산은 지금 하북성 창려 북쪽에 있는데, 동쪽으로 대해(大海)에 임해 있다."고 하북성 갈석산으로 설명하고 있다.(韓兆琦, 「本紀」 『新譯史記 1』, 臺北, 三民, 2011, p. 311) 그 외에 갈석산이라는 이름은 아니지만 갈석산이라고 비정하는 여러 산들이 있다.

142 Hope Trip, 碣石山景區. "自古以來碣石山與昌黎海濱作爲統一的整體屹立於華北平原通向松遼平原的結合部上, 他作爲東方'夷島'進入中原的'貢道'起點而載入最早的地理經典著作『尚書·禹貢』之中." 『상서』 「우공」편은 "동이의 피복은 오른쪽으로 갈석산을 끼고 황하로 들어왔다(島夷皮服, 夾右碣石, 入于河)."는 구절을 뜻한다.

끝, 갈석산에서 (고)조선을 지나 대인의 나라를 통과하여……."[143] 라고 말했다. 갈석산을 지나면 고조선 땅이라는 뜻이다. 남한 강단사학계의 주장대로 갈석산이 황해도 수안에 있다면 수안 남쪽부터 고조선 강역이었다는 뜻이니 말 자체가 되지 않는다. 한사군이 설치된 지 50여 년 후의 기록인『한서』「가연지열전」에는 "(한나라가) 서쪽으로는 여러 나라와 연대하여 안식에 이르렀고, 동쪽으로는 갈석을 지나 현도·낙랑으로써 군을 삼았다."[144] 라는 기록이 있다. 상서령을 역임한 가연지도 갈석산 근처에 낙랑군과 현도군이 있었다고 말하고 있다. 여러 갈석산 중에서 고조선과 한나라의 국경이었던 갈석산으로는 하북성 창려현 갈석산이 유력하다.


## 2. 갈석산과 중국 황제들

갈석산은 하북성 현지에서 '9등(登) 황제산'으로 불린다. 아홉 명의 황제가 올랐다는 뜻이다. 아홉 명의 황제는 진 시황, 2세 황제, 한 무제, 태무제(조조), 진 선제[晋宣帝: 사마의(司馬懿)], 문성제[북위 탁발준(拓跋濬)], 문선제[북제 고양(高洋)], 수 양제, 당 태종이다.

이 아홉 황제를 분석해보면 주요한 특징이 나타난다. 첫째, 이 군주들은 자신의 제국 동쪽 끝이라는 의미로 갈석산에 올랐다. 진 시황과 2세 황제, 한 무제 등이 이런 인물들이다. 둘째, 한족(漢族) 제국의 동방

---

143  유안,『회남자』「시측훈」. "五位 : 東方之極, 自碣石山過朝鮮, 貫大人之國."
144  『한서』「가연지열전」. "西連諸國至于安息, 東過碣石以玄菟·樂浪爲郡."

침략과 관련이 있다. 한 무제, 태무제, 수 양제, 당 태종 등이 여기에 해당한다. 북위 문성제 탁발준과 북제 문선제 고양은 동이족 출신 황제들이다.

『사기』는 진 시황이 중원을 통일한 후인 시황 32년(서기전 215)에 갈석산에 올라서 연나라 사람 노생(盧生)에게 선문(羨門)과 고서(高誓)를 찾게 했다[145]고 전하고 있다. 그 후 시황의 아들 2세도 재위 원년(서기전 209) 동쪽의 군현들을 순행했는데, 이사(李斯)가 수행해 갈석까지 갔다가 바다를 따라 남쪽 회계(會稽)까지 이르렀다[146]고 기록하고 있다. 진 시황은 자신이 통일한 제국의 동쪽 끝까지 순행한 것이고, 2세도 마찬가지다. 갈석산까지가 통일제국 진의 강역이었다는 뜻이다.

그다음 갈석산을 오른 인물이 한 무제 유철(劉徹: 서기전 156~서기전 87)이다. 『사기』 「효무제본기(孝武帝本紀)」는 무제가 태산에 봉선(封禪)한 후 "임금이 이에 비로소 떠나서 해상(海上)을 따라 북쪽으로 갈석산에 이르렀는데, 요서부터 순수(巡狩)해서 북쪽의 변방을 지나서 구원(九原)에 이르렀다."[147]라고 말하고 있다. 이해가 고조선을 침범하기 1년 전인 원봉(元封) 원년(서기전 110)이다. 이는 한 무제가 갈석산에 올라 동쪽 조선을 바라보면서 자신의 조서 받기를 거부한 위만조선 침략 결심을 굳혔음을 뜻한다.

그다음으로 위나라 조조는 원소(袁紹)의 두 아들이 오환(烏桓)으로 도

---

145 『사기』 「진시황본기」 32년조. "三十二年, 始皇之碣石, 使燕人盧生求羨門·高誓." 노생을 연나라 사람(燕人)이라고 한 것은 이 지역이 과거 연나라 땅이었다는 뜻이며, 선문과 고서는 모두 옛 선인들이다.
146 『사기』 「진시황본기」 〈2세 원년〉. "二世東行郡縣, 李斯從. 到碣石, 並海, 南至會稽."
147 『사기』 「효무제본기」. "上乃遂去, 並海上, 北至碣石, 巡自遼西, 歷北邊至九原."

주하자 건안 12년(207) 20만 대군을 이끌고 오환을 정벌하고 귀로에 갈석산에 올랐다. 이때 조조는 「관창해(觀滄海: 발해를 바라보며)」라는 시를 짓는데, 『송서(宋書)』 「악지(樂志)」 중의 대곡(大曲) '갈석'[148]과 『송서』 및 『진서』 「악지」 '불무가시오편(拂舞歌詩五篇)' 등에 실려 있는[149] 유명한 가무곡이다.

### 발해를 바라보며

동쪽 갈석산에 올라 / 창해를 바라보니 / 물결은 어찌 저리 고요하고 / 산과 섬은 우뚝한가 / 나무들은 빼곡하며 / 온갖 풀은 무성하네 / 가을바람 소슬 부니 / 큰 물결이 일어나네 / 해와 달의 운행이 그 속에서 나오는 듯 / 은하수의 찬란함이 그 안에서 나오는 듯 / 이곳에 이르니 깊게 행복해서 / 노래로 내 뜻을 표하노라.[150]

이때 조조가 정벌했다는 오환의 수도가 유성(柳城)[151]인데, 현재 중국에서는 조양시(朝陽市)로 비정하지만 그보다 서쪽일 가능성이 많다. 중국의 『삼국지』 답사 전문가인 공학유(龔學孺)는 『삼국지 역사기행』에서 유성을 답사하고 이런 소감을 남겼다.

---

148 『송서』 「악지」 3 '대곡 갈석'.
149 『송서』 「악지」 4 '불무가시오편 갈석'; 『진서』 「악지」 4 '불무가시오편 갈석'.
150 『송서』 「악지」 3 '대곡 갈석' 「觀滄海」. "東臨碣石, 以觀滄海. 水何淡淡, 山島竦峙. 樹木叢生, 百草豐茂. 秋風蕭瑟, 洪濤湧起. 日月之行, 若出其中, 星漢粲爛, 若出其裏. 幸甚至哉! 歌以詠志."
151 『삼국지』 「위서」 「공손도열전(公孫度列傳)」.

지금까지 유성이라고 하면 조양을 말하는 것이라고 여겨져 왔는데, 사실 역사상의 유성은 한나라 시대의 유성, 수나라 시대의 유성, 당나라 시대의 유성이 따로따로 있었던 것이다. 그래서 자주 혼동되고 오해받고 있는 지명이다.[152]

공학유의 이 말은 중요하다. 그는 "유성에서 조조의 발자취는 그리 많지가 않았다."[153]고 말했다. 조조가 정벌했다는 오환의 수도 유성이 지금의 조양이 아닐 가능성이 큰 것이다. 현재 갈석산에 오르면 멀리 바다가 어렴풋이 보일 뿐, 산과 섬이나 나무나 풀은 보이지 않는다. 그래서 조조가 오른 갈석산이 창려현 갈석산이 맞느냐는 의문이 지금도 존재하고 있다. 공학유는 이때 조조가 오른 갈석산에 대해서 6세기에 바다에 가라앉았다는 설, 현재의 창려현 갈석산설, 북대하(北戴河) 금산취(金山嘴)설, 산해관 밖의 수중현(綏中縣) 부근이라는 설 등을 두루 거명한 후 창려현 갈석산에 올라서는 조조가 「관창해」를 읊조린 곳은 창려현 갈석산이 "틀림없지 않을까?"[154]라고 말했다. 이는 당시 오환의 강역과 함께 더 연구해보아야 할 문제다.

---

152  공학유, 『삼국지 역사기행』, 삼국지연구회·이주영 옮김, 이목, 1995, p. 77.
153  공학유, 위의 책 『삼국지 역사기행』, p. 74.
154  공학유, 위의 책 『삼국지 역사기행』, p. 81.

## 3. 사마선왕 사마의가 오른 갈석산

### (1) 공손씨 일가와 대방군

진 선제 사마의가 갈석산에 오른 것은 한국 고대사에 중요한 의미가 있다. 낙랑군은 물론 대방군의 위치를 비정할 수 있는 근거가 되기 때문이다. 지금까지 일제 식민사관을 추종하는 남한의 강단사학계는 낙랑군의 위치가 평양이라는 전제 아래 대방군을 황해도라고 비정해왔다.

대방군은 중국 삼국시대 요동 사람 공손(公孫)씨 집안에서 설치했는데, 공손씨 일가의 행적을 살펴보면 두 군의 위치를 알 수 있다. 먼저 『삼국지』「위서」「동이열전」〈한(韓)〉조를 보자.

> 환제(桓帝: 147~167)와 영제(靈帝: 168~189) 말기에 한·예(韓濊)가 강성해서 군현(郡縣)에서 통제할 수 없자 백성들이 다수 한국(韓國)으로 유입되었다. 건안(建安: 196~220) 연간에 공손강(公孫康)이 둔유현 남쪽 황무지를 나누어서 대방군을 설치했다.[155]

공손강이 3세기 초엽에 낙랑군 둔유현의 남쪽 황무지를 나누어서 대방군을 설치했다는 내용이다. 그런데 이병도가 이 둔유현을 황해도 황주(黃州)로 비정하고,[156] 대방군은 그 남쪽 황해도로 비정했다.[157] 남한

---

155  『삼국지』「위서」「동이열전」〈한〉. "桓·靈之末, 韓濊彊盛, 郡縣不能制, 民多流入韓國. 建安中, 公孫康分屯有縣以南荒地爲帶方郡."
156  이병도, 「진번군고」 『한국 고대사 연구』.
157  이병도의 대방군 위치 비정이 갖는 문제점에 대해서는 이덕일, 「대방군은 황해도에 있었

강단사학계는 아직도 이렇게 주장하고 있는데, '사료 없는 주장'이 남한 실증사학계의 특징인 것처럼 이 주장 역시 아무런 사료적 근거가 없다.

대방군을 설치한 공손도(公孫度, ?~204) 일가의 행적을 살펴보면 이들이 3세기 무렵에 황해도 지역에 대방군을 설치한다는 것은 역사학적 상식과 배치된다는 사실을 쉽게 알 수 있다.

『삼국지』「공손도열전」은 "공손도의 자(字)는 승제(升濟)로서 본래 요동 양평(襄平) 사람이다."[158]라고 말하고 있다. 「공손도열전」을 살펴보면 공손씨 일가의 행적은 '고대 요동'에서 시작해서 '고대 요동'에서 끝났다는 사실을 알 수 있다.[159] 공손도 일가의 모든 정치 행위는 고대 요동 내에서 벌어진 일이다. 대방군 설치도 물론 고대 요동 내에서 벌어진 일이다.

『삼국지』「공손도열전」은 공손도의 부친 공손연(公孫延)이 요동군에서 현도군으로 이주했는데, 현도태수 공손역(公孫域)의 일찍 죽은 아들과 비슷했기 때문에 공손역의 눈에 들어 출세하기 시작했다고 설명하고 있다. 그 후 공손도는 동탁(董卓)의 중랑장 서영(徐榮)의 천거로 요동태수가 될 수 있었다. 요동태수 자리를 꿰찬 공손도와 그 후손들은 요동에 자신 집안의 왕국을 수립하려고 했다. 고대 요동 지역에 독립국을 수립

---

는가?』『한국사, 그들이 숨긴 진실』, 역사의아침, 2009, pp. 110~129를 참조할 것. 대방군에 대한 1차 사료를 통해서 위치 비정을 하지 않고, 낙랑군 둔유현의 위치를 비정해 놓고 그 남쪽에서 대방군의 위치를 찾는 상대적 방식의 위치 비정은 그 표준이 되는 낙랑군의 위치가 그릇 설정되면 다른 모든 하위 논리들이 무너지므로 역사학적 위치 비정에서는 사용해서는 안 되거나 아주 제한적으로만 사용해야 하는 방식이다.

158 『삼국지』「위서」「공손도열전」. "公孫度字升濟, 本遼東襄平人也."

159 고조선 시대의 고대 요동과 그 이후의 요동의 개념에 대해서는 윤내현, 『고조선 연구 (상)』, 만권당, 2015, pp. 234~244를 참조할 것.

해 위나라로부터 왕으로 인정받는 것이 가문의 숙원 사업이었다.

그러나 위나라 조조(曹操)는 공손도 일가를 요동 지역의 지배자로 인정은 하지만 독립국가의 왕으로 인정할 생각은 없었다. 위나라 조조는 공손도를 위나라의 무위장군(武威將軍), 영녕향후(永寧鄕侯)로 임명했다. 조조의 사신으로부터 인수(印綬)를 전달받은 공손도는 이를 받는 의식을 치른 후, "내가 요동 왕이지, 어찌 영녕향후이겠는가."라면서 인수를 무기고에 감추었다[160]고 『삼국지』「공손도열전」은 전하고 있다. "내가 요동 왕이지, 어찌 영녕향후이겠는가."라는 공손도의 말은 공손도 일가의 성격과 그 숙원 사업을 잘 말해주고 있다.

공손도는 독립왕국을 세우는 전초 단계로 먼저 이 지역에 평주를 설치하고, 스스로 평주목(平州牧)이 되었다. 『진서』「세조무제(사마염)본기(世祖武帝本紀)」〈태시(泰始) 10년(274)〉조는 "유주에서 5군을 나누어 평주를 설치했다."[161]고 말하고 있다. 『진서』「지리지」〈평주〉조의 설명을 보자.

평주는 우공(禹貢) 때 기주(冀州) 땅으로 생각되는데, 주나라 때는 유주 지역이었다가 한나라 때는 우북평군(右北平郡)에 속했다. 후한 말에 공손도가 스스로 평주목이라고 이름 붙였다. 그 아들 공손강과 강의 아들 공손의(公孫懿: 공손연) 때 요동을 무단으로 점거했는데, 동이(東夷) 9종이 모두 복종하고 섬겼다. 위나라에서 동이교위(東夷校尉)를 설치해서

---

160 『삼국지』「위서」「공손도열전」. "太祖表度爲武威將軍, 封永寧鄕侯, 度曰, '我王遼東, 何永寧也.' 藏印綬武庫."
161 『진서』「세조무제본기」〈태시 10년〉. "二月, 分幽州五郡置平州."

양평에 거주하게 하고, 요동·창려·현도·대방·낙랑 5군을 나누어 평주로 삼았다가 후에 유주와 다시 합쳤다. 공손의가 멸망한 후 동이교위를 옹호해 양평에 거주하게 했다. 함녕 2년(276) 창려·요동·현도·대방·낙랑군 등으로 나누어 평주를 설치했는데, 산하 현은 26개에 호수는 1만 8,100호였다.[162]

    기주·유주·우북평·평주는 모두 지금의 북경과 그 부근 일대 지역들이다. 그 산하에 있던 낙랑·현도·대방 등도 물론 이 일대에 있었다. 공손강 일가는 이 일대 일부를 차지하고 독립을 꿈꾸었지만, 문제는 이 지역의 인구가 크게 쇠퇴한 것이었다. 3세기 후반부터 4세기 초반까지의 서진(西晉: 265~316)의 상황을 기록한 『진서』「지리지」는 '요동·창려·현도·대방·낙랑'을 포괄하는 평주 5군의 호수를 1만 8,100호에 지나지 않는다고 기록하고 있다. 1호에 7명씩 잡아도 12만 6,700여 명밖에 되지 않는다.

    이를 『한서』「지리지」의 인구수와 비교해보면 이 군현들이 어떤 변화를 겪었는지 잘 알 수 있다. 『한서』「지리지」는 낙랑군의 인구가 6만 2,812호에 40만 6,748명이라고 말하고 있다. 현도군은 4만 5,006호에 22만 1,845명이었고, 요동군은 5만 5,972호에 27만 2,539명이었다. 낙랑·현도·요동 세 군의 인구만 해도 16만 3,793호에 90만 1,132명이

---

162 『진서』「지리지」〈평주〉. "平州. 案禹貢冀州之域, 於周爲幽州界, 漢屬右北平郡. 後漢末, 公孫度自號 平州牧. 及其子康·康子文懿並擅據遼東, 東夷九種皆服事焉. 魏置東夷校尉, 居襄平, 而分遼東·昌黎·玄菟·帶方·樂浪五郡爲平州, 後還合爲幽州. 及文懿滅後, 有護東夷校尉, 居襄平. 咸寧二年十月, 分昌黎·遼東·玄菟·帶方·樂浪等郡國五置平州. 統縣二十六, 戶一萬八千一百."

었다.[163] 낙랑 · 현도 · 요동 세 군의 인구가 90만 명이 넘었는데, 『진서』「지리지」〈평주〉조는 낙랑 · 현도 · 요동에 창려와 대방군까지 합친 5군이 1만 8,100호로 9분의 1 수준에 지나지 않았다.

이렇게 이 지역의 인구가 급격히 준 이유는 삼국 등 내부 전쟁의 요인도 있었겠지만 그보다는 고구려의 공격 때문이었다. 『삼국사기』는 고구려 시조 추모왕이 개국 이듬해(서기전 36) 송양의 나라를 다물도(多勿都)로 삼았는데, "고구려 말에 옛 땅을 회복하는 것을 다물이라고 이르기 때문에 그렇게 이름 지은 것이다."[164]라고 말하고 있다. 이처럼 옛 조선 땅을 수복하는 것을 개국 이념으로 삼은 나라가 고구려였다. 또한 『삼국유사』「왕력(王曆)」편 역시 고구려의 개국시조 추모왕을 단군의 아들이라고 말하고 있다. 그래서 고구려가 개국 이래 단군조선의 고토를 회복하기 위해 서쪽의 한나라 군현들을 공격했기 때문에 이 지역의 인구수가 크게 줄어든 것이다. 담기양(譚其驤) 주편(主編)의 『중국 역사 지도집(中國歷史地圖集)』제3권은 이때 진나라가 한반도 북부까지 차지한 것으로 표기하고 있는데, 12만 명에 불과한 5군 인구로 지금의 하북성 일대부터 만주 평원과 황해도까지 차지할 수 있겠는가? 역사적 상식이 조금만 있다면 상상도 할 수 없는 억지에 불과하다.

『진서』「지리지」는 낙랑군 산하 현이 6개에 호수가 3,700호라고 말하고 있다.[165] 산하 6개의 현은 조선 · 둔유 · 혼미 · 수성 · 누방 · 사망현인데,[166] 이 여섯 현의 호수가 모두 3,700호라는 것이다. 한 호에 넉넉하게

---

163 『한서』「지리지」.
164 『삼국사기』「고구려본기」〈동명성왕 2년〉. "麗語謂復舊土爲多勿, 故以名焉."
165 『진서』「지리지」〈평주 낙랑군〉.
166 『진서』「지리지」〈평주 낙랑군〉.

7명씩 계산해도 여자 포함해서 모두 2만 5,900명이다. 이를 6개 현으로 나누면 한 현에 4,300명쯤 된다. 이 중 여성과 노약자를 빼면 전투 능력이 있는 남성들은 1천 명 남짓할 것이다. 이 정도 인원으로 한반도 북부에 거주하면서 북쪽의 고구려와 남쪽 백제의 공격을 막아내고 수백 년간 존속할 수 있다는 상상 자체가 몰역사학적이다.

『태강지리지』뿐만 아니라 『진서』「지리지」도 낙랑군 수성현에 대해서 "진나라가 쌓은 장성이 시작되는 곳이다."[167]라고 설명하고 있다. 남한 강단사학계나 현재 동북공정을 추진하는 중국 사학계의 주장대로라면 하북성에서부터 황해도까지 만리장성이 있는 것이다. 그 광활한 평지에 누가 만리장성을 쌓았으며, 설혹 쌓았다고 한들 평주 전체 1만 8,100호 가지고 지킬 수 있겠는가? 평주 전체 인구가 만리장성 방어에 투입되어도 불가능할 것이다. 대방군도 마찬가지다. 『진서』「지리지」는 "대방군은 공손도가 설치했는데, 7현을 통괄하고 호수는 4,900이다."[168]라고 말하고 있다. 한 호당 7명씩 잡으면 3만 4,300명쯤 되는 인구다. 평주 전체 인구 1만 8,100호를 가지고 고대 요동의 독립왕국을 꿈꾸었던 공손씨 일가가 고구려 강역 천여 리 이상을 뚫고 지금의 황해도 일대에 4,900호의 대방군을 설치하는 것이 가능하겠는가? 그런 인구가 있었다면 자신의 근거지인 고대 요동 지역에 배치해서 위나라의 침략에 대비했을 것이다.

---

167 『진서』「지리지」〈평주 낙랑군〉. "遂城:秦築長城之所起."
168 『진서』「지리지」〈평주〉. "帶方郡公孫度置. 統縣七, 戶四千九百."

## (2) 위나라 사마선왕의 공손씨 멸망

공손도는 내심으로는 요동 왕을 꿈꿨지만 위나라의 토벌을 두려워해서 겉으로는 평주목이라고 자칭하면서 기회를 엿보고 있었다. 그러다가 위나라 명제[明帝: 조조의 손자 조예(曹叡)] 경초(景初) 원년(237)에 이를 실현할 기회가 왔다고 생각했다. 공손도의 뒤를 아들 공손강이 잇고, 그 뒤를 강의 아들 공손연(公孫淵)이 잇자 위나라 명제가 공손연을 '양렬장 군(揚烈將軍), 요동태수'로 봉했다. 그런데 237년 초 오나라 손권(孫權)이 육손(陸遜)을 보내서 산월족(山越族)[169] 팽단(彭旦)을 격파하자 공손연은 남쪽의 손권과 관계를 맺으면 위나라에 저항해 독립할 수 있다고 여겼다. 공손연이 독립할 조짐을 보이자 위나라는 유주자사 관구검(毌丘儉)을 보내서 토벌하게 했지만, 요대(遼隧)에서 저항하는 공손연을 꺾지 못하고 퇴각했다. 이에 고무된 공손연은 연(燕)나라를 세워 위나라에서 독립하고 스스로 연왕(燕王)이 되어 백관과 유사를 설치했다. 위 명제는 이를 방과하지 않고 이듬해인 경초 2년(238) 사마선왕(司馬宣王) 사마의를 보내 공손연을 정벌하게 했다. 사마의가 갈석산에 등장하는 배경이다.

공손연은 요대에 진지를 구축하고 사마의에 맞섰지만 패해서 양평까지 도주했다. 『중국 역사 지도집』 제3권, 13~14쪽의 '삼국 위(魏) 유주(幽州)' 지도는 요대를 지금의 요령성 태자하(太子河) 하류에 표시하고,

---

169 산월은 지금의 절강성 소흥(紹興)을 중심으로 강소성 남부와 안휘성 남부 및 강서성, 복건성 등지의 산지에 살던 백월족(百越族)을 뜻한다. 백월족은 산하에 4개 족속으로 나뉘는데, 산월은 그중 하나다.

양평을 지금의 요양시(遼陽市) 부근으로 표시해 놓았다. 물론 이보다 훨씬 서쪽이 당시의 요대이고, 양평이겠지만, 이 지도를 따라도 사마선왕과 공손연이 싸운 곳은 요동반도 서쪽 끝이다. 『삼국지』 「위서」 「공손도열전」에서 두 군사의 충돌 상황을 보자.

(공손연의 장수) 비연(卑衍) 등은 양평을 지킬 수 없을까 두려워서 밤에 도주했다. 여러 군이 나아가 수산(首山)에 이르자 공손연은 다시 비연 등을 보내 죽음을 각오하고 싸우게 했지만 (위나라가) 다시 습격해서 대파하고, 군사를 진격시켜 성 아래에 늘어놓고, 참호를 포위했다. 때마침 장맛비가 삼십여 일 내려서 요수의 물이 사납게 불어나 선박으로 요수 입구에서부터 빠르게 성 아래에 이를 수 있었다. 비가 개자 (위나라 군사가) 토산(土山)을 일으키고 망루를 수리하고 쇠뇌에서 연달아 돌을 성안에 쏘자 공손연이 군색하고 급해졌다. 식량이 다하자 사람들이 서로 잡아먹어서 죽은 자가 아주 많아 장군 양조(楊祚) 등이 항복했다. 8월 병인일 밤에 길이가 수십 장인 큰 유성이 수산 동북에서 양평성 동남쪽으로 떨어졌다. 임오일에 공손연은 무리들이 궤멸하자 그 아들 공손수와 함께 수백 기로써 포위망을 뚫고 동남쪽으로 도주했고 대군이 급하게 추격했다. 마침 유성이 떨어진 곳에서 공손연 부자의 목을 베었다.[170]

---

170 『삼국지』 「위서」 「공손도열전」. "衍等恐襄平無守, 夜走. 諸軍進至首山, 淵復遣衍等迎軍殊死戰, 復擊, 大破之, 遂進軍造城下, 爲圍塹. 會霖雨三十餘日, 遼水暴長, 運船自遼口徑至城下. 雨霽, 起土山, 脩櫓, 爲發石連弩射城中. 淵窘急. 糧盡, 人相食, 死者甚多. 將軍楊祚等降. 八月丙寅夜, 大流星長數十丈, 從首山東北墜襄平城東南. 壬午, 淵衆潰, 與其子脩將數百騎突圍東南走, 大兵急擊之, 當流星所墜處, 斬淵父子."

공손연이 위나라로부터 독립을 선언한 대가는 처참했다. 연을 개창하고 스스로 왕이 되었지만 위나라의 상대가 되지 못했다. 변변한 저항 한 번 하지 못하고 무너져 내려 목이 베어졌다. 공손연 부자가 주살된 이후의 상황에 대해서 『삼국지』는 이렇게 설명하고 있다.

> (양평)성(城)을 파하고 상국(相國) 이하 천여 명의 목을 베었다. 공손연의 머리는 낙양으로 전했고, 요동, 대방, 낙랑, 현도 등이 다 평정되었다.[171]

『중국 역사 지도집』에 따라도 요동반도 서쪽의 양평에서 공손연을 격파했는데, 어떻게 한반도 안에 있는 "대방, 낙랑, 현도 등이 다 평정"될 수 있겠는가? 이때가 바로 남한 강단사학계가 낙랑·대방이 평안도 및 황해도에 있었다고 주장하는 경초 2년(238)이다.

『진서』 「고조선제본기(高祖宣帝本紀)」에 따르면 이때 고조 선제(사마의), 우금(牛金) 등이 거느린 위나라 군사는 보기(步騎) 4만 명이었다.[172] 이때 사마의가 "군사를 이끌고 고죽(孤竹)을 지나서 갈석을 건너 다음으로 요수(遼水)에 이르렀다."[173]는 것이다. 만약 공손연이 『중국 역사 지도집』의 표기대로 지금의 요동 지역과 평안도, 황해도까지 장악하고 있었다면 양평에서 막다른 골목에 몰리지 않고 그 동쪽 요동반도와 한반도 쪽으로 도주했을 것이다. 그러나 공손연은 요동반도나 한반도로

---

171 『삼국지』 「위서」 「공손도열전」. "城破, 斬相國以下首級以千數, 傳淵首洛陽, 遼東·帶方·樂浪·玄菟悉平."
172 『진서』 「고조선제본기」. "景初二年, 帥牛金·胡遵等步騎四萬."
173 『진서』 「고조선제본기」. "遂進師, 經孤竹, 越碣石, 次于遼水. 文懿果遣步騎數萬, 阻遼隧, 堅壁而守, 南北六七十里, 以距帝."

도피할 수 없었다.

『삼국사기』「고구려본기」〈동천왕 12년(238)〉조의 기록이 그 이유를 말해준다.

> 위(魏) 태부(太傅) 사마선왕이 군사를 이끌고 공손연을 토벌하니 동천왕이 주부(主簿)·대가(大加)에게 군사 1천 명을 거느리고 돕게 했다.[174]

고구려가 공손연의 동쪽을 막았던 것이다. 그래서 공손연은 요동반도나 한반도 내로 도주할 수도 없었다. 이때 고구려는 한반도 북부는 물론 요동반도 전체를 차지하고 있었다. 낙랑·대방군 등은 한반도 내에 있지도 않았다.

남한의 강단사학계가 대한민국 국고 47억 원으로 만들었던 『동북아역사 지도』는 조조의 위나라가 경기도까지 지배했던 것으로 표기했지만, 이는 중국 삼국사와 고구려사에 대한 기본적인 이해만 있어도 상상할 수도 없는 지도이다. 『진서』「지리지」의 평주에 속했던 창려·요동·현도·대방·낙랑은 지금의 하북성에서 기껏해야 요령성 서쪽 일부에 걸쳐 있던 군들이었다. 공손도 일가는 이 지역에 독립왕국을 세우려고 하다가 위나라의 공격 한 번에 무너지고 만 것이다.

---

174 『삼국사기』「고구려본기」〈동천왕 12년〉. "魏大傅司馬宣王, 率衆討公孫淵, 王遣主簿·大加, 將兵千人助之."

## 4. 기자조선의 수도와 위만조선의 수도는 다르다

한사군의 위치를 찾으려면 낙랑군의 위치를 찾아야 하고, 낙랑군의 위치를 찾으려면 그 군치라는 조선현의 위치를 찾는 것이 전체의 위치 비정의 첫걸음을 떼는 좋은 방법이다. 먼저 조선총독부 역사관을 추종하는 남한의 강단사학계는 일제강점기 세키노 다다시와 조선총독부의 이나바 이와기치의 견해를 따라서 대동강 유역의 대동면(大同面) 토성동을 낙랑군 조선현이라고 비정하고 있다. 1915년 조선총독부에서 발간한 『조선고적도보』의 견해를 보자.

> 평안남도 대동군 대동강면의 토성동은 대동강 좌안(左岸)에 있는데, 사방 45정(町)의 지역에 흙으로 쌓은 성벽을 두른 유적의 자취가 뚜렷하다. 그 안팎에서 한나라 때 와당(瓦當)이 발견되었는데, 이와 같은 문양을 갖고 있는 기와 및 한·위(漢魏)시대에 속하는 벽돌을 다수 발견했다. 또 그 부근에 낙랑군 시대의 고분군(古墳群)이 존재하는데, 이곳은 아마도 낙랑군치의 유적일 것이다.[175]

조선의 일부 유학자들은 유학 이데올로기 차원에서 기자가 온 조선을 평양이라고 믿었고, 위만이 온 지역도 평양이라고 믿었다. 그래서 낙랑군을 평양이라고 막연하게 믿었는데, 조선총독부의 이나바 이와기치 등이 패수를 대동강으로 단정 지으면서 상황이 달라졌다. 이나바 이와기치는 위만이 패수를 '동쪽으로' 건넜다고 한 방위에는 신경 쓰지 않고

---

175  關野貞, 앞의 글 「樂浪郡治址」.

'건넜다'는 행위에만 주목해서 패수를 건넌 곳에 낙랑군 조선현이 있어야 한다고 생각했다. 그래서 대동강 북쪽의 평양이 아니라 그 남쪽에서 낙랑군 치지(治址), 즉 조선현 자리를 찾았다.

『사기』나 『한서』 등은 위만이 동쪽으로 패수를 건넜다고 설명하고 있다. 그래서 대동강이 패수라면 위만은 동쪽이 아니라 남쪽으로 건너야 했지만, 이는 개의치 않았다. 이들이 낙랑군 조선현의 위치를 대동강 남쪽의 대동면 토성리로 비정한 것을 남한 강단사학계에서 아직까지 추종해 현재까지 이어지고 있는 것이다. 역사학은 문헌 사료가 위주가 되고 고고학 자료가 보조가 되어야 하는데 문헌 사료가 전무하니 고고학 자료만을 가지고 대동면 토성리라고 비정한 것이다. 남한 강단사학계가 추종하는 세키노 다다시가 북경 유리창(琉璃廠)가의 골동품 상가에 가서 한나라, 낙랑군 유물을 대거 구입해 조선총독부 박물관으로 보냈다는 일기가 공개되었지만 모른 체하고 있다.[176]

앞서 인용한 것처럼 『사기』 「하본기」 주석은 "『태강지리지』에서 말하기를, '낙랑군 수성현에는 갈석산이 있으며, 만리장성이 시작되는 지점이다.'"[177]라고 말했다. 이 낙랑군 수성현에 대해 조선총독부의 이나바 이와기치는 지금의 황해도 수안이라고 주장했다.

> 진 장성의 동단은 지금의 조선 황해도 수안의 강역에서 기하여 대동강 상원으로 나와서 청천강을 끊고 서북으로 달려 압록강 및 동가강의 상원

---

176 『關野貞日記』〈大正 7年(1918)〉.
177 『사기』 「하본기」 주석 『사기색은』. "『太康地理志』云 '樂浪遂城縣有碣石山, 長城所起.'"

을 돌아서 개원 동북 지역으로 나온다는 사실은 『한서』 「지리지」에 의해서 의심할 바 없다.[178]

이나바 이와기치가 낙랑군 수성현을 황해도 수안으로 비정한 것을 해방 후에도 이병도가 그대로 추종하면서 남한 고대사학계에서 아직껏 정설로 떠받들고 있다. 그런데 이나바 이와기치는 만리장성의 동쪽 끝이 황해도 수안이라는 사실은 '의심할 바 없다'면서 그 근거로 『한서』 「지리지」를 제시했지만 완전한 거짓말이다. 『한서』 「지리지」에는 황해도 수안은커녕 한반도에 대한 기술 자체가 전무하다. 『회남자』에서 유안이 말한 대로 한나라 사람들에게 동방의 끝은 갈석산이었고, 한반도에 대한 지식 자체가 없었다. 사료적 근거가 없을수록 "의심할 것이 없다", "재언을 요하지 않는다"는 식으로 호도하는 것이 식민사학의 상투적 방법이다.

일제 식민사학자들과 그 한국인 후예들은 '기자조선 = 위만조선 = 낙랑군 = 평양'을 기본 전제로 낙랑군과 한사군의 위치를 비정했다. 그러나 이는 『한서』 「지리지」의 기본 인식과 동떨어진 것이다. 『한서』 「지리지」는 기자조선의 도읍지와 위만조선의 도읍지를 둘로 나누어 표기하고 있기 때문이다. 기자조선의 도읍은 '낙랑군 조선현', 위만조선의 도읍은 '요동군 험독현'으로 달리 설명하고 있다. 개경은 고려의 수도이고, 한양은 조선의 수도라고 쓴 것과 마찬가지다. 먼저 『한서』 「지리지」 〈낙랑군〉조를 보자.

낙랑군, 한 무제 원봉 3년에 열었다. 왕망은 낙선(樂鮮)군이라고 불렀는

---

178 稻葉岩吉, 앞의 글 「秦長城東端及王險城考」, p. 41.

데, 유주에 속해 있다. 호수는 6만 2,812호이고, 인구는 40만 6,748명이다. 운장(雲鄣)이 있고, 25개 속현이 있다. 조선현[주석: 응소는 "무왕(武王)이 기자를 조선에 봉했다."라고 말했다]……[179]

기자조선의 도읍지에 세운 것이 낙랑군 조선현이라는 내용이다. 이는 고대부터 당나라 때까지 『사기』 및 『한서』의 여러 주석자들의 일치된 견해다.

그리고 위만조선의 수도 자리에 세운 것은 요동군 험독현이라고 설명하고 있다. 『한서』 「지리지」 요동군 험독현에 대한 설명을 보자.

요동군 험독현: 응소가 "조선 왕 위만의 도읍이다. 물이 험한 데 의지했으므로 험독이라고 불렀다."고 했다. 신찬은 "왕험성은 낙랑군 패수 동쪽에 있다. 이로부터 험독이라고 했다."고 했다. 안사고는 "신찬의 설이 옳다."고 했다.[180]

응소는 2세기 후반경의 학자이고, 안사고는 당나라 때 학자다. 이들 모두 요동군 험독현이 옛 위만조선의 수도라는 것이다. '기자조선 = 위만조선 = 낙랑군 = 평양'이라는 주장은 중국의 1차 사료에 대한 기초적 검

---

179 『한서』 「지리지」 〈낙랑군〉. "樂浪郡, 武帝元封三年開. 莽曰樂鮮. 屬幽州. 戶六萬二千八百一十二, 口四十萬六千七百四十八. 有雲鄣, 縣二十五. 朝鮮, 應劭曰, '武王封箕子於朝鮮.'"

180 『한서』 「지리지」 〈요동군〉 '험독현'의 주석. "遼東郡, 險瀆縣:應劭曰, '朝鮮王滿都也. 依水險, 故曰險瀆.' 臣瓚曰, '王險城在樂浪郡浿水之東,此自是險瀆也.' 師古曰, '瓚說是也.'"

증도 거치지 않은 일방적 주장임을 말해준다. 남한 강단사학자들이 이런 중국 사료를 읽어는 봤는지, 읽고도 못 본 체하는 것인지 궁금하다.

위만조선의 수도 자리에 세운 것은 낙랑군 조선현이 아니라 요동군 험독현이다. 그러니 낙랑군 조선현은 지금의 대동면 토성리가 될 수 없다. 요동군은 물론 낙랑군도 고대 요동에 있었기 때문이다. 『후한서』 「광무제본기」 〈건무 6년(서기 30)〉조에 낙랑 사람 왕조에 대한 기록이 있다.

> 처음에 낙랑 사람 왕조가 낙랑군을 근거로 복종하지 않았다.(낙랑군은 옛 조선국이다. 요동에 있다.) 가을 낙랑태수 왕준이 이를 공격하자 낙랑군의 관리들이 왕조를 죽이고 항복했다.[181]

낙랑군은 한반도 안에 있는 것이 아니라 요동에 있었다는 것이다. 교군(僑郡)이니 교치(僑置)니 하는 변종 이론이 근거로 삼는 4세기 무렵보다 3백 년 이상 앞선 서기 30년에도 낙랑군은 고대 요동에 있었다. 『후한서』 「군국지」 〈낙랑군〉조에는 조선현과 함께 열구현이 나온다. 열구현에 대한 주석에서 곽박은 "『산해경』에서 주석하기를 '열은 강의 이름이다. 열수는 요동에 있다.'"[182]라고 말하고 있다. 낙랑군 열구현은 열수가 있어서 생긴 지명인데, 열수는 요동에 있다는 것이다. 3세기경 생존했던 서진의 저명한 학자 곽박이 열수는 요동에 있었다고 말했는데, 남한 강단사학계는 아무런 근거도 없이 대동강이라고 우기는 것이다. 『한서』는

---

181  『후한서』 「광무제본기」 〈건무 6년〉. "初, 樂浪人王調據郡不服〔樂浪郡, 故朝鮮國也. 在遼東〕. 秋, 遣樂浪太守王遵擊之, 郡吏殺調降."
182  『후한서』 「군국지」 〈유주 낙랑군〉. "列口〔郭璞注『山海經』曰, '列, 水名. 列水在遼東')."

물론 『후한서』도 낙랑군은 고대 요동에 있다고 거듭 말하고 있다. 『진서』의 「모용황 · 모용한 · 양유 열전(慕容皝 · 慕容翰 · 陽裕列傳)」에는 이런 구절이 있다.

> 모용황이 모용소(慕容昭)를 죽이고, 사신을 보내 모용인(慕容仁)의 허실을 엿보게 했는데, 모용인을 험독에서 만났다. 모용인은 (모용황을 폐하려던) 일이 발각된 것을 알고 모용황의 사신을 죽이고 동쪽 평곽(平郭)으로 돌아갔다.[183]

모용황(297~348)은 전연(前燕)의 문명제(文明帝)이고, 모용소는 동모(同母) 동생이다. 모용인이 형의 사신을 죽인 곳이 험독이다. 지금 중국 학계는 평곽을 요령성 개주(盖州) 남쪽으로 비정하고 있다. 중국 학계의 위치 비정에 따르면 험독은 요령성 개주시 서쪽에 있었던 것이다. 험독이 지금의 요령성에 있었는지 더 서쪽으로 가야 하는지는 더 연구해보아야 할 과제지만, 험독이 지금의 평양이라면 그 동쪽은 요령성 개주가 아니라 함경남도나 강원도쯤이 되어야 한다. 이처럼 중국의 여러 사료에 따르면 험독은 평양이 아닌 것은 분명하다. 따라서 '위만조선의 왕험성 = 낙랑군 조선현 = 평양'이라는 남한 강단사학계의 등식은 아무런 사료적 근거가 없는 억지에 불과하다.

---

183 『진서』「모용황·모용한·양유 열전」. "皝殺昭, 遣使按檢仁之虛實, 遇仁於險瀆, 仁知事發, 殺皝使, 東歸平郭."

## 5. 중국에서 보는 낙랑군 조선현의 위치

『진서』「지리지」는 낙랑군 조선현에 대해 "주나라에서 기자를 봉한 곳이다."[184]라고 설명하고 있다. 낙랑군 조선현의 위치는 중국 사료로 비교적 정확하게 비정할 수 있다. 중국 사료는 조선현을 조선성이라고도 표기하는데, 그 위치에 대해서『태평환우기』는 "노룡현 조선성은 곧 기자가 은나라로 봉함을 받은 지역이다. 지금은 폐성(廢城)이다."[185]라고 말하고 있다. 송나라 때 노룡현에 낙랑군 조선현이 폐성 형태로 존재하고 있었다는 뜻이다. 『태평환우기』는 북송의 낙사가 편찬했는데, 노룡현이 낙랑군 조선현이라는 인식은 수많은 중국 학자들이 일관되게 설명하고 있는 내용이다. 명나라 때 기록인『일지록』도 마찬가지다.

> 『일통지(一統誌)』에서 "조선성이 영평부 경내에 있는데, 기자가 봉함을 받은 지역이다."라고 말했다. 곧 기자가 봉함을 받은 지역이 지금의 영평부다.[186]

『일지록』은 명나라 때 학자 고염무가 지은 유명한 책이다. 이때의 영평부는 현재의 하북성 노룡현을 뜻하는데, 그가 인용한『일통지』는 13세기에 작성된『대원일통지』를 뜻할 것이다. 여기에도 하북성 노룡현에 낙랑군 조선현이 있었다고 기술되어 있었다는 것이다.

---

184 『진서』「지리지」〈평주 낙랑군〉. "朝鮮(周封箕子地)."
185 『태평환우기』 권70. "蘆龍縣:朝鮮城, 卽箕子受殷封之地. 今有廢城."
186 『일지록』 권31. "『一統誌』乃曰, '朝鮮城在永平府境內, 箕子受封之地.' 則是箕子封 於今之永平矣."

다음은 청나라 고조우가 편찬한『독사방여기요』를 보자.『독사방여기
요』의 〈영평부〉조에는 지금의 하북성 노룡현에 대한 역대의 변천 사실
이 기술되어 있다.

> 노룡현 신창성: (지금 영평부를 다스리는 곳이다……) 수(隋)나라에서 노룡
> 현으로 개칭했다. 또 조선성이 있는데, 영평부 북쪽 40리이고, 한나라 낙
> 랑군 속현이다.[187]

한나라 낙랑군 속현이라는 말은 한나라 낙랑군 조선현 자리라는 말이
다. 조한전쟁 이후 한나라에서 낙랑군 조선현을 설치한 지역은 명·청
때 영평부였던 지금의 하북성 노룡현이다. 송나라 때의『태평환우기』,
명나라 때의『일지록』, 청나라 때의『독사방여기요』는 일관되게 지금의
하북성 노룡현을 낙랑군 조선현이라고 설명하고 있다.

그러면 동북공정을 추진하는 중국에서는 낙랑군 조선현과 요동군 험
독현을 어디로 보고 있는지 살펴보자. 중국의 동북공정은 2002년부터
시작하지만, 그런 역사 인식은 그보다 훨씬 일찍 시작되었다.[188] 그런 인
식을 담고 있는 것이 담기양 주편의『중국 역사 지도집』(전 8권)인데, 그
제2권의 27~28쪽[서한: 유주자사부(幽州刺史部)]은 낙랑군 조선현을 일
제 식민사학의 견해에 따라 대동강 남쪽으로 표시해 놓았지만, 요동군
험독현은 지금의 요하 부근으로 달리 표시해 놓았다.『한서』「지리지」에

---

187 『독사방여기요』「북직」 8 〈영평부〉. "新昌城, 卽今府治 …… 隋改曰盧龍縣, 又朝鮮城,
　　在府北四十里, 漢樂浪郡屬縣也."
188 동북공정에 대한 보다 자세한 설명은 이 책의 'Ⅳ. 동북공정과 낙랑군의 위치' 참조.

서 조선현을 낙랑군, 험독현을 요동군 소속으로 표기했기 때문에 이를 무시할 수는 없었던 것이다. 『중국 역사 지도집』에 대한 문헌 설명서인 『석문회편(釋文滙編) 동북권(東北卷)』의 제1장 「양한·위진 시기(兩漢魏 晉時期)」 요동군 편에는 〈험독현〉조가 있다. 이 구절은 중국에서 동북공 정 차원에서 역사 왜곡을 하더라도 어디에선가는 그 모순이 그대로 드러난다는 사실을 말해주고 있다.

> 험독은 후한 때 요동속국(遼東屬國)에 속하게 되었다. 또한 요동속국에 소속된 각 현은 모두 요하 서쪽에 있었는데, 험독 한 현만 조선 반도에 있는 것은 불가능하다. 험독과 왕험성은 두 지방에 있었던 것이 분명하다.[189]

위만조선의 수도 자리에 세운 험독현이 "조선 반도에 있는 것은 불가능하다."라는 구절은 중국 동북공정의 논리를 스스로 파탄 낸 것이기 때문에 중요하다. 중국에서도 험독현이 "조선 반도에 있는 것은 불가능하다."고 말하고 있는데, 조선총독부 역사관을 무조건 추종하는 남한 강단 사학계는 아직도 '조선 반도에 있다'고 우기는 형국이다.

『중국 역사 지도집』은 험독과 왕험성은 두 지방에 있었다고 호도하고 있지만, 이는 지도 제작자들이 내심으로는 요동군과 낙랑군이 모두 고대 요동 지역에 있었다는 사실을 알고 있었음을 시사한다. 다만 그들은

---

189 譚其驤 主編,『中國歷史地圖集』,『釋文滙編東北卷』, 中央民族學院出版社, 1987, p. 11. "險瀆後漢改屬遼東屬國, 而遼東屬國所隸各縣, 都在遼河以西, 不可能單有險瀆一縣朝鮮半島, 險瀆與王險城, 顯然是兩個地方."

만주 지역은 물론 앞으로 북한 지역에 대한 영유권을 염두에 두고 『중국 역사 지도집』을 만든 것이다. 『중국 역사 지도집』은 요동속국에 속해 있던 험독현의 위치를 지금의 요령성 안산시(鞍山市) 산하의 태안현(台安縣) 동남쪽 20리의 손성자(孫城子) 지역으로 명기하고 있다.[190] 중국에서 아무리 국가적 차원에서 역사 왜곡에 나서도 조금만 주의를 기울이면 그 모순점을 찾는 것은 그리 어렵지 않다. 한국 고대사는 일제가 의도적으로 역사 왜곡에 나선 이래 지금의 중국 동북공정이 말해주는 것처럼 늘 치열한 현대사였다. 또한 치열한 역사 전쟁의 무대였다. 이는 단순히 과거 사실의 인식에 국한된 문제가 아니라 지금의 역사 주권과 미래의 영토 주권과도 관련된 중차대한 문제라는 사실을 인식해야 할 것이다. 중국이 한사군의 위치를 근거로 만주 지역은 물론 북한 강역까지 중국사의 무대로 편입시킨 것은 역사적 사실과는 어긋난다. 중국의 학자들도 이런 사실을 알고 있을 것이다. 정치적 목적 때문에 '만든 역사'다. 남한의 강단사학자들은 무슨 목적 때문에 조선총독부 역사관에 동조하다가 지금은 중화 패권주의 역사학에 동조하는지 궁금해하는 사람들이 늘고 있는 것은 당연하다.

---

190  譚其驤, 위의 책 『中國歷史地圖集』, 『釋文滙編東北卷』, p. 11.

# III. 낙랑군 조선현의 위치

### — 낙랑군 조선현의 평양설 및 대동강설 비판

## 1. 들어가는 글

낙랑군의 위치는 오랜 쟁점이었고, 현재까지도 한·중·일 사이의 역사 현안이기도 하다. 낙랑군의 위치에 따라서 동북아 고대사의 강역이 달라지기 때문이다. 낙랑군의 위치 중에서도 가장 중요한 것은 낙랑군의 치소였다는 조선현의 위치다. 위만조선의 수도 왕험성 자리에 세운 것을 조선현이라고 보기 때문이다. 그래서 조선현의 위치를 찾으면 낙랑군의 위치를 찾을 수 있고, 나아가 한사군의 위치도 찾을 수 있다.

그간 낙랑군 조선현의 위치에 대해서는 크게 두 관점이 존재했다. 하나는 한반도 내, 특히 평양 일대에서 찾는 견해로서, 고려 중기 이후 사대주의 유학자들과 일제강점기 때 조선총독부에서 확정 지은 견해였는데, 현재까지 남한 강단사학계의 정설 또는 통설이다. 다른 하나는 낙랑군 조선현이 현재의 요령성이나 하북성 일대에 있었다는 주장으로, 조선 후기 일부 유학자들과 일제강점기 때 독립운동에 나섰던 역사학자들

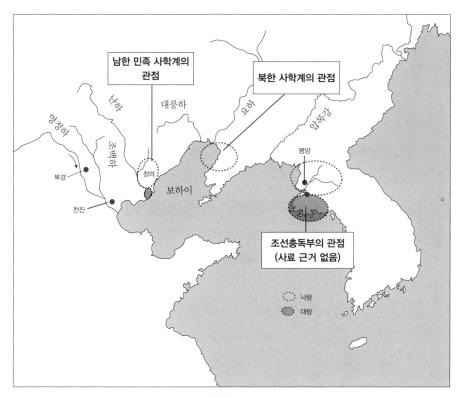

**낙랑군의 위치에 대한 주장들**

의 견해이다. 또한 북한 사학계의 견해이자 남한 내 민족사학자들의 견
해이기도 하다.

중국은 동북공정에서 한반도 북부는 중국의 역사 강역이었다고 주장
했는데, 그 주요한 근거가 한사군이 한반도 서북부에 있었다는 것이었
다. 그렇기 때문에 이 문제는 현재의 강역 문제와 밀접하게 연계된다.
남한은 해방 후 조선총독부 사관, 즉 일제 식민사관이 그대로 유지되면
서 한사군이 한반도 서북부에 있었다는 조선총독부의 설을 그대로 신봉

하고 있다. 서로 다른 견해가 대립할 경우 당대의 1차 사료를 검토해 결론을 내리는 것이 역사학적 방법론인데, 이 글에서도 이런 방식으로 논리를 전개할 것이다.


## 2. 조선현의 위치에 대한 조선총독부의 견해

앞서 말한 대로 남한 고대사학계는 낙랑군 조선현의 위치를 현재의 대동강 남안의 토성동 토성으로 보고 있다. 먼저 동북아역사재단은 2009년 홈페이지에 이렇게 게재했다.

> 위만조선은 그 왕성인 왕험성이 현재의 평양시 대동강 북안에 있었는데, 이는 위만조선과 한의 경계 역할을 한 패수가 지금의 압록강이라는 점, 위만조선의 도읍 부근에 설치된 낙랑군 조선현의 치소가 지금의 평양시 대동강 남안의 토성동 토성이라는 점, 왕험성 및 조선현과 깊은 관련이 있는 것으로 알려져 있는 열수가 지금의 대동강으로 비정되고 있다든지 하는 점을 통해서 입증된다.[191]

이 글은 두 가지 논리 구조로 이루어져 있다. 하나는 "위만조선은 그 왕성인 왕험성이 현재의 평양시 대동강 북안에 있었"다는 것이고, 또 하

---

191  이는 2009년에 동북아역사재단 홈페이지에 '올바른 역사'라는 항목으로 실렸던 '고조선조'의 내용이다. 동북아역사재단은 이 내용에 대한 비판이 제기되자 홈페이지를 개편한다는 명목으로 슬그머니 내렸다.

나는 "위만조선의 도읍 부근에 설치된 낙랑군 조선현의 치소가 지금의 평양시 대동강 남안의 토성동 토성"이라는 것이다. 종래에는 위만조선의 수도 왕험성 자리에 낙랑군 조선현을 설치했다고 보았는데, 이 둘을 분리해서 왕험성은 '대동강 북안', 낙랑군 조선현은 '대동강 남안'으로 본다는 것이다. 그래서 "위만조선의 도읍 부근에 설치된 낙랑군 조선현의 치소"라고 두루뭉술하게 표현했던 것이다. 과연 대동강 남안의 토성동 토성이 낙랑군 조선현의 치소라고 특정할 만한 문헌 사료나 고고학적 사료가 뒷받침되고 있을까?

조선총독부 직속의 조선사편수회 수사관(修史官)[192]이었던 서울대학교 교수 이병도는 1976년 간행한 『한국 고대사 연구』의 「낙랑군고」에서 이렇게 말했다.

> 낙랑군은 …… 그 수부(首府: 首縣)의 이름이 조선현인 만큼 지금의 대동강 유역을 중심으로 하고 있음에 대해서는 종래에 별로 이론(異論)이 없었다. 또 낙랑군이 한사군 중의 중추적인 구실을 하여왔던 것도 사실이다.[193]

낙랑군 조선현에 대한 기존의 견해를 검토하는 과정에서 가장 중요한 것은 어떤 근거로 내린 결론인가 하는 점이다. 이병도는 "조선현이 지금의 대동강 유역을 중심으로 하고 있음에 대해서는 종래 별로 이론이 없

---

192  이는 이병도 자신이 부친의 묘지명에 조선총독부 수사관이라고 새긴 것을 그대로 인용한 것이다.
193  이병도, 앞의 글 「낙랑군고」, p. 133.

었다."라고 말했다. 이병도는 자신의 견해를 서술할 때 '이론이 없다' 같은 비학문적 용어를 자주 사용하는데, 이 문장은 아마도 고려 중기 이후 사대주의 유학자들의 견해를 기술한 것으로 보인다. 후술하겠지만, 사대주의 유학자들은 낙랑군 조선현을 평양이라고 보았지 대동강 유역이라고 보지는 않았다. 이병도도 같은 글에서 "조선현은 …… 낙랑군의 치소(治所: 首府)로 그 중심지를 이루고 있었던 만큼 중요한 현이거니와, 흔히 이 현명(縣名)으로 보아 위씨조선의 수부인 왕험성, 즉 지금의 평양이라는 설이 유행되었다."[194]라고 썼다.

그런데 조선 후기 김경선(金景善: 1788~1853)은 순조 32년(1832) 동지 겸 사은사(冬至兼謝恩使)의 서장관(書狀官)으로 청나라에 다녀와서 쓴 사행록(使行錄) 『연원직지(燕轅直指)』에서 왕험성을 현재의 평양이 아니라고 서술했다.

『당서(唐書: 구당서)』를 상고하니 "안시성(安市城)은 평양성과 500리 거리인데, 봉황성(鳳凰城)을 또한 왕검성(王儉城)이라 일렀다."고 말했다. 『지지(地誌)』에도 "봉황성을 평양이라 칭한다."라고 했는데, 어떻게 이런 이름이 생겼는지 알 수 없다. 또 『지지』에 "옛 안시성은 개평현(蓋平縣) 동북쪽 70리에 있다. 개평현에서 동쪽으로 수암하(秀岩河)까지가 300리이고, 수암하에서 동쪽으로 200리가 봉황성이 된다."고 했다. 만약 여기 (봉황성)가 옛 평양이라 한다면, 『당서』에서 500리라고 칭한 것과 서로 맞는다.[195]

---

194  이병도, 앞의 글 「낙랑군고」, p. 140.
195  김경선, 『연원직지』 「봉황성기」. "按唐書, 安市城距平壤五百里, 鳳凰城亦稱王儉城.

조선 후기 인물인 김경선은 평양성을 현재의 평양이 아니라 현재의 요령성 봉황시(鳳凰市)에 있는 봉황성이라고 보았고, 여기를 왕검성으로 보았던 것이다. 이보다 앞서 박지원도 『열하일기(熱河日記)』에서 같은 내용의 글을 실었다. 해방 직후인 1946년 위당(爲堂) 정인보(鄭寅普)는 『조선사 연구(朝鮮史研究)(상)』에서 "왕검성인 조선현이 지금 평양과 원래 무관"[196] 하다고 서술했다. 조선 양명학의 전통을 이은 이건방(李建芳)을 사사한 정인보는 당대 최고의 학자였다. 그러나 이병도는 이런 견해는 존재하지도 않았다는 듯이 '낙랑군 조선현 = 대동강 유역설 = 현재의 평양설'을 일반화했다. 그러면서도 낙랑군 조선현이 지금의 평양이었다는 설이 설득력을 잃게 되었다고 쓰고 있다.

그러나 다른 유력한 문헌과 더욱이 일제 초기 이래 발굴 · 발견된 많은 유물 · 유적으로 인하여 조선현 평양(故王險城)설은 부인되고 말았다.[197]

그간 별로 이론이 없었던 '조선현 = 현재의 평양설'은 부인되었다는 것이다. 그 근거로 이병도는 "다른 유력한 문헌"과 "일제 초기 이래 발굴 · 발견된 많은 유물 · 유적"을 들었다. 이병도는 '조선현 = 평양설'을 부인하고, 이 설과 양립하고 있던 '조선현 = 요동설'로 돌아선 것이 아니

---

地誌又以鳳凰城稱平壤, 未知此何以名焉. 又地志, 古安市城在蓋平縣東北七十里, 自蓋平東至秀岩河三百里, 自秀巖河東至二百里爲鳳凰城, 若以此爲古平壤, 則與唐書所稱五百里相合."

196 정인보, 『조선사 연구(상)』, 『담원 정인보 전집』, 연세대학교 출판부, 1983, p. 177. 이 책은 2012년 우리역사재단에서 문성재 역주의 『오천 년간 조선의 얼, 조선사 연구(상)』이라는 제목으로 보다 읽기 쉽게 재출간되었다.

197 이병도, 앞의 글 「낙랑군고」, p. 140.

다. 낙랑군 조선현이 대동강 북쪽의 평양이 아니라 대동강 남안의 토성동 토성이라고 주장하기 위해서 이런 말을 한 것이다. 이병도는 뒤이어 이렇게 단정했다.

> 과연 일제 초기로부터 일인(日人) 조사단에 의해서 대동강 남안인 (대동면) 토성리 일대가 낙랑군치인 동시에 조선현치(朝鮮縣治)임이 그 유적·유물을 통하여 판명되었다. …… 낙랑의 유적과 유물은 다른 곳에서도 발견되지만, 특히 이 대동면 토성리를 중심으로 한 부근 일대에 집중된 감이 있다. 이로써 보더라도 이 일대가 낙랑군치인 조선현의 소재지였던 것은 재언을 요하지 않는다.[198]

일제 초기 일본인 조사단, 즉 조선총독부 조사단이 대동강 남안의 토성리 일대를 낙랑군치, 즉 낙랑군 조선현의 치소라고 새롭게 주장했는데, 이병도는 이를 "판명되었다"라고 주장한 것이다. 그러나 토성동 토성을 낙랑군 조선현의 치소라고 '특정' 지을 수 있는 유적·유물은 발견되지 않았다. 토성의 흔적과 와당과 벽돌 몇 편을 가지고 자의적으로 '해석'했을 뿐이다.

그런데 이병도는 왜 지금의 평양이 위만조선의 수도라던 견해를 세분해서 대동강 북안의 평양과 대동강 남안의 토성동으로 나누어 보았을까? 그 해답은 이병도의 스승인 이나바 이와기치에게 있다. 조선총독부수사관으로서 『조선사』 35권을 편수했던 이나바 이와기치는 「진 장성동쪽 끝 및 왕험성에 관한 논고」에서 위만조선과 한의 경계였던 패수의

---

198 이병도, 앞의 글 「낙랑군고」, pp. 140~142.

위치에 대해 "패수란 지금의 대동강을 가리킨다."[199]라고 말했다.

여기에서 문제가 생겼다. 『사기』 「조선열전」은 '연나라 사람 위만이 동쪽으로 새외를 나와서 패수를 건너 왕험성에 도읍했다'[200]고 기술하고 있다. 위만이 남쪽으로 패수를 건넌 것이 아니라 동쪽으로 건넜다는 사실은 둘째치고라도 이른바 실증주의에 의한 문헌 비판을 하다 보니 왕험성이 패수 건너편에 있어야 한다고 생각했던 것이다. 패수를 대동강으로 비정하다 보니 대동강 북쪽에 있는 평양을 위만조선의 수도인 왕험성으로 비정하기 곤란했다. 그래서 대동강 남쪽에서 낙랑군 조선현의 치소를 찾기 시작했고, 토성동에서 토성 흔적과 와당과 벽돌 몇 편이 나오자 조선현 치소라고 주장하기 시작했다. 그러나 대동강 남안의 토성동 토성이 낙랑군 조선현의 치소라는 아무런 문헌적 근거가 없다 보니 고고학을 끌어들일 수밖에 없었다. 그래서 도쿄제대 공대의 세키노 다다시가 등장하는데, 그는 1915년 『조선고적도보』에서 대동강 남쪽 토성리를 낙랑군치라고 주장하기 시작했다.

평안남도 대동군 대동강면의 토성동은 대동강 좌안에 있는데, 사방 45정의 지역에 흙으로 쌓은 성벽을 두른 유적의 자취가 뚜렷하다. 그 안팎

---

199 이나바 이와기치는 고조선과 한의 국경이었던 패수를 지금의 대동강이라고 전제하고 있다. 대동강이라는 용어는 중국 25사 중에서 『명사(明史)』 「조선열전」과 이성량(李成梁)·여송(如松) 등 부자열전에 처음 등장하는데, 모두 임진왜란(1592~1597)과 관련한 내용들이다. 서기전 2세기 이전의 지명 비정을 하면서 16세기 말에 처음 등장하는 이름을 기준으로 삼는 것이다. 이나바의 논리는 패수가 대동강이라는 전제에서 이루어지기 때문에 패수가 대동강이 아니라면 나머지 모든 논리가 무너지는 치명적 결함을 갖고 있다.

200 『사기』 「조선열전」. "滿亡命, 聚黨千餘人, 魋結蠻夷服而東走出塞, 渡浿水, 居秦故空地上下鄣, 稍役屬眞番·朝鮮蠻夷及故燕·齊亡命者王之, 都王險."

에서 한나라 때 와당이 발견되었는데, 이와 같은 문양을 갖고 있는 기와 및 한·위시대에 속하는 벽돌을 다수 발견했다. 또 그 부근에 낙랑군 시대의 고분군이 존재하는데, 이곳은 아마도 낙랑군치의 유적일 것이다.[201]

세키노 다다시는 '아마도'라는 부사를 사용했다. 단정할 수는 없다는 뜻이다. 그런데 세키노 다다시는 『조선고적도보』의 '낙랑군치'라는 소제목에 '낙랑군치(?)'라고 의문 부호를 달아 놓았다. 또한 당시에도 토성동은 '토성이 협소한 구릉에 낮게 쌓여 있기 때문에 천험(天險)이 없으므로 적의 공격을 받게 되면 방수(防守)가 지극히 곤란한 상태에 놓이게 된다'는 지적이 있었다. 세키노 다다시는 이곳을 낙랑군 조선현이라고 비정하기가 어렵다는 사실을 알고 있었다. 그러나 대동강 남쪽 토성동을 낙랑군 조선현 자리라고 주장하는 것은 총독부의 견해였다. 그래서 이를 그대로 따르면서 의문 부호를 달아 놓은 것이다. 그런데 남한 고고학계의 아버지인 세키노 다다시는 자신이 북경의 골동품 거리인 유리창가에 가서 한나라 및 낙랑군 유물을 대거 구입해 조선총독부에 보냈다는 기록을 남겼다.

대정 7년(1918) 3월 20일 맑음: (북경) 유리창의 골동품점을 둘러보고, 조선총독부 박물관을 위해 한나라 때의 발굴품을 300여 엔에 구입했음.
대정 7년 3월 22일 맑음: 오전에 죽촌(竹村) 씨와 유리창에 가서 골동품을 샀음. 유리창의 골동품점에는 비교적 한나라 때의 발굴물이 많고, 낙랑 출토류품은 대체로 모두 갖추어져 있기에 내가 적극적으로 그것들을

---

201  關野貞, 앞의 글 「樂浪郡治址」.

이렇게 북경에서 구입한 한나라 및 낙랑군 물품들은 조선총독부 박물관에 보냈다. 이 중 일부는 박물관에 남고, 일부는 북한 강역을 한사군 지역으로 둔갑시키는 데 이용되었을 것이다. 이처럼 세키노 다다시는 평양이 위만조선의 수도 자리도, 낙랑군 자리도 아니라는 사실을 알고 있었다. 그래서 의문 부호를 달아 놓은 것이다.

그러나 총독부의 방침을 어길 수는 없었으므로 대동강 남안의 토성동 토성을 '낙랑군치', 즉 '낙랑군 조선현' 자리로 결정했다. 대동강을 패수로 보고 『사기』「조선열전」의 '연나라 사람 위만이 동쪽으로 새외를 나와서 패수를 건너 왕험성에 도읍했다'는 구절에 꿰어 맞춘 위치 비정이었다.

## 3. 패수의 위치와 해방 후의 견해들

그런데 패수가 대동강이 아니라면 대동강 남안의 토성동 토성을 낙랑군 치소라고 비정하는 논리 자체가 무너지게 된다. 일제강점기 때나 대한민국 정부 수립 이후나 식민사학의 대부분의 논리는 이런 '전제'를 바탕으로 성립되었다. 이런 전제가 무너지면 그를 바탕으로 수립된 하위 논리는 모두 무너지게 된다. 패수가 대동강이 아니라면 낙랑군 조선현을 대동강 남안에서 찾는 것은 물론 그 북안의 평양에서 찾는 것도 모

---

202 『關野貞日記』〈大正 7年(1918) 3月〉.

두 헛일이 되고 마는 것이다. 일찍이 이를 예견했던 인물이 앞서 인용한 조선 후기 김경선과 그에 앞선 박지원이었다.

> 오호라! 후세 사람들이 땅의 경계를 자세히 알지 못하고 한사군의 땅을 망령되게 파악해서 모두 압록강 안에 국한시켜 억지로 사실에 끌어 맞춰서 구구하게 분배했다. 이에 패수를 다시 그중에서 찾으니 혹은 압록강을 패수라고 지목하고, 혹은 청천강을 패수라고 지목하고, 혹은 대동강을 패수라고 지목했으니, 이것은 전쟁도 하지 않고 (고)조선의 옛 강토를 저절로 줄어들게 한 것이다.[203]

김경선의 이 말이 절묘한 것은 일제강점기는 물론 해방 후 한국 식민 사학계의 동향까지 정확하게 예견했기 때문이다. 패수의 위치에 대해서 쓰다 소키치는 「패수고(浿水考)」에서 "패수의 이름은 『사기』 「조선열전」에 한나라 초기 고조선의 북쪽 경계로 기록되었고, 또 『한서』 「지리지」에 낙랑군 속현의 이름으로 기재되었다. 전자는 통상 압록강으로 이해되고 있다."[204]라고 패수를 압록강이라고 주장했다. 서울대학교의 노태돈이나 한국교원대학교의 송호정도 마찬가지로 압록강으로 보고 있고, 앞에서 살펴본 대로 동북아역사재단도 이를 그대로 추종해서 압록강으

---

203 김경선, 『연원직지』 「봉황성기」. "嗟乎, 後世不詳地界, 則妄把漢四郡地, 盡局之於鴨綠江內, 牽合事實, 區區分排. 乃復覓浿水於其中, 或指鴨綠江爲浿水, 或指淸川江爲浿水, 或指大同江爲浿水, 是朝鮮舊疆, 不戰自蹙矣." 박지원도 『열하일기』 「도강록(渡江錄)」에서 거의 같은 내용을 서술했다. 김경선이 박지원의 견해에 동의해 거의 그대로 옮긴 것으로 추측된다.
204 津田左右吉, 「浿水考」 『朝鮮歷史地理』(1913), 『津田左右吉全集』(1964), 第11卷, 岩波書店, p. 11.

로 서술한 것이다. 그런데 이병도는 패수를 청천강이라고 보고 있다. 단국대학교 교수 서영수는 「위만조선의 형성 과정과 국가적 성격」[205]에서 패수를 요동에 있는 것으로 보았다. 그런데 패수의 위치를 요동으로 보았으면 평양을 왕험성으로 보았던 견해는 부정되어야 하지만, 서영수는 패수는 요동에 있었다면서도 왕험성은 평양이라고 보았다. 평양을 왕험성으로 단정 짓고 하위 논리를 전개했기 때문에 결론은 과거와 같았던 것이다. 그래서 서영수는 위만조선의 중심지를 요동이나 난하 동쪽에서 찾는 견해를 비판하면서 "오늘날 요하가 고대의 요수와 일치하는 것이 입증된 까닭에 이러한 견해는 성립할 수 없으며, 『사기』의 왕검성은 오늘날의 평양임이 확실하다."라고 말하고 있다. 또한 낙랑군치는 대동강 남안의 토성동 토성으로 보고 있다. 패수를 압록강으로 보고 있는 노태돈이나 송호정도 마찬가지고, 패수를 청천강으로 보고 있는 이병도도 마찬가지로 대동강 남안의 토성동 토성을 낙랑군치, 즉 낙랑군 조선현 자리라고 공통적으로 주장하고 있다. 위만조선과 한의 국경이었던 패수의 위치는 서로 다른데 낙랑군 조선현 자리는 같다는 희한한 주장이다. 낙랑군이 평양 일대에 있었다는 것이 도그마이기 때문이다.

당초 조선총독부에서 대동강 북안의 평양이 왕험성이라는 기존 유학자들의 견해를 굳이 나누어 대동강 남안의 토성리로 비정한 것은 이나바 이와기치가 대동강을 패수로 보고 『사기』 「조선열전」에 맞추었기 때문이다. 그런데 패수를 요동, 압록강, 청천강 등으로 달리 보고 있는데도 낙랑군치, 즉 낙랑군 조선현은 그대로 토성동 토성으로 비정하고 있는

---

205  서영수, 「위만조선의 형성 과정과 국가적 성격」 『한국 고대사 연구』 9, 한국고대사학회, 1996.

것은 기묘한 일이다. 이는 패수가 대동강이라는 조선총독부의 전제는 무너졌지만, 낙랑군치를 토성동 토성으로 비정한 조선총독부의 견해 자체가 새로운 '도그마'이자 '전제'가 되었다는 사실을 말해준다. 마치 진실이 무엇인가를 찾기 위해 노력하는 척 패수의 위치에 대해서 조금씩 다른 견해를 표출했지만, 결론은 이병도가 "이 일대(대동면 토성리)가 낙랑군치인 조선현의 소재지였던 것은 재언을 요하지 않는다."[206]라고 말한 것처럼 조선총독부에서 교시한 '대동강 남안의 토성동 토성'으로 귀결되었던 것이다.

동북아역사재단은 "왕험성 및 조선현과 깊은 관련이 있는 것으로 알려져 있는 열수가 지금의 대동강으로 비정되고 있다든지 하는 점을 통해서 입증된다."라고 말했는데, 이병도가 열수를 대동강으로 비정한 것은 어떤 사료적 근거를 가지고 한 것이 아니라 패수를 청천강으로 비정하다 보니까 열수를 그 아래 대동강이라고 주장한 것에 불과하다. 예나 지금이나 식민사학의 위치 비정이라는 것은 대체로 이런 식이다.

『후한서』 「군국지」 〈낙랑군〉조를 보면 전한(前漢) 때는 25개였던 낙랑군 속현이 후한 때는 18개로 줄었다는 사실을 알 수 있다. 『후한서』 「군국지」의 열구현에 대한 주석에서는 "곽박이 『산해경』에 주석하기를 '열(列)은 강의 이름이다. 열수는 요동에 있다'고 했다."[207]라고 설명하고 있다. 동진 때의 저명한 훈고학자(訓詁學者)인 곽박은 식민사학에서 낙랑군과 대방군이 한반도 서북부 평안도 및 황해도에 있었다고 주장하던

---

206  이병도, 앞의 글 「낙랑군고」, p. 142.
207  『후한서』 「군국지」 〈유주 낙랑군〉 '열구현'의 주석. "郭璞注『山海經』曰, '列, 水名. 列水在遼東.'"

시기에 살았던 학자다. 『진서』「곽박열전(郭璞列傳)」은 곽박이 하동(河東) 문희(聞喜: 현재의 산서성) 사람으로서 그 부친 곽원(郭瑗)은 건평태수(建平太守)를 역임했다고 서술하고 있다. 또한 곽박에 대해서는 "경전에 대한 학술을 좋아했고, 박학했으며, 뛰어난 재주가 있었다."[208]라고 설명하고 있다. 3세기 말에서 4세기 초에 살았던 곽박이 "열수는 요동에 있다."고 말하고 있는데, 이병도는 이에 대해 아무런 반박도 하지 않고 아무런 근거도 없이 대동강이라고 주장했고, 동북아역사재단이 이를 추종하고 있는 것이다. 패수가 요동에 있거나, 압록강이거나 청천강이라면 낙랑군 조선현은 과거 사대주의 유학자들이 기자동래설을 신봉해서 지금의 평양이라고 주장한 것처럼 평양이라고 보아도 어긋나지 않는다. 강 건너편에 있기만 하면 되기 때문이다. 그러나 조선총독부에서 이나바 이와기치의 새로운 위치 비정에 따라서 '대동강 남안의 토성동'이라고 교시를 내리니 그저 이를 지키는 수밖에 없었다. 단국대학교 교수 서영수는 이렇게 말하고 있다.

> 일찍부터 낙랑군의 치소로 알려져 왔던 토성리 유적 대부분이 위만조선의 왕도였던 대동강 북안의 왕검성 일대에 있었던 것이 아니라 대동강 남안에 있다는 점은 주지의 사실이다. 이는 일시적으로 확대되었던 낙랑군이 고구려를 비롯한 예맥 사회의 압력에 쫓겨 군현의 중심지를 방어에 보다 유리한 대동강 남안으로 옮겼음을 시사해주는 것이라고 할 것이다.[209]

---

208 『진서』「곽박열전」. "郭璞字景純, 河東聞喜人也. 父瑗, 尙書都令史. 時尙書杜預有所增損, 瑗多駁正之, 以公方著稱. 終於建平太守, 璞好經術, 博學有高才."
209 서영수, 「대외 관계사에서 본 낙랑군」, 『사학지(史學志)』 제31집, 1998년 12월, p. 17.

서영수는 일본인 식민사학자들의 이른바 실증주의 서술 전통을 이어받아 '주지의 사실' 같은 비학문적 용어로 자신의 견해를 합리화한다. 또한 일본인 식민사학자들처럼 앞뒤 모순되는 이야기를 마구 뒤섞어 놓아서 무슨 말을 하는지 헷갈리게 만든다. '고구려'는 뭐고 낙랑군에 압력을 준 '예맥 사회'는 뭔지도 구분되지 않는다. 패수를 요동으로 비정해서 식민사학에서 벗어난 듯하지만, 결론은 언제나 조선총독부의 교리에 따라 낙랑군 조선현을 '대동강 남안'으로 비정한다. 서영수는 언제부터 토성리 유적이 낙랑군의 치소로 알려져왔는지를 특정하지 않고, '일찍부터'라는 말로 기정사실화하고 있지만, 앞서 말했듯이 토성리 유적을 낙랑군의 치소로 특정한 것은 도쿄제대 공대의 세키노 다다시였다. 서영수는 세키노 다다시 이전에 토성리를 낙랑군의 치소로 본 학자가 있다면 제시하기 바란다. 서영수는 '일시적으로 확대되었던 낙랑군이 군현의 중심지를 대동강 남안으로 옮겼다'고 주장했는데, 그렇다면 설치 당시의 낙랑군 조선현은 대동강 남안이 아니라는 뜻인가? '낙랑군 조선현=대동강 남안'이라는 식민사학계의 기존 통설을 고집하려다 보니 앞뒤가 맞지 않는 이야기를 마구 뒤섞어 놓은 것에 불과하다.

서영수는 이 논문 앞부분에서 한(漢) 군현의 소재지를 요동과 요서 지역으로 보는 북한의 리지린[210]과 남한의 윤내현[211]의 견해를 비판하고는 "주지하다시피 고조선 말기의 중심지와 이를 계승한 위만조선의 중심지가 대동강 유역이 확실하므로 이러한 견해는 성립되기 힘들다."[212]

---

210  리지린, 『고조선 연구』, 평양, 과학원출판사, 1962.
211  윤내현, 『한국 고대사 신론』, 만권당, 2017.
212  서영수, 앞의 글 「대외 관계사에서 본 낙랑군」, p. 10.

라고 주장했다. 한 군현 요동·요서설에 대한 구체적 사료 제시는 없고, "주지하다시피", "대동강 유역이 확실하므로", "이러한 견해는 성립되기 힘들다"는 일방적 주장뿐이다. 그러면서 그 근거로 서영수 자신의 「고조선의 위치와 강역」(『한국사 시민 강좌』 2, 1988)과 서울대학교 노태돈의 「고조선 중심지 변천에 대한 연구」(『한국사론』 23, 1990), 서강대학교 이종욱의 『고조선사 연구』(일조각, 1993)를 적어 놓았다. 서영수가 기본적인 상식이 있는 학자라면 '북한의 리지린과 단국대학교의 윤내현 등은 이런 근거로 요서·요동설 등을 주장했고, 자신과 노태돈, 이종욱은 이런 근거로 리지린, 윤내현의 설과 달리 대동강 유역설을 주장하고 있다'고 써야 한다. 그러나 쓰다 소키치, 이나바 이와기치, 이병도, 서영수, 노태돈, 송호정 등은 모두 사료적 근거는 일체 제시하지 않고 주장만 늘어놓는 비역사적·비학문적 서술로 일관하고 있다. 서영수가 낙랑군 조선현이 대동강 남안의 토성동이라는 근거로 든 노태돈의 견해를 살펴보자.

> 왕검성은 낙랑군 조선현의 위치가 평양 지역인 만큼 역시 평양 일대에 있었다고 보는 것이 순리이다. 평양 일대에 B.C. 3세기 이래의 유적이 연속적으로 많이 존재하고 있음은 이를 뒷받침한다. 조선현의 치소는 대동강 남안의 토성동 지역으로 보인다. 토성의 규모가 번성하였던 군(郡)의 수부가 있었던 곳으로는 작음을 들어 회의적인 견해도 있었다. 그러나 이는 오히려 당시 낙랑군의 지배 구조의 성격을 반영하는 일면으로 이해되어야 할 것이다.[213]

---

213  노태돈, 「고조선 중심지 변천에 대한 연구」 『한국사론』 23, 1990, pp. 22~23.

노태돈도 서영수처럼 자신의 견해를 뒷받침하는 1차 사료적 근거는 제시하지 않고, "순리이다", "이해되어야 할 것이다"라는 비학문적 희망 사항으로 일관하고 있다. "B.C. 3세기 이래의 유적이 연속적으로 많이 존재"하는 것을 근거로 삼았으면 그 유적이 낙랑군의 것이라는 근거를 제시해야 하는데, 그렇게 하지 않고 두루뭉술하게 표현한다.

반면 북한 학자 리순진은 『평양 일대 락랑무덤에 대한 연구』에서 노태돈의 주장과 정반대되는 견해를 밝혔다.

> 해방 전에 일제 어용사가들은 …… 우리 민족사의 첫머리인 단군조선의 력사를 말살하는 한편 평양 일대의 락랑무덤을 '한나라 낙랑군 시대의 유적'으로 왜곡 날조하면서 그것을 기초 자료로 하여 한나라 낙랑군이 평양 일대에 있었다는 '낙랑군 재평양설'을 조작해냈다. …… 해방 후 우리 고고학자들은 평양 일대에서 일제 어용사가들이 파본 것의 30배에 달하는 근 3천 기에 달하는 락랑무덤을 발굴 정리하였다. 우리 고고학자들이 발굴 정리한 락랑무덤 자료들은 그것이 한식 유적·유물이 아니라 고조선 문화의 전통을 계승한 락랑국의 유적·유물이라는 것을 실증해 준다. 락랑국은 고조선의 마지막 왕조였던 위만조선이 무너진 후에 평양 일대의 고조선 유민들이 세운 나라였다.[214]

북한 학계는 평양 일대의 고분들은 낙랑'군(郡)'이 아니라 최리(崔理) 가 국왕으로 있던 우리 선조들의 국가인 낙랑'국(國)'의 유적·유물이라

---

214 리순진, 『평양 일대 락랑무덤에 대한 연구』, 사회과학출판사, 1966. 남한에서 도서출판 중심에서 2001년에 재간행.

고 보고 있다. 한나라 무덤과는 완전히 다른 우리 전통 무덤이라는 것이다.

그런데 역사문제연구소에서 간행하는 『역사비평』은 2016년 봄호에서 '한국 고대사와 사이비 역사학'이라는 기획을 마련했다. 조선총독부 역사관을 비판하는 역사학을 사이비 역사학이라고 매도하는 기획으로, 기경량, 위가야, 안정준의 글을 실었는데, 강단사학의 조선총독부 역사관 추종이 대를 내려갈수록 그 정도가 심해진다는 사실이 드러난 글들로서 많은 이들에게 충격을 주었다. 이 중 안정준의 글을 보자.

> 낙랑군의 위치에 대해서는 기왕에 요령설, 평양설 등 여러 학설들이 있어왔으나, 현재 학계에서는 기원전 108년에 설치된 한 군현인 낙랑군이 평양 일대를 중심으로 420여 년간 존속했다는 학설이 일반적으로 받아들여지고 있다. 학계의 다수설이 공공기관에서 편찬되는 지도나 해외 학술서에 반영되는 것은 지극히 당연한 일임에도 불구하고 이것이 학문 외적인 개입에 의해 중단 혹은 폐지되고 있는 것이다.[215]

안정준은 앞에서는 "요령설, 평양설 등 여러 학설들이 있어왔으나"라고 말하고는 곧이어 평양설을 주장하는 학자들만 '학계'라고 표현했다. 평양설을 비판하는 학자들은 학자가 아니라는 것이다. 조선총독부에서 백암 박은식, 단재 신채호 선생 등을 비난하던 수법 그대로다. 안정준이 말한 '지도'는 동북아역사재단에서 국고 47억여 원을 들여 제작했던 『동북아 역사 지도』를 뜻한다. 한사군을 한반도 북부에 그려서 중국에 넘겨

---

215 안정준, 「오늘날의 낙랑군 연구」 『역사비평』, 2016년 봄호, pp. 262~263.

주고, 조선총독부의 '『삼국사기』 초기 기록 불신론'에 따라서 한반도 남부에는 4세기에도 신라, 백제, 가야를 그리지 않은 반면, 같은 시기 야마토왜는 제국으로 그려 놓았다. 그래야 한반도 남부 가야를 점령하고 임나를 설치하는 것이 가능하기 때문이다. 그리고 독도는 여러 차례에 걸친 지적에도 끝까지 누락시켰다. 독도는 일본 것이라는 것이다. 대한민국 국고로 편찬되는 '지도'에 이런 내용이 들어가는 것이 당연한데 "학문 외적인 개입에 의해 중단 혹은 폐지"되고 있다고 울분을 토하는 것이다. 여기서 안정준이 말하는 '해외 학술서'는 하버드대학에 국고 10억 원을 상납해 만든 '한국 고대사 프로젝트'를 뜻한다. 고조선은 삭제하고 한사군부터 시작하면서 한국은 중국의 식민지로 시작했다는 내용을 영문으로 전 세계에 전파하자는 프로젝트였다. 한마디로 조선총독부에서 한국을 영구 점령하기 위해 만든 식민사관을 21세기 대한민국 국고로 전 세계에 전파하는 것이었는데, 이것이 "학문 외적인 개입에 의해 중단 혹은 폐지"되었다고 울분을 토하는 것이다.

그런데 안정준은 이 글에서 북한의 고고 자료 발굴 결과도 인용했다.

또한 낙랑군·대방군에 대한 고고 자료의 발굴은 일제시기에 끝난 것이 아니었다. 일제시기에 발굴한 낙랑 지역 고분의 수는 70여 기에 불과한 반면, 해방 이후 북한에서 발굴한 낙랑 고분의 수는 (1990년대 중반까지) 무려 3천여 기에 달한다. 현재 우리가 아는 낙랑군 관련 유적의 대다수는 일제시기가 아닌 해방 이후에 발굴되었다 해도 과언이 아니며…….[216]

---

216 안정준, 위의 글 「오늘날의 낙랑군 연구」, p. 267.

북한의 연구 결과를 180도 뒤집어 호도한 것이다. 앞서 본 것처럼 북한의 리순진은 『평양 일대의 락랑무덤에 대한 연구』에서 평양 일대에서 한나라 낙랑'군' 무덤은 단 한 기도 발견하지 못한 반면, 최리의 낙랑 '국' 유적은 대거 발견했다고 서술했다. 한나라 무덤 형태가 아니라 고조선과 그 후예들의 고유한 무덤 형태라는 것이다. 이를 180도 반대로 속여서 제시하고 있는 것이다. 북한에서 발표한 이른바 '낙랑목간'으로 불리는 '초원 4년 호구부 묵독'도 마찬가지다. 평양 정백동 무덤에서 나온 이 부장품을 공개하면서 북한에서는 한사군이 지금의 요동반도에 있었다는 증거라고 발표했는데, 실물을 구경도 하지 못한 남한 강단사학계는 일제히 북한에서 낙랑군이 평양에 있었다는 증거라고 발표한 양호도하고 있다. 또한 이 묵독에서 사용한 '현별(縣別)'이라는 용어는 중국에서는 일체 사용하지 않던 용어이고, 메이지시대 일본에서 사용하던 용어라는 사실이 드러났음에도 불구하고 이런 내용은 모른 체하면서 북한에서 마치 이 묵독을 가지고 낙랑군이 평양에 있었다는 증거라고 발표한 것처럼 속이고 있다.

일제가 남북 분단에 가장 큰 책임이 있는 것처럼 남한의 강단사학도 분단에 기생해서만 그 기득권을 유지할 수 있는 분단사학임을 말해주는 것이다. 안정준이 거짓말까지 하면서 낙랑군을 평양 일대라고 우긴다면 그의 스승 격인 노태돈은 아무런 1차 사료적 근거를 제시하지 않고 조선현의 치소를 '대동강 남안의 토성동 지역'이라고 우기고 있다. 우기는 데서 한 걸음 더 나아가 거짓말까지 하는 것으로 퇴화한 것이 남한의 강단사학이다.

노태돈의 제자인 한국교원대학교 교수 송호정의 견해도 마찬가지다. 송호정은 그간 식민사학에서 기정사실로 만들었던 '한사군 한반도설'이 일체의 문헌 사료적 근거가 없다는 사실을 의식할 수밖에 없었던 것으로 보인다. 자신들이 학계를 100퍼센트 장악하고 있었던 과거와는 달리 이제 식민사학을 대체하는 축이 형성되고 있는 중이다. 그러니 과거와는 달리 '학문적 외형'을 일정 정도 갖추어야만 했다. 그래서 송호정은 "구체적으로 조선이라는 실체가 언제부터 역사상에 등장하였고, 그 위치는 어디인가 하는 점에 대해서는 문헌으로 접근하기에는 한계가 있다."[217]라고 한 발 물러섰다. 그러나 필자처럼 이들의 논리와 계보를 깊게 연구한 사람들은 이들이 어디로 도망갈지 잘 알고 있다. 문헌 사료적 근거가 없을 때 이들이 도망가는 곳은 '유물 자체는 말이 없는 고고학'이다. 재미있는 사실은 한때 이들의 교주였던 이병도가 고고학을 근거로 삼는 행태를 크게 비판했다는 점이다. 이병도는 1975년 5월 『서울평론』에서 이기백과 나눈 대담에서 이렇게 말했다.

> 또 한 가지 고대사 연구에서 주의할 일이 있어요. 선사시대는 고고 · 인류학이 주가 되겠지만, 역사시대의 역사는 원래 문헌을 주로 하는 것이고 고고학 · 인류학 · 언어학 등은 보조과학인데, 요즘은 역사시대에 있어서도 으레 고고학이 앞장서는 경향이 있는 듯해요. 고고학이 주체인지 문헌이 주체인지 모를 지경이야.
>
> 가령 주종 관계로 따진다면 사학은 문헌을 주로 하고 고고학 · 인류학 · 언어학은 종으로 해야 하는데, 이것이 거꾸로 되는 경향이 있어요. 고대의 유물이란 항시 굴러다니는 것이어서 꼭 그 유물이 어디에서 출토되었

---

217  송호정, 「고조선의 위치와 중심지 문제에 대한 고찰」 『한국 고대사 연구』 58, 한국고대사학회, 2010, p. 28.

다는 것만 가지고 그 사실이 역사를 지배하고 역사를 규정한다고 생각하는 것은 잘못이지. …… 역사는 역시 문헌을 중심으로 하고 다음에 고고학 · 인류학 · 언어학 등을 보조과학으로 해야 할 것이라고 거듭 말하여 둡니다.[218]

이병도가 고고학에 의존하는 학문 경향에 대해서 이런 비판을 한 것은 서울대학교 교수 김원룡이 풍납토성을 발굴해보니 백제가 서기전 1세기에 건국되었다는 『삼국사기』 초기 기록이 맞는다고 한때 주장했던 것 때문일 것이다. 김원룡은 이후 이병도와 그 제자들의 압력에 못 이겨 자신의 견해를 포기하고 강단사학의 일원으로 남는 길을 택했지만, 지금도 한강 유역이나 낙동강 유역에서는 서기전 1세기에 신라와 백제가 건국되었다는 『삼국사기』 초기 기록이 맞는다는 발굴 결과가 나오는 상황이다.

남한 강단사학계는 '한사군 한반도설' 자체가 일체의 문헌 사료적 근거가 없는 허구에 불과하다는 객관적 사실이 드러난 현실에 조응해야 했다. 그래서 '말하는 문헌 사료'를 버리고 '말이 없는 고고학'으로 일제히 도망가는 중이다. 최근 식민사학계는 북한에서 '평양에서 낙랑목간이 발굴되었다'고 발표하자 그간 북한의 연구 결과는 무조건 비판하던 태도를 일시에 바꿔 '평양이 낙랑군이라는 사실이 입증되었다'고 이구동성으로 환호하고 있다. 그러나 앞서 세키노 다다시가 북경 유리창가에서 한나라 및 낙랑 유물을 대거 구입해 조선총독부 박물관에 보냈다는 일기의 내용이나, 이른바 '낙랑목간'에서 쓰고 있는 '현별'이라는 용어가

---

218  여기서는 진단학회, 『역사가의 유향』, 일조각, 1991, pp. 230~231에서 재인용.

메이지시대 일본에서 쓰던 용어라는 새로운 연구 결과들에는 침묵하고 있다.

그런데 이병도는 마치 자신의 후학들이 이럴 것을 미리 안 것처럼 "고대의 유물이란 항시 굴러다니는 것이어서 꼭 그 유물이 어디에서 출토되었다는 것만 가지고 그 사실이 역사를 지배하고 역사를 규정한다고 생각하는 것은 잘못이지."라고 간파했다. 이병도는 문헌 사료에 밝은 민족사학자들이 여럿 등장해 자신과 총독부의 견해를 뒤집을 것을 예견하지 못하고 이런 말을 남긴 것이지만, 그의 말 자체는 옳다.

이제 남한의 식민사학계는 고고학에 기대야만 수명을 연장할 수 있는 것이다. 송호정도 고고학을 자신이 살아남을 수 있는 마지막 발판으로 삼고 있다. 그는 비파형 동검(고조선식 동검) 출토 지역인 현재의 요서 지역까지 고조선의 강역으로 보는 당연한 견해를 비판하면서 "이와 달리 현재의 중국 학계나 한국 학계의 대다수 연구자들은 요서 지역의 청동기 문화는 동호족(東胡族)이나 산융족(山戎族)이 남긴 문화로 보고 있다."[219]라고 말했다. 송호정이 말하는 '중국 학계'란 두말할 것도 없이 동북공정을 수행하는 중국인 학자군을 뜻한다. 송호정이 말하는 '한국 학계의 대다수 연구자들'이란 서영수나 노태돈, 송호정 자신 등을 뜻하는 것이니, 자신들이 대표하는 남한 고대사학계는 동북공정을 추종한다는 자기 고백에 다름 아니다.

중국 동북공정과 남한 식민사학은 고조선의 강역을 한반도 내로 축소하기 위해서 현재의 중국 요서 지역, 즉 요령성 서부 및 내몽골, 하북성 지역 등지에서 광범위하게 출토되는 비파형 동검이 고조선의 유물이 아

---

219  송호정, 앞의 글 「고조선의 위치와 중심지 문제에 대한 고찰」, p. 30.

니라 '산융', '동호' 등의 유물이라고 우기고 있는 중이다. 중국 학자들은 비록 팩트에는 어긋나지만 자국의 이익을 위해서 비파형 동검의 출토 지역을 산융, 동호의 강역이라고 주장하고 있는데, 서영수, 노태돈, 송호정 등은 어느 나라의 이익을 위해서 이에 동조하는 것일까? 송호정은 낙랑군의 위치에 대해서 이렇게 결론지었다.

> 요서·요동, 한반도의 평양 일대 가운데 고조선의 문화와 중국 한의 문화가 복합되어 나타나는 곳은 바로 평양 일대이다. 그렇다면 평양 부근에 고조선 왕검성이 있었고, 그 뒤에 낙랑군이 설치되었다고 보는 것이 합리적이다. 왕검성은 낙랑군 조선현의 위치가 평양 지역인 만큼 역시 평양 일대에 있었다고 보는 것이 순리이다. 평양 일대에 기원전 3세기 이래의 유적이 연속적으로 많이 존재하고 있음은 이를 뒷받침한다.[220]

앞에서 노태돈이 말한 것과 똑같이 "순리", "기원전 3세기 이래의 유적이 연속적으로 많이 존재" 등을 근거로 평양 일대를 고조선 왕검성이 있었고 낙랑군이 설치된 지역이라고 말하고 있다. 앞서 서영수·노태돈처럼 일체의 1차 사료적 근거를 제시하지 못하고 있는 것은 물론이다.

그런데 2017년의 고고학대회에서 영남대학교 교수 정인성은 고고학적 유적·유물로 볼 때 위만조선의 왕험성은 평양이 아니라고 발표했다. 비록 낙랑군은 평양이라는 전제를 달기는 했지만, '위만조선 왕험성 = 낙랑군 = 평양'이라는 등식이 고고학자에 의해서 무너진 것이다. 평양이 위만조선의 왕험성 자리가 아니라는 것은 민족사학계에서는 모두 동

---

220  송호정, 앞의 글 「고조선의 위치와 중심지 문제에 대한 고찰」, p. 53.

의하는 내용이자 동북공정을 추진하는 중국 학자들도 동의하는 내용임을 앞에서 이미 밝혔다.

## 4. 낙랑군 조선현을 평양으로 보게 된 과정

그럼 낙랑군 조선현은 언제, 어떤 근거로 평양 일대로 비정되었을까? 낙랑군 조선현을 현재의 평양으로 보는 시각은 고려 중·후기에 처음 등장했다. 그 인식의 시작은 고려 중기 이후의 유학자들이 단군조선, 기자조선, 위만조선을 계승 관계로 보면서 시작되었다. 『고려사』 「지리지」 〈북계〉조는 이런 인식을 보여주고 있다.

> (평양은) 본래 3조선의 옛 도읍이다. 당(唐) 요(堯) 무진년에 신인이 단목수 아래 내려오니 국인들이 임금으로 삼았는데, 평양에 도읍하고 호를 단군이라고 했으니, 이것이 전조선이다. 주나라 무왕이 상나라를 정벌하고 기자를 조선에 봉했는데, 이것이 후조선이다. 41대 준왕 때에 이르러 연나라 사람 위만이 있어서 망명자들 천여 명을 모아 와서 준왕의 땅을 탈취하고 왕험성[험(險)은 다른 본에는 검(儉)으로 되어 있는데, 곧 평양이다]에 도읍했으니, 이것이 위만조선이다.[221]

---

221 『고려사』 권58 「지리지」 3 〈북계〉. "本三朝鮮舊都. 唐堯戊辰歲, 神人降于檀木之下, 國人立爲君, 都平壤, 號檀君, 是爲前朝鮮. 周武王克商, 封箕子于朝鮮, 是爲後朝鮮. 逮四十一代孫準時, 有燕人衛滿, 亡命聚黨千餘人, 來奪準地, 都于王險城(險一作儉, 卽平壤), 是爲衛滿朝鮮."

『고려사』「지리지」에서 알 수 있는 것은 3조선, 즉 단군·기자·위만 조선의 수도를 시기 구분 없이 평양으로 고정시키고 있다는 점이다. 기자가 평양으로 왔다는 기자동래설이 이런 인식이 확대되는 데 중요한 역할을 했다. 그런데 중국 사료들에는 정작 기자가 조선으로 갔다는 말만 있지, '동쪽'이라는 방위가 등장하지 않는다. 『상서대전(尙書大傳)』은 "기자가 주나라에 의해 석방된 것을 참을 수가 없어서 조선으로 도주했다."[222]고 기록하고 있다. 『상서대전』은 전한(前漢)의 경학가인 복생(伏生)이 편찬했는데, 복생은 언제 태어났는지 분명하지 않지만 젊을 때 진(秦)나라 박사관을 역임했으니 한 고조 유방 때 생존했던 사람이다. 이 기록에는 "조선으로 도주했다."라고만 되어 있지 '동쪽'이라는 방위사가 없고, 조선이 어디 있는 나라인지에 대한 기록도 없다. 다만 기자가 생존했을 때 존재했던 조선이 '단군조선'이라는 사실은 명확하다. 『사기』「송미자세가」에도 "이에 무왕이 기자를 조선에 봉했지만 신하는 아니었다."[223]고 말하고 있다. 기자가 조선으로 갔다는 말을 듣고 주 무왕이 선언적 의미로 조선 왕으로 봉했지만 신하는 아니었다는 것이다. 『한서』「지리지」〈연지(燕地)〉조에도 "은나라의 도가 쇠하자 기자가 조선으로 갔다."[224]라고만 되어 있을 뿐, '동쪽'으로 갔다거나 '평양'으로 갔다는 기록은 없다.

기자가 평양과 관련해서 처음 등장하는 문헌은 『고려사』「예지」〈숙종 7년(1102) 10월〉조이다.

---

222 『상서대전』권2 「은전(殷傳)」. "箕子不忍爲周之釋, 走之朝鮮."
223 『사기』「송미자세가」. "於是武王乃封箕子於朝鮮而不臣也."
224 『한서』「지리지」〈연지〉. "殷道衰, 箕子去之朝鮮."

10월 임자 초하루에 예부에서 주청하기를 "우리나라가 교화되고 예의를 알게 된 것은 기자로부터 비롯되었습니다. 그러나 제사를 지내는 예전에 기자가 실려 있지 않으니 그 무덤을 찾고, 사당을 세워서 제사를 지내기를 바랍니다."라고 하자 그대로 따랐다.[225]

기자는 서기전 12세기경의 인물인데, 1102년까지도 고려에 기자의 무덤은 없었다는 이야기다. 기자 사후 2,300여 년 후에 느닷없이 평양에서 기자의 무덤을 찾기 시작한 것이다. 『고려사』「예지」에 따르면 고려에서 지금의 평양에 기자의 사당을 세우고 제사한 때는 이때보다도 200여 년 후인 충숙왕 12년(1325) 10월로서[226] 14세기 중엽이다. 그 사이에 평양에 기자의 무덤을 가짜로 조성해 놓았음을 알 수 있다. 고려·조선의 유학자들은 자신들이 만든 기자 무덤과 기자 사당을 근거로 기자가 와서 교화를 펼친 곳이 평양이라고 믿기 시작했고, 이런 사대주의가 일종의 이데올로기가 되었다. 『고려사』「악지」〈속악〉조는 지금의 평양을 뜻하는 '서경(西京)'에 대해 "서경은 고조선이니, 곧 기자가 봉함을 받은 지역이다."[227]라고 설명하고 있다. 또한 '대동강'이라는 곡에 대한 설명에서는 "주 무왕이 은나라 태사 기자를 조선에 봉해서 팔조법금을 펼치게 했다. …… 대동강을 황하에 비교했다."[228]라고 말하고 있다.

---

225 『고려사』「예지」〈숙종 7년〉. "十月壬子朔, 禮部奏, '我國教化禮義, 自箕子始, 而不載祀典. 乞求其墳塋, 立祠以祭.' 從之."
226 『고려사』「예지」〈충숙왕 12년〉. "忠肅王十二年十月, 令平壤府, 立箕子祠以祭."
227 『고려사』「악지」〈속악〉. "西京. 古朝鮮卽箕子所封之地."
228 『고려사』「악지」'대동강'. "周武王, 封殷太師箕子于朝鮮, 施八條之敎, 以興禮俗, 朝野無事. 人民懽悅, 以大同江, 比黃河."

그러나 이런 시각이 고려 후기까지도 일치된 것은 아니었다. 『고려사』 「지용수열전」에는 "본국은 요나라와 같은 시기에 건국되어서 주 무왕이 기자를 조선에 봉했는데, 하사받은 땅은 서쪽으로 요하까지 이르러 대대로 강역으로 지켜왔습니다."[229] 라는 말이 나온다. 지용수는 공민왕 때의 무장인데, 기자 수봉지를 요하까지 찾는 견해도 있었다는 뜻이다.

그러나 유학자들의 집권이 대세가 되면서 14세기 들어서 기자의 사당을 세우고, 서경·대동강 지역을 기자와 연결하는 이데올로기 조작 작업이 더욱 기승을 부렸던 것이다. 기자동래설은 이처럼 기자 사후 2,300여 년 후인 서기 12세기에 유학 이데올로기의 하나로서 처음 등장했다가 유학자들이 권력을 장악하기 시작한 14세기부터 확산된 것으로, 『고려사』의 기자 관련 기록들은 모두 후대에 유학 이데올로기 차원에서 만들어진 것이다.

반면 『사기』 「송미자세가」의 주석에는 "두예가 말하기를 '양국 몽현에 기자의 무덤이 있다'고 했다."[230] 는 구절이 있다. 두예는 3세기 중엽의 서진 학자이고, 양국 몽현은 현재의 하남성 상구 근처다. 기자가 속했던 은나라가 곧 상나라이니 상나라 언덕이란 뜻의 하남성 상구에 기자의 무덤이 있는 것이 훨씬 이치에 맞다. 북위의 역도원은 『수경주』 권23 〈변수〉조에 대한 주석에서 역시 두예의 말을 인용했는데, 보다 자세하다. 역도원은 "두예가 말하기를 '양국 몽현 북쪽에 박벌성이 있는데, 성안에 성탕의 무덤이 있고, 그 서쪽에 기자의 무덤이 있다.'"[231] 라고

---

229  『고려사』 권140 「지용수열전」. "本國與堯並立, 周武王封箕子于朝鮮, 而賜之履, 西至
     于遼河, 世守疆域."
230  『사기』 「송미자세가」 주석 『사기색은』. "杜預云, '梁國蒙縣有箕子冢.'"
231  『수경주』 권23 〈변수〉의 주석. "杜預曰, '梁國蒙縣北有薄伐城, 城中有成湯冢, 其西有箕子冢.'"

말하고 있다.

중국의 여러 지리지들은 지금의 북경 이남에 대해 설명할 때는 사실 관계가 크게 어긋나지 않는다. 다만 북경 동쪽 동이족의 지리에 대해 설명할 때면 크게 어긋나기 시작하는데, 역도원도 마찬가지다. 그의 패수에 대한 설명은 틀렸지만, 하남성에 있는 강에 대한 설명에서는 그렇지 않다. 『독사방여기요』 권46은 하남성에 대한 설명인데, 지금의 하남성 개봉시 부근에 있는 변수(汴水)를 변수(浿水)라고 보고 있다. 하남성 상구에 기자의 무덤이 있다는 두예의 설명과 하남성 개봉시의 변수가 흐르는 곳에 박벌성이 있다는 설명에는 일관성이 있다. 기자의 무덤은 하남성에 있었다. 평양에 기자의 무덤이 생긴 것은 14세기 이후의 일이다.

## 5. 중국 사료가 말하는 낙랑군 조선현의 위치

낙랑군 조선현의 위치를 찾기 위해서는 중국 고대 사서를 살펴봐야 한다. 중국 사서는 『사기』와 『한서』 등 낙랑군을 설치했다는 한나라 때 편찬된 역사서와 낙랑군·대방군이 존재했던 때의 역사서인 『후한서』, 『삼국지』, 『진서』 등이 중요하다. 또 중국의 역사지리지 등이 중요하다. 중국은 『대원일통지』, 『대명일통지(大明一統志)』, 『대청일통지(大淸一統志)』 등의 『일통지』를 비롯해 『독사방여기요』 등 많은 역사지리지 등을 편찬했는데, 이는 각 지역에 대한 체계적인 역사지리 지식을 담고 있다.

그런데 앞서 말한 것처럼 중국의 역사서들은 물론 각종 역사지리지들도 북경에서 서쪽 지역으로 가면 혼재된 역사지리 인식을 보이고 있다. 당나라 때 고구려를 멸망시킨 후 새로운 행정구역을 설치하지 않고 기존의 요동에 포함해버렸기 때문이다. 고구려 멸망 후 당나라가 고구려 지역을 차지한 것이 아니라, 발해를 비롯한 국가와 여러 동이족 민족들이 계속 살았는데, 중국에서 관념적으로 고구려 지역을 요동으로 확대하면서 여러 혼선이 생긴 것이다. 이 때문에 중국 고대 사료에 나오는 요동군을 현재의 요동으로 보고 위치나 거리 비정을 하면 뒤죽박죽이 되고 앞뒤가 맞지 않게 된다. 고대 요동은 현재의 북경 부근을 뜻했다.

『사기』는 따로 「지리지」를 만들지 않은 반면, 『한서』에는 「지리지」가 있다. 현재의 북경 부근인 유주 산하의 여덟 개 군 중에 낙랑군이 속해 있다. 유주 산하의 여덟 개 군은 대군(代郡), 상곡군(上谷郡), 어양군(漁陽郡), 우북평군(右北平郡), 요서군(遼西郡), 요동군(遼東郡), 현토군(玄菟郡), 낙랑군(樂浪郡)이다. 그런데 『한서』 「지리지」는 기자조선의 도읍지에 세웠다는 조선현은 낙랑군 소속으로, 위만조선의 도읍지에 세웠다는 험독현은 요동군 소속으로 분리해서 서술하고 있다. 낙랑군 조선현이고, 요동군 험독현이다. 그동안 이를 무시하고 '위만조선의 도읍지 왕험성(험독현) = 낙랑군 조선현'으로 자의적으로 연결하고는 그 위치를 '평양'이라고 견강부회했던 것이다. 『한서』 「지리지」는 낙랑군의 첫 번째 현으로 조선현을 실으면서 이렇게 설명하고 있다.

낙랑군, 한 무제 원봉 3년에 열었다. 왕망은 낙선군이라고 불렀는데, 유주에 속해 있다. 호수는 6만 2,812호이고, 인구는 40만 6,748명이다. 운장이 있고, 25개 속현이 있다. 조선현(주석: 응소는 "무왕이 기자를 조선에 봉했다."라고 말하다)……[232]

232 『한서』 「지리지」 〈낙랑군〉. "樂浪郡, 武帝元封三年開. 莽曰樂鮮. 屬幽州. 戶六萬

낙랑군 조선현에 '주 무왕이 기자를 봉한 곳'이라는 주석을 단 응소는 현재의 하남성 출신인데, 한나라 헌제(獻帝) 때 태산태수를 역임했고, 어릴 때부터 박학했으며, 『한서집해(漢書集解)』 등의 저서를 남겼다.[233] 그의 주석은 낙랑군이 존재했을 때의 인식이니 한나라 사람들의 역사지리 지식을 말해준다고 볼 수 있다. 한나라 때의 학자들은 낙랑군 조선현을 주 무왕이 기자를 봉한 곳으로 인식하고 있었다는 뜻이다. 기자는 서기전 12세기경의 인물로, 앞서 인용했듯이 『사기』「송미자세가」의 주석에는 "두예가 말하기를 '양국 몽현에 기자의 무덤이 있다'고 했다"[234]는 구절이 있는데, 기자 사화(史話)가 사실이라면 기자의 수봉지는 하남성에서 아주 먼 지역은 아니었을 것이다.

한나라 때 설치한 낙랑군은 왕망의 신(新)나라 때 낙선군으로 바뀌었다가 후한(後漢) 때 다시 낙랑군으로 환원되었고, 조조의 위나라 때는 공손씨 일가가 고대 요동 지역을 장악함에 따라 공손씨의 수중으로 들어갔다. 사마씨의 진(晉)나라는 삼국을 통일하고 낙랑군을 평주에 소속시켰는데, 평주 소속의 군들은 창려군, 요동군, 낙랑군, 현도군, 대방군 등 다섯이었다. 『진서』「지리지」〈평주 낙랑군〉조는 이렇게 설명하고 있다.

낙랑군(한나라에서 설치했다. 여섯 현을 관할하며 호수는 3,700이다): 조선현(주나라에서 기자를 봉한 지역이다), 둔유현, 혼미현, 수성현(진나라 때 쌓은

---

二千八百一十二, 口四十萬六千七百四十八. 有雲鄗, 縣二十五. 朝鮮, 應劭曰, '武王封箕子於朝鮮.'"

233　黃惠賢 主編, 『二十五史人名大辭典』, 中州古籍出版社, 上册, 1994, p. 94.
234　『사기』「송미자세가」주석 『사기색은』. "杜預云, '梁國蒙縣有箕子冢.'"

장성이 일어나는 지점이다), 누방현, 사망현.[235]

　진나라 수성현이 진나라 만리장성의 동쪽 끝이라는 말이다. 수성현의 위치를 찾으면 낙랑군의 위치와 만리장성의 동쪽 끝을 자연히 알 수 있다. 수(隋)나라는 통일 후 낙랑군 수성현을 기주(冀州) 상곡군에 통합시켰는데, 상곡군은 현재의 북경 일대에 있던 군이었다. 『수서』「지리지」〈상곡군〉조는 낙랑군의 위치에 대해서 많은 정보를 준다.

　　수성현: 옛날의 무수(武遂)인데, 후위(後魏)에서 남영주(南營州)를 설치하고, 영주에 준해서 5군 11현을 설치했다. 그중 용성(龍城)현, 광흥(廣興)현, 정황(定荒)현은 창려군(昌黎郡)에 속하게 했다. 석성(石城)현, 광도(廣都)현은 건덕군(建德郡)에 속하게 했다. 양평현, 신창(新昌)현은 요동군에 속하게 했다. 영락(永樂)현은 낙랑군에 속하게 했다. 부평(富平)현, 대방(帶方)현, 영안(永安)현은 영구군(營丘郡)에 속하게 했다. 후제(後齊)에서는 오직 창려 한 군만 남겨서 영락, 신창 두 현을 거느리게 하고 나머지는 다 생략시켰다. 수(隋) 개황(開皇) 원년(581)에 주(州)를 이전하고 3년에 군을 폐했다가 18년에 수성(遂城)으로 개칭했다. 용산(龍山)이 있다.[236]

---

235 『진서』「지리지」〈평주 낙랑군〉. "樂浪郡〔漢置. 統縣六, 戶三千七百〕: 朝鮮〔周封箕子地〕, 屯有, 渾彌, 遂城〔秦築長城之所起〕, 鏤方, 駟望."
236 『수서』「지리지」〈상곡군〉 '수성현'. "遂城, 舊曰武遂. 後魏置南營州, 准營州置五郡十一縣: 龍城, 廣興, 定荒屬昌黎郡: 石城, 廣都屬建德郡: 襄平, 新昌屬遼東郡: 永樂屬樂浪郡: 富平, 帶方, 永安屬營丘郡. 後齊唯留昌黎一郡, 領永樂, 新昌二縣, 餘並省. 開皇元年州移, 三年郡廢, 十八年改爲遂城. 有龍山."

수나라 때의 수성현 지역이 후위 때는 창려군, 건덕군, 요동군, 낙랑군, 영구군의 5군 11현을 설치했던 지역이라는 것이다. 그런데 『수서』는 수성현을 비롯해서 6개 현을 거느리고 있는 상곡군의 인구를 3만 8,700호라고 말하고 있다. 『한서』 「지리지」는 낙랑군에 대해서 "호수는 6만 2,812호이고, 인구는 40만 6,748명"[237]이라고 말했는데, 『수서』 「지리지」는 낙랑군을 포함해서 11개 현을 거느리고 있던 수성현과 6개 현의 호수를 모두 3만 8,700호[238]라고 하고 있으니 절반 가까이 축소된 것이다. 고구려가 그만큼 서쪽으로 고조선의 옛 강역을 회복했다는 뜻이다.

수성현은 지금의 창려현으로서 그 북쪽에 고대 한나라와 고조선의 국경이었다는 갈석산이 있고, 또 그 북쪽에는 장성 유적도 있다. 그런데 『북사(北史)』 「배구열전(裵矩列傳)」에는 배구가 "고(구)려는 본래 고죽국(孤竹國)으로서 주나라에서 기자를 봉한 지역입니다."[239]라고 말하는 대목이 나온다. 이 내용은 『구당서』 및 『신당서』 「배구열전」에도 모두 나오는데, 고죽국은 기자의 고국이었던 은(殷: 상)나라의 제후국으로서 백이(伯夷)·숙제(叔齊)의 고사로 유명하다. 고죽국의 수도 자리로 두 군데가 거론되는데, 하나는 하북성 노룡현으로서 창려시 북쪽에 있다. 또 하나는 『한서』 「지리지」 〈요서군〉조의 "고죽성(孤竹城)이 있다. 왕망은 영씨정(令氏亭)이라고 불렀다."[240]는 기록처럼 한나라 때 요서군 영지현 지역에 있는 것으로 비정한다. 모두 지금의 평양이 아니라 하북성 일대

---

237 『한서』 「지리지」 〈낙랑군〉. "樂浪郡, 武帝元封三年開. 莽曰樂鮮. 屬幽州. 戶六萬二千八百一十二, 口四十萬六千七百四十八."
238 『수서』 「지리지」 〈상곡군〉. "上谷郡開皇元年置易州, 統縣六, 戶三萬八千七百."
239 『북사』 「배구열전」. "矩因奏曰, '高麗地本孤竹國, 周代以之封箕子.'"
240 『한서』 「지리지」 〈요서군〉 '영지현'. "令支:有孤竹城. 莽曰令氏亭."

를 뜻한다.

중국 학계는 고조선·고구려의 강역과 직접 관련이 있는 지역이 아니면 역사 왜곡의 강도가 덜한 편이다. 시기에 따라 차이가 있기는 하지만, 고죽국의 서쪽 경계를 현재의 하북성 당산시(唐山市), 동쪽은 발해(渤海)라고 보고 있다. 당산시는 전국 때는 연나라 강역이었고, 진·한(秦漢)과 남북조 때는 우북평군과 요서군에 속해 있었는데 유주 관할이었다. 수나라 때는 현재의 당산시 동쪽이 북평군(北平郡)에 속해 있었다. 백이·숙제가 죽을 때까지 은거했던 곳으로 추정하는 곳이 현재의 하남성 낙양시(洛陽市)에서 동쪽으로 30킬로미터 정도 떨어진 언사(偃師)의 수양산(首陽山)이다. 기자가 마지막까지 거주했던 곳이 어디인지는 더 연구해보아야겠지만, 당나라가 고구려를 공격하기 전까지도 하북성 일대의 옛 고죽국 지역은 고구려의 강역이었다는 뜻이다.

당나라가 고구려를 멸망시키고 그 광대한 지역을 요동군으로 편입시키면서 역사지리가 크게 왜곡되기 시작한다. 이후에도 만주·내몽골 지역은 옛 고조선·고구려의 후예들이 살고 있었는데 지도상으로는 중국이 지배한 것으로 표기한 것이 이런 혼란을 더했다. 하북성 일대에 있던 지명들을 현재의 요동으로 옮겨 표기하면서 큰 혼란이 발생한 것이다.

현재 중국 학계는 금나라에서 설치한 함평부(咸平府)를 현재의 요령성 심양 북서쪽 철령시(鐵嶺市) 산하의 현급(縣級) 시인 개원(開原)으로 비정하면서, 원나라 때 개원로(開元路)를 다스린 곳으로 보고 있다. 『원사(元史)』는 요양등처행중서성(遼陽等處行中書省) 산하의 〈함평부〉조에 이 지역을 넣고 있는데, 그 설명을 보자.

함평부는 옛 조선 땅으로서 기자를 봉했던 지역인데, 한나라 때는 낙랑군에 속했다가 그 후 고구려가 그 땅을 침략했다. 당나라에서 고구려를 멸망시킨 후 안동도호를 설치하고 다스리게 했는데, 발해 대씨(大氏: 대조영과 그 후예)가 계속 거주했다. 요(遼)나라에서 발해를 평정했지만 그 땅은 험애(險隘)한 곳이 많아서 성을 건립해서 유민(流民)들을 거주하게 하고 함주(咸州) 안동군(安東軍)이라 불렀는데, 다스리는 현은 함평(咸平)이었다. 금나라에서 함평부로 승격시키고 평곽(平郭), 안동(安東), 신흥(新興), 경운(慶雲), 청안(淸安), 귀인(歸仁)의 여섯 현을 거느리게 했는데, 병란(兵亂)으로 다 폐지되었다. 원나라 초에 이로 인해서 개원로에 소속시켰다가 후에 다시 나누어서 요동선위사(遼東宣慰司)에 소속시켰다.[241]

『원사』는 현재의 요령성 심양시 부근의 함평부를 기자가 책봉되었던 곳으로 보고 있는 것이다. 평양보다는 사실에 가깝지만, 고대 요동의 위치와 당나라 이후의 요동의 위치를 혼동해서 생긴 인식이다. 청나라 고조우가 편찬한 『독사방여기요』는 원 제목이 『21사(史) 방여기요(方輿紀要)』로서 중국 역대 지리지를 종합적으로 연구한 역사지리서다. 다른 책들이 단편적인 역사지리 지식을 서술했다면 『독사방여기요』는 『사기』부터 『요사(遼史)』, 『금사(金史)』, 『원사』까지 21사의 지리지를 포괄해서 서

---

241 『원사』「지리지」'요양등처행중서성'〈함평부〉. "咸平府, 古朝鮮地, 箕子所封, 漢屬樂浪郡後高麗侵有其地. 唐滅高麗, 置安東都護以統之, 繼爲渤海大氏所據. 遼平渤海, 以其地多險隘, 建城以居流民, 號咸州安東軍, 領縣曰咸平. 金升咸平府, 領平郭·安東·新興·慶雲·淸安·歸仁六縣, 兵亂皆廢. 元初因之, 隸開元路, 後復割出, 隸遼東宣慰司."

술했다는 특징이 있다.[242] 고조우는 강희(康熙) 연간에 서건학(徐乾學)의 초청으로 『대청일통지』 편찬에 참가하기도 했는데, 순치(順治) 16년 (1659) 『독사방여기요』를 편찬하기 시작해서 강희 31년(1692)까지 36년에 걸쳐 130권짜리 역사지리서를 완성한 것이다. 한 지역에 대한 종합적인 역사지리서라고 볼 수 있다. 『독사방여기요』 17권 「북직」 8 〈영평부〉조에 낙랑군 조선현의 위치가 나온다. 『독사방여기요』에서 말하는 영평부는 현재의 하북성 노룡현 일대로서 갈석산이 있는 창려현 북쪽이다.

> 영평부는 동쪽으로 산해관(山海關)까지 180리이고, 남쪽으로 해안까지 160리이고, 서쪽으로 순천부(順天府) 계주(薊州)까지 3백 리이고, 북쪽으로 도림구(桃林口)까지 60리이고, 동북쪽으로 폐영주(廢營州)까지 690리이다. (영평)부에서 경사(京師: 북경)까지는 550리이고, 남경까지는 3,150리이다.[243]

그다음이 영평부에 대한 역사적 지명 변천 사례다.

---

242 중국 사서는 시대에 따라 정사의 범주가 달라졌는데, 송나라 때는 『사기』, 『한서』, 『후한서』, 『삼국지』, 『진서(晋書)』, 『송서』, 『남제서(南齊書)』, 『양서(梁書)』, 『진서(陳書)』, 『위서』, 『북제서(北齊書)』, 『주서(周書)』, 『수서(隋書)』, 『남사(南史)』, 『북사』, 『구당서』, 『신당서』의 17사를 정사로 꼽았다. 명나라 만력(萬曆) 연간에 국자감(國子監)에서 『송사』, 『요사』, 『금사』, 『원사』를 더 추가해 정사로 삼은 것이 21사다. 고염무는 『일지록 감본21사(監本二十一史)』에서 "송나라 때는 17사에 그쳤지만, 지금은 송·요·금·원나라의 네 역사를 합해서 21사가 되었다."라고 말했다.

243 『독사방여기요』 권17 「북직」 8 〈영평부〉. "府東至山海關一百八十裏, 南至海岸百六十裏, 西至順天府薊州三百裏, 北至桃林口六十裏, 東北至廢營州六百九十裏. 自府治至京師五百五十裏, 至南京三千一百五十裏."

옛날에는 기주 지역이었다. 우(虞: 순임금) 때는 나누어서 영주(營州) 땅으로 삼았다. 하(夏)나라 때는 이로 인해 기주 땅이었고, 상나라 때는 고죽국이었다. 주나라 때 유주에 속하게 했고, 춘추 때는 산융·비자 두 나라 땅이었다. 전국 때는 연나라에 속했다가 진(秦)나라 때는 우북평·요서 두 군 땅이었다. 한나라 때는 『한서』 「지리지」에 의하면 우북평군의 군치는 평강도(平岡道)인데, 지금 계주 북쪽 경계이고, 요서군의 군치는 차려현(且慮縣)인데, 지금 영평부의 동쪽 경계에 있었다. 후한에서도 역시 요서군 등의 땅이었고, 진(晉)나라 때도 요서군이었다.[244]

현재의 하북성 노룡현 지역이 과거에는 기주·영주·유주·우북평·요서 지역이었다는 뜻이다. 현재 중국 동북공정 및 이를 추종하는 남한 강단사학계에서 현재의 요하를 기준으로 요동과 요서를 나누면서 요양시 서쪽을 요서군으로 비정한 것이 사실과 다르다는 점을 알 수 있다. 앞서 『수서』 「지리지」 〈상곡군〉조에서 "양평현, 신창현은 요동군에 속하게 했다."는 구절이 있다고 설명했는데, 『독사방여기요』는 현재의 노룡현이 한때 신창현으로서 영평부에 속해 있었다고 말하고 있다.

신창성(新昌城)은 곧 지금 영평부를 다스리는 치소이다. 한나라에서 신창현을 설치하고 요동군에 소속시켰다. 후한에서도 그를 따랐고, 진(晉)나라는 요동국(遼東國)에 소속시켰는데, 지금 요동 해주위(海州衛) 지경

---

244  『독사방여기요』 권17 「북직」 8 〈영평부〉. "古冀州地. 有虞時分爲營州地. 夏仍爲冀州地, 商時爲孤竹國. 周屬幽州, 春秋時爲山戎·肥子二國地. 戰國屬燕, 秦爲右北平·遼西二郡地. 漢因之『漢誌』: 右北平郡治平岡道, 在今薊州北境. 遼西郡治且慮縣, 在今府東境. 後漢亦爲遼西等郡地, 晉爲遼西郡."

이었다.[245]

한, 후한, 진(晉)나라 때는 이 지역이 요동군이 되었다가 요동국이 되기도 했다는 뜻이다. 이 지역은 역사 상황에 따라서 요동, 요서, 우북평 등으로 분류되었음을 알 수 있다. 그런데 신창에 대한 설명을 계속 따라가다 보면 조선성이 등장한다.

후위(後魏)에서 잠시 이 지역을 북평군에 소속시켰고, 후제(後齊)에서는 군치로 삼았다. 수나라에서 노룡현으로 개칭했다. 또 조선성이 영평부 북쪽 40리에 있는데, 한나라 낙랑군의 속현이다. 지금은 조선 경내에 있다.[246]

여기에서 말하는 조선성에 대해서 "한나라 낙랑군의 속현"이라고 말하고 있으니 곧 낙랑군 조선현을 뜻하는 것이다. 한나라 낙랑군 조선현의 위치가 드러난 것이다. "지금은 조선 경내에 있다."는 말은 고조우도 낙랑군 조선현이 조선 경내에 있다는 고정관념을 가지고 있었다는 뜻이다. 그러나 고대 역사 사료를 보면 조선 경내가 아니라 영평부, 즉 현재의 하북성 노룡현에 있다고 기술하고 있으니 그 내용은 내용대로 서술한 것이다. 신창에 대한 설명을 계속 보자.

---

245 『독사방여기요』 권17 「북직」 8 〈영평부〉. "新昌城卽今府治. 漢置新昌縣, 屬遼東郡. 漢因之. 晉屬遼東國, 在今遼東海州衛境."
246 『독사방여기요』 권17 「북직」 8 〈영평부〉. "後魏僑置於此, 屬北平郡. 後齊爲郡治. 改曰盧龍縣. 又朝鮮城, 在府北四十裏, 漢樂浪郡屬縣也, 在今朝鮮境內."

북위의 탁발도 연화 초에 조선 백성을 비여로 옮기고 조선현을 설치하고, 북평군의 치소를 겸하게 했다. 고제(高齊) 때 군의 치소를 신창으로 옮기고 조선현을 병합시켰다.[247]

북위 태무제 탁발도의 연호인 연화는 432년부터 435년까지다.『위서』「지리지」〈평주 북평군〉조는 이 일이 연화 원년(432)에 있었다고 설명하고 있다. 이때 조선현에 살던 백성들을 비여로 옮기고 조선현을 설치했다는 것이다.

비여도 한국 고대사의 위치 비정에 대단히 중요한 지역이다.『한서』「지리지」에는 요서군에 속한 속현으로 기록되고 있다.『한서』「지리지」는 비여에 대해 "현수(玄水)가 동쪽으로 흘러서 유수(濡水)로 들어간다. 유수는 남쪽으로 흘러서 해양(海陽)으로 들어간다. 또 노수(盧水)가 있는데, 남쪽으로 흘러서 현수로 들어간다. 왕망은 비이(肥而)라고 했다."[248]고 기록하고 있다. 여기에서 말하는 해양이 어디일까?『한서』「지리지」에는 역시 요서군에 속한 14개 현 중의 하나로 해양현을 들고 있는데, "용선수(龍鮮水)가 동쪽으로 흘러서 봉대수(封大水)로 들어간다. 봉대수와 수허수(綏虛水)는 모두 남쪽으로 흘러서 바다로 들어간다. 염관(鹽官)이 있다."[249]라고 설명하고 있다. 해양현은 전한 때 해양후국(海陽侯國)을 설치하기도 했던 지역인데, 요서군에 속했다가 북제 때 비여

---

247 『독사방여기요』, 권17 「북직」 8 〈영평부〉. "後魏主燾延和初, 徙朝鮮民於肥如, 置朝鮮縣, 並置北平郡治此. 高齊移郡治新昌, 並朝鮮縣入焉."
248 『한서』「지리지」〈요서군〉 '비여현'. "肥如:玄水東入濡水. 濡水南入海陽. 又有盧水, 南入玄. 莽曰肥而."
249 『한서』「지리지」〈요서군〉 '해양현'. "海陽:龍鮮水東入封大水. 封大水·綏虛水皆南入海. 有鹽官."

현으로 통합되었다. 중국에서는 현재 하북성 난현(灤縣) 서남쪽으로 비정하고 있다.

『진서』「지리지」를 보면 진나라 때는 요서군에 양락, 비여, 해양의 3개 현이 있는데, 호수는 2,800으로 대폭 축소되어 있음을 알 수 있다.[250] 이 비여현에 대해 현재 중국에서는 지금의 하북성 노룡현 서북쪽 천안시(遷安市) 동쪽의 만군산(萬軍山) 일대로 비정한다. 지금의 사하(沙河)인 노수와 지금의 청룡하(青龍河)인 현수가 교차하는 지역이다. 노룡현에는 고죽국의 왕자였던 백이·숙제의 비석이 있는데, 만군산 일대도 옛날 고죽국 지역이었다는 인식이다.

『독사방여기요』의 〈영평부〉조는 요서군, 요동군, 낙랑군이 서로 지척이었음을 말해준다. 또한 『후한서』「군국지」 및 『진서』「지리지」도 이 군들이 서로 인접해 있었음을 말해준다. 지금의 하북성 노룡현이 옛 신창현으로서 한나라 때는 요동군에 속해 있었고, 이곳에서 북쪽으로 40리 떨어진 조선성은 한나라 때 낙랑군에 속해 있었다는 뜻이다. 이를 요동군과 낙랑군 사이의 최단거리를 설명한 것이라고 보면 10여 킬로미터가 채 안 되는 거리다.

현재의 노룡현, 즉 청나라 때의 영평부는 요동군 소속이었고, 그 북쪽 40리의 조선현은 낙랑군 소속이었다는 것이다. 『독사방여기요』〈영평부〉조는 산하의 영지성(令支城)에 대해서 영평부 동북쪽에 있다면서 "한나라 때는 영지현을 설치하고 요서군에 소속시켰다."[251]고 말하고 있다. 요

---

250 『진서』「지리지」〈유주 요서군〉. 여기에서는 선비족 모용씨와 부견 등이 이 지역을 차지 하면서 그 세가 크게 위축된 것으로 서술하고 있다.
251 『독사방여기요』 권17 「북직」 8 〈영평부〉. "令支城在府東北. 春秋時山戎屬國也. 『齊語』:桓公北伐山戎, 制令支, 斬孤竹. 『史記』:齊桓公曰, 我北伐山戎, 離支, 孤竹. 離

서군도 이 부근에 붙어 있었다는 뜻이다. 이 부근에 요서성(遼西城)이 있었다는 사실로도 이는 명확해진다.

> 요서성은 영평부 치소 동쪽에 있다. 두우(杜佑: 당나라 사람)는 "노룡현 동쪽에 요서고성(遼西故城)이 있는데, 한나라 요서군의 치소였다가 후에 폐지되었다."고 말했다. 상고해보니 한나라는 요서군을 설치하고 차려 (且慮)에 치소를 두었는데, 후한에서 양락으로 옮겨 다스리게 했고, 진 (晉)도 이를 따랐다. 이는 대개 후한 및 진에서 다스리던 군치였다.[252]

요서성은 노룡현 서쪽에 있었다. 한나라 때는 차려현에 치소를 두었다가 후한에서 양락현으로 옮겼고, 진나라에서도 이를 그대로 따랐다는 뜻이다.

고죽성에 대한 설명은 연·진(燕秦) 장성에 대해서 많은 정보를 준다.

> 고죽성은 영평부 서쪽 15리에 있다. 『세기[世紀: 제왕세기(帝王世紀)]』에 따르면 탕왕(湯王) 18년에 묵태씨(墨胎氏)를 고죽국에 봉했다고 한다. 그 후 9세 후손인 고죽군(孤竹君)에게 백이·숙제 두 아들이 있었는데, 나라를 양보하고 도망갔다. 『관자』에 제(齊) 환공(桓公)이 북쪽 고죽국을 정벌하는데 비이(卑耳) 계곡에 이르렀다고 했다. 『사기』에 제 환공이 북쪽 산융을 정벌하는 길에 고죽에 이르렀다고 했는데, 이를 말한다. 『한

---

支, 卽令支之訛也. 漢置令支縣, 屬遼西郡."

252 『독사방여기요』 권17 「북직」 8 〈영평부〉. "遼西城在府治東. 杜佑曰 : 盧龍縣東有遼西 故城, 漢郡治此, 後廢. 按漢置遼西郡, 治且慮. 後漢移治陽樂. 晉因之. 此蓋後漢及 晉所置郡也."

서』「지리지」주석에 영지현에 고죽성이 있다고 했다.『괄지지』에 고죽
고성(孤竹古城)은 노룡현 남쪽 20리에 있다고 했는데, 지금 옛 자취를
찾아 고증하기는 불가하다. 성은 혹 후대 사람들이 쌓은 것인데, 옛 이름
을 덮어씌운 것이라 한다.[253]

과연 한나라 때도 이 지역을 고죽국으로 보았는지는 의문이지만, 이
지역에 설치한 낙랑군 조선현을 기자를 봉한 곳이라고 보았던 근거를
말해주는 것으로 볼 수 있다. 고죽성을 기자와 연결해 해석한 것이다.
그런데『독사방여기요』의 〈영평부〉조에는 만리장성에 대한 설명도 있다.

장성이 영평부 북쪽 70리에 있다. 유소(劉昭)는 비여현에 장성이 있는데,
혹 연 · 진에서 쌓았다는 장성이 즉 이 지역이라고 말했다. 곽조경(郭造
卿)이 말하기를 옛 장성은 우북평, 요서, 요동의 여러 새외에 있는데, 만
약 이 부근에 해당하지 않는다면 이 장성은 국초(國初)의 옛 터와 비슷
한 것으로,『일통지』가 진 장성으로 잘못 본 것이다.[254]

『독사방여기요』는 영평부 북쪽 70리에 있는 장성에 대해 두 가지 설

---

253 『독사방여기요』권17 「북직」 8 〈영평부〉. "孤竹城府西十五裏. 『世紀』:湯十有八祀, 封
墨胎氏孤竹國. 後九葉孤竹君二子:伯夷, 叔齊, 以讓國逃去. 『管子』:齊桓公北征孤
竹, 至卑耳之溪. 『史記』:齊桓公北伐山戎, 至於孤竹. 是也. 『漢誌』註令支縣有孤竹
城. 『括地誌』:孤竹古城在盧龍城南十二裏, 今故跡已不可考. 城或後人所築, 而冠
以古名雲."

254 『독사방여기요』권17 「북직」 8 〈영평부〉. "長城, 在府北七十裏. 劉昭曰:肥如縣有長城.
或以爲燕 · 秦所築之長城, 卽此地也. 造卿曰:古長城在右北平 · 遼西 · 遼東諸塞外,
不應若此之近. 此長城似國初故址, 『一統誌』誤以爲秦長城也."

을 제시했다. 하나는 이것이 연·진 장성이라는 『후한서』「지리지」의 저자 유소의 설이다. 다른 하나는 명나라 초의 옛 터를 연·진 장성으로 잘못 본 것이라는 곽조경의 설이다. 유소는 『후한서』에 주석을 단 인물로 남조 양(梁: 502~557)나라 때 학자이니 6세기경의 인물이고, 곽조경은 명나라 가정(嘉靖) 14년(1535) 진사에 급제해 형부주사(刑部主事)를 역임한 곽만정(郭萬程)의 아들이니 16세기 후의 인물이다. 앞 시대 인물의 지리 지식이 반드시 옳다고 볼 수는 없지만, 다른 근거를 제시하지 않는다면 16세기경의 인물보다 6세기경 인물의 설명이 더 설득력이 있는 것은 물론이다.

『태강지리지』의 "낙랑군 수성현에는 갈석산이 있는데, 만리장성이 시작하는 기점이다."[255]라는 내용을 모두 만족시킬 수 있는 지역은 하북성 창려·노룡현 일대이지 평양이 아니다. 『독사방여기요』의 영평부에 대한 설명을 따라가면 한나라 낙랑군, 요동군, 요서군의 위치를 대략 비정할 수 있다. 현재의 하북성 노룡현인 영평부는 옛 신창으로 요동군 소속이고, 그 북쪽 40리에 낙랑군 조선현이 있었으며, 노룡현 서쪽에 요서군의 치소가 있었다.[256]

한나라는 한반도 서북부의 평양에 있었다는 왕험성을 무너뜨린 것이 아니었다. 왕험성은 평양 일대에 있지 않았다. 그 당시 한나라 사람들에게는 한반도에 대한 지리 지식 자체가 없었다. 한나라는 고조선 서쪽에

---

255  『사기』「하본기」주석 『사기색은』. "『太康地理志』云 '樂浪遂城縣有碣石山, 長城所起.'"
256  『독사방여기요』는 현도군은 현재의 심양 서쪽 요양시에 있었던 것으로 설명하고 있다. 현재 식민사학이 비정하는 강원도 북부나 압록강 중류설보다는 진향석이지만, 고조우 시대 때는 요하의 위치 비정에 대한 세밀한 검토가 이루어지지 못했기 때문으로 생각된다. 현도군도 낙랑군 근처에 있었을 것이다.

있던 위만조선을 무너뜨리고 그 일대에 낙랑·현도·임둔·진번군을 설치했지만, 상징적 승리일 뿐 영토 확장의 의미는 크지 않았다. 임둔·진번군을 곧 철폐한 것으로도 이는 명확해진다. 또한 한나라 요동군, 요서군, 낙랑군은 거의 비슷한 지역에 몰려 있었다. 앞으로 한국 고대사 및 중국 고대사에 대한 역사지리 연구가 뒤따르면 이는 더욱 명확해질 것이다.


## 5. 나가는 글

낙랑군 조선현은 현재의 하북성 노룡현 일대에 있었다. 옛 위만조선의 수도인 왕험성에 세운 것이 낙랑군 조선현이며 그 위치는 현재의 대동강 남쪽의 토성동이라는 조선총독부의 주장은 중국의 고대 사료와 전혀 맞지 않는 일방적 주장에 불과하다. 아마도 북위의 역도원이 장수왕이 천도한 평양을 위만조선의 왕험성으로 잘못 인식하면서 오류가 생긴 것으로 보이는데, 여기에 당나라가 고구려를 멸망시키고 그 지역에 새로운 행정구역을 설치하는 대신 관념적으로 요동으로 편입시키는 바람에 요동에 대한 역사지리 지식이 더 크게 왜곡되었다. 고려 중기 이후 사대주의 유학자들이 아무런 사료적 근거도 없이 기자가 평양으로 왔다는 믿음 아래 기자동래설을 신봉해 평양을 기자가 다스렸던 지역으로 둔갑시킨 것이 낙랑군 조선현의 위치를 평양으로 오인하게 하는 데 큰 구실을 했다. 기존의 견해들은 '기자조선 = 위만조선'이라는 고정관념 속에서 평양과 대동강 유역을 기자와 위만의 도읍지로 인식했지만, 『한서』「지리지」는 기자조선의 도읍지에 세운 것이 낙랑군 조선현이고, 위만조선의 도읍지에 세운 것이 요동군 험독현이라고 분리해서 기술하고 있다. 『독사방여기요』는 낙랑군 조선현을 현재의 하북성 노룡현인 영평부 일대라고 서술하고 있고, 그 북쪽에 장성이 있다고 서술하고 있는데, 이것은 낙랑군 조선현의 위치뿐만 아니라 이른바 연·진 장성의 소재까지 말해주는 중요한 구절이다. 앞으로 이 부분에 대해서는 보다 체계적이고 자세한 연구가 뒤따라야 할 것이다.

# IV. 동북공정과 낙랑군의 위치

– 중국의 『석문회편 동북권』을 중심으로

## 1. 들어가는 글

동북공정이란 '동북변강역사여 현상계열 연구공정(東北邊疆歷史與現狀系列研究工程)'의 줄임말로서, 우리말로는 '중국 동북 변경 지역의 역사와 현상에 관한 연구 계획'이다.[257] 중국사회과학원 중국변강사지연구중심(中國邊疆史地研究中心)이 주관해서 2002년 2월 28일부터 2007년까지 수행한 대규모 역사 연구 프로젝트다. 그러나 그 준비 작업은 훨씬 오래되었다. 중국변강사지연구중심은 1983년에 설치되었고, 1997년 '당대 중국 변강계열 조사 연구(當代中國邊疆系列調查研究)'의 제3기 연구

---

[257] 중국 동북공정의 자세한 사항에 대해서는 윤휘탁, 「포스트(post) 동북공정: 중국 동북 변강 전략의 새로운 패러다임」 『역사학보』 197, 2009; 이개석, 「현대 중국 역사학 연구의 추이와 동북공정의 역사학」 『중국의 동북공정과 중화주의』, 고구려연구재단, 2005; 이희옥, 「중국의 '동북공정' 추진 현황과 참여 기관 실태」 『중국의 동북공정과 중화주의』, 고구려연구재단, 2005 등을 참조할 것.

과제로 '한반도 정세 발전과 연변 지구의 안정에 관한 조사 연구'가 진행되면서 동북공정의 의도가 명확히 드러나기 시작했다. 이 연구는 동북공정의 목적이 무엇인지를 단적으로 말해주는 것이다. 곧 한반도의 유동적인 정치 상황을 중국의 국익에 따라 이용하기 위한 것이자 한국과의 빈번한 접촉으로 그 정체성이 흔들리고 있는 연변 지역의 한인 교포(조선족)들에게 중국인의 정체성을 갖게 하기 위한 것이었다. 중국변강사지연구중심은 중국공산당의 지시에 따라 1997년 동북사범대학과 '중국변강지구역사여 사회연구 동북공작참(中國邊疆地區歷史與社會硏究東北工作站)'을 조직했다. 그 후 2000년 12월 중국공산당 중앙에서 동북 지역에 대한 역사 연구의 필요성을 지시하면서 요령성, 흑룡강성, 길림성의 3개 성과 함께 2002년 2월 28일에 연구를 공식적으로 시작했다. 2007년에 공식적인 연구 프로젝트는 끝났지만 길림성사회과학원 역사연구소에서 『동북사지(東北史地)』를 계속 발간하고 있으며, 지금은 고구려사 및 발해사를 중국사에 포함하는 보다 구체적인 작업에 들어갔다. 고구려나 발해 등 만주 지역의 역사뿐만 아니라 최근에는 『백제사』를 발간한 데서 알 수 있는 것처럼 한국사 전체를 중국사로 편입하는 작업을 진행 중이다.

그런데 동북공정 전에 이미 하상주단대공정(夏商周斷代工程: 1996~2000)이 있었고, 동북공정에 이어 중화문명탐원공정(中華文明探源工程: 2004~2015)과 중국의 25사에 주석을 새롭게 다는 국사수정공정(國史修訂工程: 2010~2013)을 진행했다. 지금은 이런 연구 성과를 전 세계에 전파하는 중화문명전파공정(中華文明傳播工程: 2016~ )을 진행하고 있다.[258]

---

258  중국 동북공정 및 각종 공정에 대해서는 우실하 교수가 집중 분석했다. 우실하 교수의

대한민국 정부는 이에 대응하기 위해 2004년 3월 고구려연구재단을 발족했고, 2006년 9월에는 이를 동북아역사재단으로 확대했다. 동북아역사재단으로 확대한 것은 중국의 패권주의 역사관인 동북공정뿐만 아니라 일본 극우파의 역사 침략에도 대응하라는 뜻이었다. 그러나 동북아역사재단은 그간 동북공정에 대응하는 이론을 개발하기는커녕 오히려 동북공정과 일본 극우파의 역사 침략에 동조하는 것 아니냐는 비판을 지속적으로 받아왔고, 국회의 동북아역사왜곡대책특별위원회 소속 의원들로부터 설립 목적과 어긋난다는 질책을 거듭 받았다. 2015년에는 동북아역사재단이 47억여 원의 국고를 들여 만든 『동북아 역사 지도』가 발표되어 큰 물의를 일으켰다. 한사군을 모두 한반도 북부에 표기해 북한 강역을 중국에 넘겨주고, 일제 식민사학의 '『삼국사기』 초기 기록 불신론'에 따라서 한반도 남부에는 4세기에도 신라, 백제, 가야를 그리지 않은 반면, 같은 시기 야마토왜는 제국을 형성한 것으로 그려 놓았다. 그리고 수많은 비판에도 불구하고 끝내 독도를 누락시켜 국민들에게 큰 충격을 주었다. 『동북아 역사 지도』 사태는 남한 강단사학의 실수나 일탈이 아니라 그들의 본질이 드러난 사건일 뿐이다.

앞서 동북공정 진행 과정을 잠시 설명했지만, 사실 동북공정의 뿌리는 국공내전에서 중국공산당이 성공한 직후부터 시작되었다고 해도 과언이 아니다. 1954년 모택동의 지시로 역사지도집을 만드는 작업이 시작되었기 때문이다. 이 작업을 주도한 인물이 바로 현재 동북공정의 이

---

저서로는 『고조선 문명의 기원과 요하 문명』(지식산업사, 2018), 『동북공정 너머 요하 문명론』(소나무, 2007) 등이 있으며, 최근에는 신용하, 임재해, 윤명철, 백종오 등과 함께 『고조선 문명 총서 세트』(전 6권, 지식산업사, 2018)를 출간했다.

론적 틀을 만든 역사지리학자 담기양이었다. 이 작업은 중국이 문화대혁명의 혼란에 빠지면서 잠시 지체되기도 했지만, 문화대혁명이 한창 진행되던 1969년 담기양이 다시 이를 추진할 정도로 중시되었다. 이렇게 진행된 역사지리지도집인『중국 역사 지도집』의 초고가 완성된 것은 1973년이었다. 1975년에 내부간행물로 간행되어 토론을 거친 후 1982년 지도출판사에서 담기양 주편의『중국 역사 지도집』을 공식 간행했다.[259]

동북공정의 핵심 논리는 만주는 물론 지금의 북한 강역까지 중국사의 역사 강역이었다는 것인데, 그 핵심이 한사군이다. 전한 때 북한 지역에 한사군이 설치되어서 위진(魏晉)시대까지 이어졌다는 것인데,『중국 역사 지도집』에 실린 내용과 같은 논리다. 그런데 담기양 주편의『석문회편 동북권』이 1987년 완성되어 1988년 간행되는데, 이는『중국 역사 지도집』에 대한 문헌 설명서다.『중국 역사 지도집』이 도엽(지도)으로 북한 강역까지 중국사의 강역으로 설정했다면,『석문회편 동북권』은 그 논리를 글로 설명하는 책이다.

한국에서는 극히 일부에서 이에 대한 연구[260]를 진행했지만, 중국의 역사 침략을 강하게 비판하면서 그 대책을 제시하기보다는 현황 설명에 그친 정도다. 남한의 강단사학계는 북한 지역까지 자국사의 영토였다는 동북공정의 논리와 그 극복 논리 연구를 거의 진행하지 않는다고 해도 과언이 아니다. 동북아역사재단이 미국 하버드대학 측에 자금을 제공해

---

259  홍성화,「『중국 역사 지도집』의 편찬 과정과 강역 인식」『백산학보(白山學報)』100호, 2014.

260  공석구,「『중국 역사 지도집』의 평양 지역까지 연결된 진 장성 고찰」『선사와 고대』43호, 2015.

서 진행한 한국 고대사 프로젝트와 『동북아 역사 지도』 사태에서 보듯이 오히려 중국 측의 논리를 대한민국 세금으로 지원하는 듯한 행태까지 보여왔다. 이 글은 북한 강역이 중국사의 강역이라는 동북공정의 핵심 논리의 근거를 살펴보고 우리 측의 대응 논리를 생각해보기 위한 것이다.


## 2. 요동군 험독현과 낙랑군 조선현의 모순

『중국 역사 지도집』에 대한 문헌 설명서인 『석문회편 동북권』은 양한(兩漢), 즉 서한(西漢: 전한)과 동한(東漢: 후한) 시기부터 청나라 시기까지 만주 지역과 북한 지역에 대한 설명을 담고 있다. 이 책의 머리말에는 『중국 역사 지도집』을 만드는 데 참고한 서적이나 사람들이 나오는데, 일본인 학자들의 이름이 다수 등장하는 것이 눈에 띈다. 즉 나이토 코난(內藤虎次郎: 1866~1934), 도리이 류조(鳥居龍藏: 1870~1953), 시라토리 구라기치(白鳥庫吉: 1865~1942), 마쓰이 등이 편찬한 『만주 역사지리(滿洲歷史地理)』가 주요 논리로 등장하고 있다.[261] 『만주 역사지리』는 만주 침략의 선봉인 만철에서 작성한 것인데, 이 논리를 지금 동북공정에 이용하고 있는 것이다. 또한 이케우치 히로시(池內宏: 1878~1952), 야나이 와타리(箭內亘), 쓰다 소키치, 와다 세이(和田淸: 1890~1963) 등의 저작들[262]도 인용하고 있는데, 대부분 조선총독부나 만철에 소속되어

---

261  譚其驤, 앞의 책 『中國歷史地圖集』, 『釋文滙編東北卷』, pp. 3~4.
262  위와 같음.

만주 및 한반도의 역사지리를 왜곡한 식민사학자들이다. 대한민국이 해방 후 일제 식민사학을 극복하지 못한 후과가 현재까지 이어지고 있는 셈이다.

여기에서는 한사군 중 낙랑군의 위치 비정에 주제를 한정해서 이 책의 제1장 「양한·위진 시기」만 분석 대상으로 삼으려 한다. 제1장 「양한·위진 시기」는 제1절 '요서군', 제2절 '요동군', 제3절 '현도군', 제5절 '낙랑군과 대방군'의 순서로 되어 있는데, 주로 〈낙랑군〉조를 분석하면서 〈요동군 험독현〉조를 추가할 것이다.

먼저 이 책의 제1장 제5절 〈낙랑군〉조는 조선현에 대해서 지금의 조선 평양시에서 서남쪽으로 1리 남짓 떨어진 토성동으로 비정[263]하고 있다. 이 책은 "양한, 위진은 모두 조선현에서 다스렸다."면서 "조선현은 기자 및 위만조선의 도읍지인 왕험성인데, 왕험성과 조선현은 같은 지역에 있었다."[264]고 설명하고 있다. 평양시 남쪽의 토성동이 기자 및 위만조선의 도읍지인 왕험성이라는 것이다. 그런데 이런 주장은 자체 모순을 안고 있다. 『한서』「지리지」에서는 요동군 험독현을 위만조선의 도읍이라고 달리 설명하고 있기 때문이다.

> 요동군 험독현: 응소가 "조선 왕 위만의 도읍이다. 물이 험한 데 의지했으므로 험독이라고 불렀다."고 했다. 신찬은 "왕험성은 낙랑군 패수 동쪽에 있다. 이로부터 험독이라고 했다."고 했다. 안사고는 "신찬의 설이 옳

---

263  譚其驤, 앞의 책 『中國歷史地圖集』, 『釋文滙編東北卷』, p. 34.

264  위와 같음. "朝鮮縣乃箕子及衛滿朝鮮所都之王險城. 王險城與朝鮮縣同在一地."

다."고 했다.[265]

『한서』「지리지」주석은 요동군 험독현을 위만의 도읍지라고 설명하고 있다. 앞서 본 것처럼 『석문회편 동북권』〈낙랑군〉조는 평양시 대동강 남쪽의 토성동을 위만의 도읍지라고 설명했다. 그런데 같은 책의 제2절〈요동군 험독현〉조에서는 이와 다른 설명을 하고 있다.

> 험독은 후한 때 요동속국에 속하게 되었다. 또한 요동속국에 소속된 각 현은 모두 요하 서쪽에 있었는데, 험독 한 현만 조선 반도에 있는 것은 불가능하다. 험독과 왕험성은 두 지방에 있었던 것이 분명하다.[266]

『석문회편 동북권』의 제2절〈요동군〉조와 제5절〈낙랑군〉조는 서로 다른 설명을 하고 있는 것이다. 즉〈낙랑군〉조에서는 기자 및 위만조선의 도읍지인 왕험성을 지금의 평양시 남쪽의 토성동이라고 설명하고는〈요동군〉조에서는 위만조선의 도읍지에 세웠던 험독현만 한반도 내, 즉 평양에 있는 것은 불가능하다고 설명하고 있다. 이는 역사 왜곡이 얼마나 어려운 것인가를 말해주는 사례이기도 하다.

앞서 본 것처럼 『한서』「지리지」〈요동군〉조는 험독현을 위만조선의

---

265 『한서』「지리지」〈요동군〉'험독현'의 주석. "遼東郡, 險瀆縣:應劭曰, '朝鮮王滿都也. 依水險, 故曰險瀆.' 臣瓚曰, '王險城在樂浪郡浿水之東, 此自是險瀆也.' 師古曰, '瓚說是也.'"
266 譚其驤, 앞의 책 『中國歷史地圖集』, 『釋文滙編東北卷』, p. 11. "險瀆後漢改屬遼東屬國, 而遼東屬國所隷各縣, 都在遼河以西, 不可能單有險瀆一縣朝鮮半島, 險瀆與王險城, 顯然是兩個地方."

도읍이라고 설명하고 있는데, 같은 책의 〈낙랑군〉조는 조선현을 기자조
선의 수도였다고 달리 설명하고 있다. 『한서』「지리지」〈낙랑군〉조를
보자.

> 낙랑군, 한 무제 원봉 3년에 열었다. 왕망은 낙선군이라고 불렀는데, 유
> 주에 속해 있다. 호수는 6만 2,812호이고, 인구는 40만 6,748명이다. 운
> 장이 있고, 25개 속현이 있다. 조선현(주석: 응소는 "무왕이 기자를 조선에
> 봉했다."라고 말했다)……[267]

『한서』「지리지」는 위만조선의 왕험성 자리에 세운 험독현은 요동군
으로 분류하고, 기자조선의 도읍지 자리에 세운 조선현은 낙랑군으로
달리 분류하고 있다. 이 때문에 『중국 역사 지도집』의 『석문회편 동북
권』도 서로 엇갈리는 설명을 할 수밖에 없었던 것이다. 『석문회편 동북
권』은 험독현은 『한서』「지리지」의 내용을 따라서 요동군 소속으로 분류
하고, "험독 한 현만 조선 반도에 있는 것은 불가능하다."고 말했다. 요
동군 험독현이 한반도 북부에 있는 것은 불가능하다는 사실을 인정한
것이다. 그래서 『석문회편 동북권』은 요동군 험독현의 위치를 요령성 태
안현 동남쪽 20리의 손성자 지역으로 비정하는데,[268] 지금의 요령성 안
산시 산하의 태안현 자리이다. 물론 담기양을 비롯해서 『석문회편 동북
권』의 편찬자들은 이런 모순을 알고 있었을 것이다. 그래서 나름대로 해

---

267 『한서』「지리지」〈낙랑군〉. "樂浪郡, 武帝元封三年開. 莽曰樂鮮. 屬幽州. 戶六萬
二千八百一十二, 口四十萬六千七百四十八. 有雲鄣, 縣二十五. 朝鮮, 應劭曰, '武王
封箕子於朝鮮.'"
268 譚其驤, 앞의 책 『中國歷史地圖集』, 『釋文滙編東北卷』, p. 11.

결책으로 제시한 것이 "험독과 왕험성은 두 지방에 있었던 것이 분명하다."는 것이다. 하나는 요령성 태안현이고, 다른 하나는 평양에 있다는 주장인 듯하다. 역사를 왜곡하려고 마음먹으면 결론을 내려놓고 꿰어 맞추게 되는데, 이것도 마찬가지다. 그래서『석문회편 동북권』의 낙랑군 조선현에 대한 설명은 장황하다.

> 조선현은 기자 및 위만조선의 도읍지인 왕험성인데, 왕험성과 조선현은 같은 지역에 있었다. 왕험성의 위치는 패수(浿水: 지금의 대동강. 괄호는 원저자) 왼쪽 기슭이거나 그렇지 않으면 패수의 오른쪽 기슭인데, 지금까지 정론(定論)이 없다. 일설에는 패수 우측 기슭이 지금의 대동강 북안(北岸)이라고 주장한다.[269]

『석문회편 동북권』은 위만조선과 한나라의 국경 역할을 했던 패수를 지금의 대동강으로 비정하면서도 조선현이 그 왼쪽 기슭에 있었는지, 오른쪽에 있었는지, 심지어 북쪽 기슭에 있었는지도 특정하지 못하고 있다. 이는『사기』나『한서』에서 위만이 동쪽으로 패수를 건넜다고 말한 내용을 모른 체하고 조선총독부에서 만든 식민사관을 따르려니 발생한 혼란이다.

이 책은 식민사학자들처럼『수경주』의 저자인 역도원과 청 말의 양수경(楊守敬: 1839~1915)에게 기대고 있다. 정작『수경』원문은 "패수는 낙랑 누방현에서 나와서 동남쪽으로 임패현(臨浿縣)을 지나서 동쪽 바

---

269  譚其驤, 앞의 책『中國歷史地圖集』,『釋文滙編東北卷』, p. 34.

다로 들어간다."[270]는 것이다. 『수경』 원문에 따르면 동쪽 바다로 흐르는 패수는 한반도 내의 강일 수 없다. 그런데 북위의 역도원은 고구려 장수왕이 재위 15년(427) 평양으로 천도한 후 100여 년 이후의 인물로서 고구려 도읍 변천사에 밝지 못했다. 그래서 역도원은 패수가 동쪽 바다로 들어간다는 『수경』 원문에 의문을 품었다. 장수왕이 천도한 평양에 대해서 종래는 지금의 평양이라고 생각하다가 현재는 요령성 요양이라는 설도 등장하고 있는데, 평양과 요양을 끼고 흐르는 대동강과 요하는 모두 서쪽으로 흘러 바다로 들어간다.

역도원은 『수경주』에서 "옛날에 연나라 사람 위만이 패수 서쪽에서 조선에 도착했는데, 조선은 옛 기자국(箕子國)이다. …… 만약 패수가 동쪽으로 흐른다면 패수를 건널 이치가 없었을 것이다."[271]라고 말했다. 평양은 대동강 북쪽에 있고 요양은 요하 서쪽에 있으니 패수가 동쪽으로 흐르는 강이라면 건널 이유가 없었을 것이라는 논리다.

그래서 그는 북위를 방문한 고구려 사신에게 이 강에 대해서 물었는데, 패수가 위만조선과 한나라의 국경 역할을 했던 때로부터 약 600여 년 후의 일이다. 고구려 사신은 "(평양)성은 패수의 북쪽에 있다."[272]고 답변했다. 그래서 역도원은 "패수가 동쪽 바다로 흐른다."는 『수경』 원문이 틀렸을 것이다."[273]라고 설명했는데, 이것이 패수를 한반도 내의 강

---

270 『수경주』 권14 〈패수〉에 대한 원문 기록. "浿水出樂浪鏤方縣, 東南過臨浿縣, 東入于海."

271 『수경주』 권14 〈패수〉에 대한 역도원의 주석. "昔燕人衛滿自浿水西至朝鮮. 朝鮮, 故箕子國也 …… 若浿水東流, 無渡浿之理."

272 『수경주』 권14 〈패수〉에 대한 역도원의 주석. "言城在浿水之陽."

273 『수경주』 권14 〈패수〉에 대한 역도원의 주석. "蓋經誤證也."

으로 비정하는 데 큰 영향력을 끼쳤다.

『석문회편 동북권』은 "역도원의 이런 주석의 영향 아래 『괄지지』, 『통전(通典)』도 모두 왕검성을 패수의 우측 기슭이라고 긍정했다."[274]고 설명하고 있다. 당나라 이태가 편찬한 『괄지지』와 당나라 두우(735~812)가 편찬한 『통전』이 모두 역도원의 설을 따랐다는 뜻이다. 여기에서 대동강 오른쪽 기슭이란 말은 대동강 북쪽의 평양성을 뜻한다. 『석문회편 동북권』은 시라토리 구라기치, 야나이 와타리 같은 일본인 학자들도 『만주 역사지리』에서 대동강 북쪽의 평양성을 옛날의 왕험성에 비의했다고 서술하고 있는데, 모두 만철 소속의 식민사학자들이다. 『석문회편 동북권』은 왕험성이 패수의 왼쪽 기슭에 있었다는 설에 대해 언급한 후 "일찍이 제3의 설이 있었는데, 일본인 이마니시 류가 주창한 것이다."[275]라고 덧붙이고 있다. 이마니시 류는 조선총독부 직속 조선사편수회의 핵심 인물이었다. 중국 동북공정의 이론적 기반이 대부분 만철이나 조선총독부에서 생산한 식민사관에 기대고 있다는 사실을 알 수 있다. 동북공정은 모두 식민사관, 즉 조선총독부 사관과 대동소이한 것으로서 일제로부터 만주사변(9 · 18사변)과 중일전쟁이라는 침략을 겪었던 중국이 자국의 이익을 위해서는 이율배반적인 행보도 서슴지 않는다는 사실을 말해준다. 『석문회편 동북권』은 위만조선의 왕험성을 두 군데로 비정하는 논리의 모순에 대해서 설명하지 않은 채 그대로 북한 지역을 낙랑군의 강역으로 설명하고 있다.

---

274　譚其驤, 앞의 책『中國歷史地圖集』, 『釋文滙編東北卷』, p. 34.
275　위와 같음.

## 3. 조선총독부 사관을 추종하는 중국 동북공정

중국의 동북공정이 일본 제국주의 역사학을 추종하는 것은 역사의 아이러니다. 항일을 명분으로 정권을 장악한 중국공산당 정권이 일본 제국주의 역사학에 기대서 논리를 전개하는 것은 중국인들은 좌우를 막론하고 결국은 중화민족주의로 귀결된다는 사실을 말해준다. 『석문회편 동북권』은 전한 시기 낙랑군의 최대 판도에 대해서 이렇게 설명하고 있다.

> 전한 때 낙랑군의 강역이 가장 넓었는데, 북으로는 패수, 즉 지금의 청천강과 요동군이 경계였고, 남쪽으로는 지금의 해주만(海州灣)으로서 황해도 전부를 포괄하는데, 동서는 모두 바다이다. 동쪽 변경은 지금의 동조선만(東朝鮮灣)으로서 강릉 일대까지 도달하고, 서쪽 변경은 지금의 서조선만(西朝鮮灣)으로서 해주만에 도달했다.[276]

같은 책의 같은 쪽인데도, 한쪽에서는 패수를 대동강으로 비정하고, 여기에서는 청천강으로 비정하고 있다. 『석문회편 동북권』은 일본인 학자들을 주로 언급하고 한국인 학자 중에는 낙랑군 수성현을 비정하면서 이병도를 언급하고 있다. 그러나 정작 황해도 수안이 낙랑군 수성현이라는 이병도의 논리를 따르지는 않고 있다. 대체로 조선총독부 사관을 따르면서도 어떤 부분에서는 자신들의 독자성을 내세우기 위해서 조금씩 다르게 비정하기도 하는 것이다. 『석문회편 동북권』은 왕험성을 이렇게 비정하고 있다.

---

276  위와 같음.

왕험성은 지금의 대동강 북쪽 평양 지방이다. 혹은 전성시대의 낙랑군의 치소 역시 대동강 이남으로 위치 짓기도 하지만, 그 설은 특히 오류이다.[277]

『석문회편 동북권』은 "대동강 북쪽은 고구려 시대부터 지금에 이르기까지 혹은 국도(國都)였거나, 혹은 별도(別都)였거나, 혹은 아주 중요한 성시(成市)의 하나였다."고 설명하고 있다.[278] 이는 이나바 이와기치가 「진 장성 동쪽 끝 및 왕험성에 관한 논고」[279]에서 대동강 남쪽의 토성동을 조선현 자리로 비정한 것을 그대로 따르지는 않겠다는 뜻이다. 『석문회편 동북권』은 이나바 이와기치가 아니라 이마니시 류의 주장을 가장 합리적이라고 설명하고 있다. 이마니시 류는 전성시대의 낙랑군 치소는 지금의 대동강 북쪽 평양이고, 이곳이 기자 및 위만조선의 수도 왕험성이라면서 대동강 남쪽 토성리의 여러 유적·유물들은 전성시대의 낙랑군치 자리의 흔적이라고 볼 수 없다고 주장하고 있다. 이마니시 류는 토성동 유적은 대동강 북쪽에 있던 왕험성의 별성(別城)이라고 주장하는데, 낙랑군이 약해지면서 고구려의 위협 때문에 대동강 남쪽으로 옮겼다는 것이다. 이른바 이동설을 주장하는 남한의 강단사학자들이 자신들의 주장을 뒷받침할 수 있는 일체의 사료를 제시하지 못하고 있는 것처럼 이마니시 류도 고구려의 위협 때문에 낙랑군치를 대동강 남쪽의 토성동으로 옮겼다는 내용을 입증할 수 있는 일체의 사료적 근거를 제시

---

277  위와 같음.

278  譚其驤, 앞의 책『中國歷史地圖集』,『釋文滙編東北卷』, pp. 34~35.

279  稻葉岩吉, 앞의 글「秦長城東端及王險城考」.

하지 못하고 있다. 아니, 이들은 자신들의 주장이 허구라는 사실을 알고 있었던 것으로 보인다. 그렇지 않다면 실증을 주장하면서 일체의 사료를 제시하지 않았을 리가 없다. 이마니시 류는 왕험성이 대동강 남쪽으로 옮긴 시기를 후한 말기 아니면 서진 초기라고 추측하면서[280] 대동강 남쪽 토성리의 유적들은 고구려가 이 지역을 점령한 후에도 그 잔존 유물들이 남아 있었던 흔적이라고 보고 있는 것이다. 『석문회편 동북권』은 이렇게 설명하고 있다.

> 이상 설명한 세 가지 설 중에서 이마니시 씨의 설명이 비교적 합리적이다. 단 낙랑군치가 후한 말기에서 진(晉) 초기에 대동강 북쪽에서 대동강 남쪽으로 천도했다 운운하는 이야기는 아무 문헌으로도 검증할 수 없기 때문에 그 옳고 그름이나 득실에 대해서는 광범위한 고찰을 기다려야 할 것이다.[281]

낙랑군치가 대동강 남쪽으로 이전했다는 이마니시 류의 주장이 아무런 사료적 근거가 없다는 사실은 중국 학자들도 아는 것이다. 그럼에도 더 광범위하게 고찰해야 한다고만 설명하고 있다. 이해할 수 없는 것은 이렇게 광범위한 고찰을 기다려야 한다고 말해 놓고는 정작 대동강 남쪽의 토성동을 양한 및 삼국시대의 낙랑군 조선현의 위치라고 써 놓은 것이다. 그만큼 혼란스럽다는 증거다. 남한 강단사학계는 대동강 남쪽의 토성리가 낙랑군 조선현 자리라는 것을 이른바 '정설'이라고 우기고 있

---

280 譚其驤, 앞의 책 『中國歷史地圖集』, 『釋文滙編東北卷』, p. 35.
281 위와 같음.

어서 유보적 태도를 보이고 있는 중국과도 비교된다. 단국대학교 명예교수 서영수는 이렇게 말하고 있다.

> 일찍부터 낙랑군의 치소로 알려져 왔던 토성리 유적 대부분이 위만조선의 왕도였던 대동강 북안의 왕검성 일대에 있었던 것이 아니라 대동강 남안에 있다는 점은 주지의 사실이다. 이는 일시적으로 확대되었던 낙랑군이 고구려를 비롯한 예맥 사회의 압력에 쫓겨 군현의 중심지를 방어에 보다 유리한 대동강 남안으로 옮겼음을 시사해주는 것이라고 할 것이다.[282]

이마니시 류가 아무런 사료적 근거도 없이 주장한 것을 그대로 따라서 "낙랑군이 고구려를 비롯한 예맥 사회의 압력에 쫓겨 군현의 중심지를 방어에 보다 유리한 대동강 남안으로 옮겼음을 시사"한다고 추종하고 있는 것이다.

그런데 이런 주장이 어차피 사료적 근거가 없는 것은 둘째치더라도 후한 말기에서 진 초기에 대동강 북쪽에서 대동강 남쪽으로 천도했다고 주장하게 되면 『삼국사기』「고구려본기」〈동천왕 21년(247)〉조의 평양성 천도 기사와 서로 배치된다는 문제가 발생한다. 『삼국사기』는 "(동천)왕은 환도성에서 전란을 겪었는데, 다시 도읍으로 삼을 수는 없다고 해서 평양성을 쌓고 백성들과 종묘와 사직을 옮겼다. 평양성은 본래 선인 왕검의 땅이다. 혹은 (동천)왕이 왕검성에 도읍했다고 말했다."[283]고 설

---

282 서영수, 앞의 글 「대외 관계사에서 본 낙랑군」, p. 17.
283 『삼국사기』「고구려본기」〈동천왕 21년〉. "春二月, 王以丸都城經亂, 不可復都, 築平壤

명하고 있다. 이때의 평양성은 장수왕이 천도한 평양과는 다른 만주의 평양성임이 분명하다. 그러자 『석문회편 동북권』은 『삼국사기』의 이 사료를 인용하고는 "평양성을 쌓고 백성들과 종묘와 사직을 옮겼다고 운운하는 이야기는 실로 믿을 수 없다."[284]고 주장하면서 그 근거로 식민사학자 쓰다 소키치의 「삼국사기 고구려본기 비판」을 들고 있다. 동천왕 때 천도한 평양이 만주의 평양이면 지금의 평양에서 대동강 남쪽으로 천도했다는 모든 논리가 무너지게 되자 『삼국사기』를 믿을 수 없다는 '『삼국사기』 불신론'을 제창하는 것이다.

그러나 이 기사를 믿을 수 없다고 주장하려면 이 천도의 원인이 되는 〈동천왕 20년(246)〉조의 위나라 관구검의 고구려 침략 기사도 부인해야 하는데, 이 기사는 『삼국지』 「위서」 〈정시(正始) 7년(246)〉조에 등장하기 때문에 부인하지 못하고 있다. 이 경우 '『삼국사기』 불신론'이 중국의 '『삼국지』 불신론'으로 비화할 수 있기 때문이다. 동천왕의 평양 천도가 사실이라면 낙랑군 조선현이 지금의 대동강 남쪽 토성리였다는 주장은 물론 그 북쪽 평양이었다는 주장도 모두 무너지는 것이다. 그래서 『석문회편 동북권』은 '믿을 수 없다'는 비학문적 태도로 우기는 것이다.

이는 『석문회편 동북권』을 편찬한 중국 학자들이 위만조선의 왕험성과 낙랑군 조선현을 지금의 평양 일대로 비정한 것이 아무런 사료적 근거가 없는 왜곡이라는 사실을 잘 알고 있다는 이야기다. 송나라 때 작성한 『태평환우기』와 명나라 때 작성한 『일지록』, 그리고 청나라 때 작성한 『독사방여기요』는 일관되게 지금의 하북성 노룡현을 낙랑군 조선현

---

城, 移民及廟社. 平壤者本仙人王儉之宅也, 或云王之都王險."
284  譚其驤, 앞의 책 『中國歷史地圖集』, 『釋文滙編東北卷』, p. 35.

이라고 설명하고 있다. 그러나 동북공정 자체가 만주 일대는 물론 유사시 북한 강역에 대한 중국의 이해를 관철시키기 위한 목적으로 진행하는 정치 논리이기 때문에 중국의 이런 사료들을 일체 부인하고 평양 일대로 비정하고 있는 것이다.

## 4. 그 외 지역들의 위치 비정

『석문회편 동북권』은 한사군의 핵심인 낙랑군, 낙랑군의 핵심인 조선현을 평양 일대로 비정했기 때문에 나머지 속현들의 비정은 그리 큰 중요성을 갖지 못한다. 중국 학자들은 낙랑군 조선현에 대해 중국의 여러 사료들이 지금의 평양 일대가 아니라 하북성 노룡현이라고 말하고 있다는 사실을 잘 알고 있다. 따라서 낙랑군 산하의 속현들도 하북성 일대에서 찾아야 한다는 사실도 잘 알고 있다. 그러나 이는 유사시 만주는 물론 북한 강역까지 차지하려는 정치적 목적에 배치된다. 그래서 낙랑군 속현에 대한 비정에서 『석문회편 동북권』은 "정확한 지점을 정할 수 없다(注記不定点)."는 용어를 반복하고 있다.

중국 동북공정의 낙랑군 속현 위치 비정은 남한 강단사학계와 비슷하다. 그러나 중국은 조선총독부 소속 식민사학자들의 논리만 언급할 뿐, 남한 강단사학의 주장은 언급하지 않고 있다. 남한 강단사학을 조선총독부 사학의 아류로 보고 있기 때문에 굳이 언급할 필요성을 느끼지 못하는 것이다.

그럼 여기에서 『석문회편 동북권』이 비정하는 몇몇 주요 현의 위치를 살펴보자. 몇 개만 살펴보아도 나머지 논리를 충분히 짐작할 수 있다.

① 낙랑군 점제현

낙랑군 점제현에 대해『석문회편 동북권』과 국내의 이병도는 모두 평
남 용강군 서쪽의 어을동 고분 부근으로 비정하고 있다. 먼저『석문회편
동북권』의 논리를 보자.

『한서』「지리지」의 낙랑군 탄열현 아래 반고(班固)의 주석은 "분려산(分
黎山)에서 열수(列水)가 나와서 서쪽으로 점제현에 이르러 바다로 들어
가는데, 길이는 820리이다."라는 것인데, 열수는 지금의 대동강이다. 자
세한 것은 〈열수〉조에 설명되어 있다.[285]

『석문회편 동북권』은 열수가 대동강이라는 것을 〈열수〉조에서 자세히
설명하고 있다고 말하고 있다. 그래서 〈열구현〉조를 보니 "일본인 이마
니시 류가 후한 시기 점제장(黏蟬長)이 세운 평산신사비(平山神社碑)를
발견한 이후 한나라 열수는 지금의 대동강이라는 것을 현재 확실히 알
게 되었다."[286] 라고 설명하고 있다. 이마니시 류가 발견했다고 주장하는
점제현신사비가 조작된 것이라는 사실은 굳이 들지 않아도, 이것이 열
수를 대동강으로 비정하는 근거가 될 수 없음은 물론이다. 앞서 말했듯
이『후한서』「군국지」〈낙랑군〉조의 열구현에 대한 주석은 "곽박이『산
해경』에 주석하기를 '열수는 강의 이름이다. 열수는 요동에 있다'고 했
다."[287] 라고 말하고 있다. 낙랑군이 실제로 존속했던 때의 기록인『후한

285  譚其驤, 앞의 책『中國歷史地圖集』,『釋文滙編東北卷』, p. 37.
286  譚其驤, 앞의 책『中國歷史地圖集』,『釋文滙編東北卷』, p. 39.
287  『후한서』「군국지」〈낙랑군〉. "郭璞注『山海經』曰, '列, 水名. 列水在遼東.'"

서』「군국지」주석에 "열수는 요동에 있다."고 명시하고 있는데도 이를 무시하고 조선총독부의 이마니시 류가 1914년 발견했다는 점제현신사비를 근거로 대동강이라고 주장하는 행태를 보이고 있는 것이다.

북한의 김교경·정강철은 「물성 분석을 통하여 본 점제비와 봉니(封泥)의 진면모」라는 글에서 "원래 육중한 비석을 세우자면 그 가공 수준이 높아야 한다. 그런데 점제비는 대충 다듬어졌으며, 발굴 과정에서 드러난 바와 같이 기초에는 시멘트를 썼다."[288] 라고 설명하고 있다. 따라서 조선총독부의 조작이라고 보는 것이 타당하다.[289] 이병도 역시 「낙랑군고」에서 점제현신사비를 근거로 점제현을 용강군 해운면 어을동으로 비정했지만, 『후한서』「군국지」에 분명하게 "요동에 있다."고 명시하고 있는 열수를 20세기 때의 조작된 비석을 근거로 대동강이라고 주장할 수는 없다. 따라서 점제현신사비를 근거로 낙랑군 점제현을 용강군 어을동 고분으로 비정할 수는 없다.

### ② 낙랑군 둔유현

다음으로 낙랑군 둔유현에 대해서 살펴보자. 이병도와 중국의 『석문회편 동북권』은 모두 낙랑군 둔유현을 황해도 황주라고 비정하고 있다. 먼저 이병도의 설명을 들어보자.

『고려사』「지리지」〈황주목〉조를 보면 '황주목, 본 고구려 동홀(冬忽)'이

---

288  김교경·정강철, 「물성 분석을 통하여 본 점제비와 봉니의 진면모」, 『조선고고연구』, 1995년 제4호, p. 21.
289  점제현신사비의 조작 논란에 대해서는 이덕일, 『한국사, 그들이 숨긴 진실』, 역사의아침, 2009, pp. 43~50을 참조할 것.

라고 하고, 그 밑의 분주(分註)에 '일운(一云) 우동어홀(于冬於忽)'이라고
하였다. 여기 '우동어홀'의 '동어(冬於)'와 '둔유(屯有)'의 음이 서로 근사
(近似)한데 우리의 주의를 끈다. 속히 말하면 '둔유'와 '동어'는 즉 같은
말의 이사(異寫)가 아닌가 생각된다. 우(于)는 고구려 지명 위에 흔히 붙
는 것으로서 방위(方位)의 상(上: 웃)을 표시하는 의미의 말이 아닌가 추
찰된다. 하여튼 둔유현이 지금의 황주에 해당하리라고 생각되는 점은 비
단 지명상으로뿐만 아니라 또한 (아래에 말할) 실제 지리상으로 보더라도
적중(的中)하다고 믿는 바이다.[290]

이병도의 논리는 이런 것이다. 『고려사』 「지리지」 〈황주목〉조에 보면
황주의 옛 이름 중 하나가 '우동어홀'[291]이라고 했다. 이 중 '우'자와 '홀'
자를 빼버리면 '동어(冬於)'가 남는데, '동어'가 '둔유'와 발음이 비슷하
니 황주가 낙랑군 둔유현이라는 것이다. 기발한 착상이라고는 할 수 있
지만, 역사지리학적 방법론과는 거리가 멀다는 것은 누구나 알 수 있을
것이다. 그런데 중국의 『석문회편 동북권』에서도 이병도라고 명시하지
는 않았지만 이병도의 이 논리를 실으면서 "동어는 혹 둔유의 발음이
와전된 것이다."[292]라고 설명하고 있다.

『석문회편 동북권』은 "『진서』 「지리지」에 둔유현 남쪽에 대방군이 있
다고 쓰여 있다."[293]고 쓰고 있지만, 『진서』 「지리지」에는 그런 내용이

---

290  이병도, 앞의 글 「진번군고」, pp. 118~119.
291  『고려사』 「지리지」 〈황주목〉. "本高句麗冬忽〔一云于冬於忽〕."
292  譚其驤, 앞의 책 『中國歷史地圖集』, 『釋文滙編東北卷』, p. 40. "冬於或卽屯有的音
     訛."
293  譚其驤, 앞의 책 『中國歷史地圖集』, 『釋文滙編東北卷』, p. 40. "『晋書』 「地理志」 同,

없다. 『진서』 「지리지」에는 낙랑군 소속의 여섯 현 중에 둔유현이 있다고만 쓰여 있을 뿐이다.[294] 『진서』 「지리지」 〈낙랑군〉조는 여섯 현에 호수가 3,700호에 불과하다[295]고 전한다. 『한서』 「지리지」는 한나라 때 낙랑군이 25개 속현에 호수 6만 2,812호, 인구수 40만 6,748명이라고 말하고 있으니 이와 비교하면 20분의 1 이하로 축소된 것이다. 3,700여 호의 숫자로 대동강 남쪽에서 고구려와 맞서 싸운다는 발상 자체가 상식에 어긋난다.

『진서』 「지리지」에 이런 내용이 나오지 않는다는 것은 중국의 동북공정도 일제 식민사학처럼 사료가 없을 경우 거짓말까지 동원한다는 사실을 말해준다. 『삼국지』 「동이열전」 〈한〉조에는 "건안 연간에 공손강이 둔유현 남쪽의 황무지를 대방군으로 만들었다."[296]는 기록이 있다. 『삼국지』에 따르면 공손강 일가는 지금의 하북성 일대인 고대 요동을 조조의 위나라로부터 독립시켜 요동 왕이 되는 것이 숙원 사업이었다.[297] 공손연이 위나라와 오나라가 다투는 틈을 다서 연왕을 자칭했다가 238년 위나라 사마의에게 망했는데, 그때까지 황해도는커녕 한반도 자체에 와본 적이 없는 사람들이다. 이병도는 "둔유현은 …… 지금의 황해도 황주에 틀림없다고 믿는다."[298]라고 단정 짓고 있지만, 공손씨 일가가 고대 요동

---

屯有以南卽爲帶方郡."

294 『진서』 「지리지」 〈평주 낙랑군〉. "朝鮮〔周封箕子地〕, 屯有, 渾彌, 遂城〔秦築長城之所起〕, 鏤方, 駟望."

295 『진서』 「지리지」 〈평주 낙랑군〉. "樂浪郡〔漢置. 統縣六, 戶三千七百〕."

296 『삼국지』 「위서」 「동이열전」 〈한〉. "建安中, 公孫康分屯有縣以南荒地爲帶方郡."

297 『삼국지』 「위서」 「공손도열전」은 위나라에서 공손도에게 영녕향후를 제수하자 "내가 요동 왕이지, 어찌 영녕향후이겠는가."라고 말하고는 위나라의 인수를 무기고에 감추었다고 전한다.

298 이병도, 앞의 글 「낙랑군고」, p. 149.

을 떠나 황해도에 대방군을 설치한다는 것은 불가능한 일이었다. 또한 고대 요동 사람 공손씨가 위나라와 맞서면서 부족한 병력을 빼내 황해도에 대방군을 설치한다는 것은 있을 수 없는 일이었다.

중국의 『석문회편 동북권』은 둔유현의 소재에 대해서 조금 여지를 두고 있는데, 바로 이런 점 때문일 것이다.

> 둔유현의 옛 소재에 대해서는 예로부터 세 가지 설이 있었다. 혹은 황해도 황주라고 하고, 혹은 황주 동남쪽의 봉산군(鳳山郡)이라고 하고, 혹은 경기도 임진강 하류의 풍덕(豊德: 풍덕은 개성 서남쪽이다)에 위치했다고 하기도 했다. 지금 황주설을 취하는데, 그 지역은 봉산군 토성(土城) 안, 곧 대방군치의 북쪽으로서 둔유 남쪽과 함께 대방군의 방위와 서로 부합된다.[299]

『석문회편 동북권』은 자국사에 대한 영토 비정을 하면서 당대에 편찬된 자국의 1차 사료를 근거로 삼지 않고 조선에서 뒤늦게 편찬했거나 일본인 식민사학자들 또는 그들의 한국인 제자들이 편찬한 2차 사료를 근거로 논리를 전개하고 있다. 이들이 중국의 1차 사료를 검토해보지 않았을 가능성은 없다. 그럼에도 정치적 논리에 따라 둔유현을 황해도 황주라고 우기는 것이다. 이런 식의 위치 비정이라면 둔유현을 일본이나 중국 남부에 비정해도 이상할 것이 없다.

---

299  譚其驤, 앞의 책 『中國歷史地圖集』, 『釋文滙編東北卷』, p. 40.

### ③ 낙랑군 수성현

다음으로 낙랑군 수성현에 대해서 살펴보자. 『석문회편 동북권』과 남한 강단사학계의 위치 비정이 비교적 차이가 나는 곳이다. 먼저 남한 강단사학계를 대표한다는 이병도의 「낙랑군고」에서의 위치 비정을 보자.

> 수성현 …… 자세하지 아니하나, 지금 황해도 북단에 있는 수안에 비정하고 싶다. 수안에는 승람 산천조에 요동산이란 산명이 보이고, 관방조에 후대 소축의 성이지만 방원진의 동서행성의 석성이 있고, 또 『진지』의 〈수성현〉조에는-맹랑한 설이지만-'진대장성지소기(秦代長城之所起)'라는 기재도 있다. 이 진 장성설은 터무니없는 말이지만, 아마 당시에도 요동산이란 명칭과 어떠한 장성지가 있어서 그러한 부회가 생긴 것이 아닌가 생각된다. 그릇된 기사에도 어떠한 꼬투리가 있는 까닭이다.[300]

이병도는 낙랑군 수성현을 황해도 수안으로 비정하고 있다. 그 근거는 수안군에 첫째, 요동산이 있고, 둘째, 방원진의 동서행성의 석성이 있으며, 셋째, 『진지』〈수성현〉조에 '진대장성지소기'라는 기록이 있다는 것이다. 이것이 어떻게 낙랑군 수성현을 황해도 수안군으로 비정하는 근거가 될 수 있을까?

이병도가 요동산, 석성, 장성 등의 이야기를 쓴 것은 『사기』「하본기」 주석의 『태강지리지』에서 말하기를, '낙랑군 수성현에는 갈석산이 있으

---

며, 만리장성이 시작되는 지점이다'라고 했다."[301] 라는 구절에 대응하기 위한 것이다. 이 구절이 낙랑군 수성현의 위치에 대해 가장 많은 정보를 제공하고 있기 때문에 이에 대한 설명이 필요했던 것이다. 『태강지리지』 는 낙랑군에는 첫째, 수성현이 있고, 둘째, 갈석산이 있으며, 셋째, 만리 장성이 시작되는 지점(동쪽 끝)이라고 설명하고 있다. 이병도는 '낙랑군 수성현 = 황해도 수안군'이고, '갈석산 = 수안군 요동산'이며, '만리장성의 기점 = 수안군 방원진 석성'이라는 것이다.

이병도의 주장 중 맞는 것은 하나도 없다. 무엇보다 이병도가 예를 든 『진지』, 즉 『진서』 「지리지」의 〈수성현〉조는 낙랑군 수성현에 대한 이야 기이지 황해도 수안에 대한 이야기가 아니다. 앞뒤 문맥조차 맞지 않는 이야기를 거론하면서 낙랑군 수성현을 황해도 수안이라고 우기고 있을 뿐이다.

『태강지리지』에서 말하는 갈석산은 위만조선과 한나라의 국경 역할을 했던 산이다. 한 고조 유방의 손자인 회남왕 유안이 편찬한 『회남자』 「시측훈」에 "오위: 동방의 끝, 갈석산에서 (고)조선을 지나 대인의 나라 를 통과하여……"[302] 라는 구절이 있다. 갈석산을 지나면 곧 고조선이라 는 뜻이다. 갈석산은 지금의 하북성 창려현과 산동성 무체현, 두 곳에 있는데, 두 나라의 국경 역할을 했던 갈석산은 하북성 창려현 갈석산을 뜻할 것이다.[303] 갈석산 북쪽에 장성 유적이 있고, 또 창려에서 동쪽으로 조금 더 가면 지금의 만리장성 동쪽 끝인 산해관이 있다. 또한 『수서』

---

301 『사기』 「하본기」 주석 『사기색은』. "太康地理志云, '樂浪遂城縣有碣石山, 長城所起.'"
302 유안, 『회남자』 「시측훈」. "五位 : 東方之極, 自碣石山過朝鮮, 貫大人之國."
303 윤내현, 앞의 책 『고조선 연구』, p. 60.

198 • 동아시아 고대사의 쟁점

등에 따르면 지금의 창려현은 과거 수성현이었다.[304] 따라서 낙랑군 수성현은 지금 갈석산과 만리장성이 있는 하북성 창려현에 비정하는 것이 사료에 맞다.

이병도는 무슨 근거로 낙랑군 수성현을 황해도 수안군으로 비정했을까? 조선총독부의 이나바 이와기치를 주목하면 답이 나온다. 이나바 이와기치는 앞서 언급한 「진 장성 동쪽 끝 및 왕험성에 관한 논고」에서 이렇게 말했다.

> 진 장성의 동단은 지금의 조선 황해도 수안의 강역에서 기하여 대동강 상원으로 나와서 청천강을 끊고 서북으로 달려 압록강 및 동가강의 상원을 돌아서 개원 동북 지역으로 나온다는 사실은 『한서』 「지리지」에 의해서 의심할 바 없다.[305]

이나바 이와기치는 진나라 만리장성의 동쪽 끝이 황해도 수안에서 시작되었다고 주장하고 있다. 그러면서 그 근거를 『한서』 「지리지」에 의해서 의심할 것이 없다고 단정 짓고 있다. 그러나 『한서』 「지리지」에는 이런 내용이 한 구절도 나오지 않는다. 앞서 『석문회편 동북권』이 "『진서』 「지리지」에 둔유현 남쪽에 대방군이 있다고 쓰여 있다."고 말한 것처럼 학문적 사기이자 정치 선전에 불과하다는 뜻이다.

이병도는 이나바 이와기치의 이런 논리에 따라 낙랑군 수성현을 황해

---

304  지금의 하북성 창려현을 과거 수성현으로 비정하는 논리에 대해서는 이덕일, 앞의 책 『한국사, 그들이 숨긴 진실』, pp. 92~97을 참조할 것.
305  稻葉岩吉, 앞의 글 「秦長城東端及王險城考」, p. 41.

도 수안으로 비정했지만,『석문회편 동북권』은 이를 따르지 않고 지금의 평양시 서남쪽 강서 구역의 함종리(咸從里)로 비정하고 있다. 그 근거에 대해서는 평양 서남쪽 토성에서 나왔다는 봉니를 들고 있다. 일제강점기 때 무수히 쏟아져 나왔던 봉니는 발굴 당시부터 조작설이 횡행했으니 문헌 사료가 뒷받침되지 않는 한 고려할 가치가 없다.

그럼『석문회편 동북권』은 문헌 사료로는 무엇을 근거로 낙랑군 수성현을 황해도 수안으로 비정하고 있는지 살펴보자. 먼저『통전』을 들고 있다.『통전』은 당나라 두우가 편찬한 것인데,『통전』의 "갈석산은 낙랑군 수성현에 있는데, 만리장성이 이 산에서 일어났다. 지금 검증해보니 장성은 동쪽으로 요수를 끊고 고려로 들어가는데, 그 유적이 아직도 있다."[306]라는 구절을 들고 있다. 이 구절이 낙랑군 수성현을 지금의 평양으로 비정하는 근거가 될 수 없음은 설명할 필요도 없다. 이 구절에는 황해도 수안에 대한 내용도 없지만, 평양에 대한 내용도 없기 때문이다. 『통전』의 고려를 평양으로 주장하는 것인지 모르겠지만, 고(구)려는『수서』,『신·구당서』에 모두 옛 고죽국 땅이라고 되어 있다. 중국 학계는 고죽국의 수도를 하북성 노룡현으로 보고 있다. 따라서『통전』의 이 구절은 지금의 하북성 창려현을 수성현으로 비정할 수 있는 근거는 될 수 있을지 몰라도 평양 서남부로 비정할 수 있는 근거는 될 수 없다.『석문회편 동북권』이 그다음으로 드는 근거는『사기』「조선열전」인데, 결론은 패수다. 양한, 즉 전한과 후한 시기의 패수를 청천강이라고 비정해 놓고 수성현은 패수의 남쪽에 있었으니 청천강과 대동강 사이에서 찾아야 한

---

306 『통전』 권186. "碣石山在漢樂浪郡遂成縣, 長城起於此山. 今驗長城東截遼水而入 高麗, 遺址猶存."

다는 것이다. 그러면서 『독사방여기요』 권36의 〈점제성(粘蟬城)〉조를 들고 있다. 청나라 고조우가 편찬한 『독사방여기요』는 영평부, 즉 지금의 하북성 노룡현에 낙랑군 조선현이 있었다고 말한다.

> 수성폐현(遂成廢縣), 평양 남쪽 경계에 있는데, 한나라 현으로서 낙랑군에 속했다. 후한, 위, 진(晉)이 다 이에 따랐다. 『진지』에 "진나라에서 장성을 쌓았는데, 아마도 여기에서 일어났다. 수나라 대업 8년에 고구려를 정벌할 때 군사를 나누어 수성도(遂成道)에서 나왔다."는데, 이를 이르는 것이다. 두우는 "갈석산은 낙랑군 수성현에 있는데, 만리장성이 이 산에서 일어났다."고 했는데, 지금 검증해보니 장성은 동쪽으로 요수를 끊고 고려로 들어간다. 아마도 본래 『태강지리지』의 설이 실로 오류인 것이다.[307]

한사군을 한반도 내에 비정하려는 사람들에게 가장 골치 아픈 기록은 『태강지리지』에서 말한 낙랑군 조항이다. 앞서 말한 것처럼 『태강지리지』에 따르면 낙랑군은 지금의 하북성에 있어야 하기 때문이다. 그래서 『독사방여기요』도 낙랑군 조선현이 영평부(현 하북성 노룡현)에 있다고 써 놓고는 '지금은 조선 경내에 있다'고 덧붙였다. 그리고 또 『태강지리지』를 오류라고 주장하는 것이다. 『석문회편 동북권』은 만리장성이 황해도 수안에서 시작된다는 이나바 이와기치의 학설에 대해서는 이렇게 설

---

307 『독사방여기요』 권38. "遂成廢縣, 在平壤南境, 漢縣, 屬樂浪郡, 後漢·魏·晉皆因之. 『晉志』曰: '秦築長城, 蓋起於此. 隋大業八年伐高麗, 分軍出遂成道.' 謂此也. 杜佑曰: '碣石山在漢遂成縣, 秦築長城, 起於碣石.' 今遺址東截遼水, 而入高麗. 蓋本 『太康地志』之說, 其實誤也."

명하고 있다.

일본인 이나바 이와기치가 편찬한 「진 장성 동쪽 끝 및 왕험성에 관한 논고」의 한 문장에서는 진 장성의 동쪽 끝이 지금의 평양 동남방인 황해도 수안에서 일어났다고 했다. 고찰해보니 진나라 때 지금의 평양 지구는 기씨조선의 정치 중심이었기 때문에 진나라 장새(障塞)가 지금의 평양 동남의 수안까지 도달한다는 것은 불가능하기에 이나바의 설은 따를 수 없다.[308]

『석문회편 동북권』은 기자조선의 중심지가 평양이라는 전제로 논리를 전개하고 있다. 그러려면 장새가 그 북쪽에 있어야지 동남쪽 수안까지 있을 수 없기 때문에 낙랑군 수성현으로 볼 수 없다는 뜻이다. 이 역시 기자조선의 중심지를 평양으로 고정시켜 놓고 사료를 자의적으로 해석한 것에 불과하다. 기자조선의 중심지가 평양이 아니라 지금의 하북성 노룡현이라는 사실은 다름 아닌 중국의 여러 사료들에 나온다. 따라서 낙랑군 수성현이 황해도 수안이라는 이나바 이와기치·이병도나 평양 강서 구역의 함종리라는 『석문회편 동북권』은 모두 1차 사료적 근거가 없는 정치 선전에 불과하다.

④ 낙랑군 패수현

낙랑군 패수현에 대해서 이병도는 평안남도 영변으로 비정하고 있다. 반면 『석문회편 동북권』은 평안북도를 나눈 자강도 희천군에 잇닿아 있

---

308 譚其驤, 앞의 책 『中國歷史地圖集』, 『釋文滙編東北卷』, p. 38.

는 동원참(東院站)이라고 비정하고 있다. 그런데 그 기준은 지금껏 살펴본 대로 낙랑군이 존속하고 있었을 당시의 1차 사료를 기준으로 한 것이 아니라 패수의 위치를 천천강으로 비정한 데 따른 것이다. 따라서 패수가 청천강이라는 사실을 입증하지 못하면 패수현에 대한 위치 비정이 틀릴 수밖에 없게 된다. 그런데 이병도나 『석문회편 동북권』은 패수현을 찾는 기준은 '패수＝청천강'으로 같지만, 정작 패수현의 위치는 서로 다르다. 1차 사료가 아니라 후대의 정치적 이익을 위해서 위치 비정을 하다 보니 서로 모순된 결론이 나오는 것이다. 먼저 이병도의 논리를 보자.

패수현은 사상(史上)에 저명한 패수(청천강) 유역에 위치하였기 때문에 그 이름을 취하게 된 것이다. 『한지(漢志: 『한서』「지리지」. 괄호는 필자)』〈패수현〉조에 "水(浿水: 괄호는 이병도)西至增地入海, 莽曰樂鮮亭"이라고 한 것을 보면 패수현이 패수의 상류처에 위치한 것을 말하여주거니와, 패수 즉 지금의 청천강에는 본류와 북지류가 있다. 그러면 본류의 상류처냐, 또는 북지류의 그것이냐가 문제인데, 고래로 교통상 요지요 또 웅주(雄州)로 이름난 곳을 든다면, 북지류의 영변(평안남도)을 꼽지 아니할 수 없다.

영변이라 하면 유명한 묘향산의 보현사와 낙산의 철옹성을 연상케 한다. 이곳이 평북의 태천, 귀성 등지와 연결되고 평남의 개천(价川) 또는 안주와 연결되는 요지인 만큼, 고려 성종 때에는 방어사(防禦使)가 되고, 근조선(近朝鮮) 세종 때에는 대도호부(大都護府)로 승격되어 내려오던 곳이다. 그래서 나는 패수현의 위치를 영변 일대로 비정하여 왔다. 왕망 시대에 일시 낙랑군을 '낙선군(樂鮮郡)', 패수현을 '낙선정(樂鮮亭)'으로 개칭하였는데, 정(亭)이라고 한 것은 그곳이 낙랑군의 경내로 들어오는 입

구의 한 요진(要津)이었기 때문이다.[309]

　　이병도는 낙랑군 패수현을 평북 영변군으로 비정하는 1차 사료적 근거로 『한서』「지리지」〈패수현〉조를 들었다. 따라서 『한서』「지리지」에 '낙랑군 패수현＝평안북도 영변군'이라는 기술이 나와야 한다. 그런데 정작 『한서』「지리지」에는 "패수가 서쪽으로 증지현에 이르러 바다로 들어간다. 왕망은 낙선정이라고 했다."[310]는 기록이 전부다. 『한서』「지리지」의 이 기술이 어떻게 낙랑군 패수현을 평북 영변으로 비정하는 근거가 된다는 것인지 도무지 알 수 없다. 더구나 이 구절이 어떻게 패수현이 패수의 상류처, 즉 청천강의 상류처에 있다는 것을 말해주는지 이해할 수 없다. 묘향산 보현사나 낙산의 철옹성은 물론 방어사니 대도호부니 하는 것들도 낙랑군 패수현을 평북 영변군으로 비정하는 것과는 아무런 상관이 없는 내용들이다.

　　『석문회편 동북권』은 이병도의 비정에 대해서 이렇게 설명하고 있다.

　　　조선인 이병도 씨가 쓴 「패수고」(『청구학총』 제13호를 보라) 중에서 한 설명은 왕망이 낙랑군을 낙선군으로 개칭하고, 패수현을 낙선정이라고 현(縣)을 정(亭)으로 개칭했다는 것이다. 또한 군(郡)과 같은 이름의 낙선인 것은 패수현이 당연히 요동과 낙랑 두 군 사이를 잇는 교통의 중요한 진(津)이라는 것이다. 그래서 이 씨는 지금의 평안북도 영변군을 양한 시대의 패수현으로 보았다. 이 씨의 설은 아주 조리가 있지만(甚辯) 문헌적

---

309　이병도, 앞의 글 「낙랑군고」, p. 145.
310　『한서』「지리지」. "水西至增地入海. 莽曰樂鮮亭."

근거로 입증하기 충분하지 않기 때문에 따를 수 없다.[311]

무슨 말을 하는지 알 수 없는 소리를 써 놓고 '조리가 있다'고 칭찬하고 있는 것이다. 그러면서 이병도가 패수현을 영변으로 비정하는 문헌적 근거는 없기 때문에 따를 수는 없다는 것이다. 『석문회편 동북권』은 낙랑군 패수현을 지금의 자강도 희천군으로 비정했다. 이병도가 평북 영변으로 비정한 것을 『석문회편 동북권』은 무슨 논리로 지금의 자강도 희천군으로 비정했을까? 허신(許慎)의 『설문해자(說文解字)』 중에 "패수는 낙랑 누방현에서 나와서 동쪽 바다로 들어간다. 또는 패수현에서 나온다고 말한다."[312]라는 구절이 있는데, 이 패수가 지금의 청천강이라는 것이다.[313]

> (한나라 때의) 패수는 지금의 청천강이다. 패수현은 패수에서 나온다고
> 했으니 이는 응당 청천강 상류 유역에 위치해야 한다. 이에 잠정적으로
> 양한 때 패수현을 지금의 조선 자강도 희천군에 잇닿은 동원참 일대로
> 비정하기로 한다. 정확한 위치는 알 수 없다.[314]

이병도의 '패수현 영변설'이나 『석문회편 동북권』의 '자강도 희천군설'이나 아무런 사료적 근거가 없기는 마찬가지다. 이런 정도 논리라면 패수를 황하라고 해도 되고, 양자강이라고 해도 된다. 중국 어느 지역에 있

---

311  譚其驤, 앞의 책 『中國歷史地圖集』, 『釋文滙編東北卷』, p. 36.
312  『설문해자』. "浿水. 出樂浪鏤方, 東入海. 從水貝聲. 一曰出浿水縣."
313  譚其驤, 앞의 책 『中國歷史地圖集』, 『釋文滙編東北卷』, p. 36.
314  위와 같음.

는 강으로 비정해도 모두 이 정도 설명은 할 수 있을 것이다. 일제 식민사학이나 그를 추종하는 남한의 강단사학이나 중국의 동북공정이나 사료적 근거가 없기는 매한가지다. 모두 일종의 정치 선전이기 때문이다.

이상에서 일제 식민사학, 중국의 동북공정, 그리고 남한의 강단사학에서 낙랑군을 한반도 북부로 비정하는 것이 아무런 사료적 근거가 없는 자의적 비정이라는 사실을 확인할 수 있었다. 요동군 험독현과 낙랑군의 몇몇 군현들에 대해서 살펴보았지만, 다른 군현에 대한 위치 비정도 마찬가지다. 한반도 북부에 존재하지 않았던 낙랑군을 한반도 북부에서 찾다 보니 무리수를 남발하고 있는 것이다. 부산 광복동이 서울 광화문과 '광(光)'자가 같다는 이유로 광화문이 부산에 있다고 우기는 식이다. 특히 중국은 과거부터 중화사상으로 자국의 역사를 서술해왔는데, 『석문회편 동북권』은 이런 중국의 역사 전통에 먹칠을 한 대표적 저서라고 하지 않을 수 없다. 그것도 중국을 점령하기 위해 군사 침략까지 단행했던 일본 제국주의의 논리를 그대로 따르는 것이니 더욱 놀랍다. 이를 중국 전통의 역사 서술 원칙인 '위한치휘(爲漢恥諱: 한을 위해서 수치를 감춘다)' 논리라고 말하려는 속셈인지는 모르겠다.

## 5. 나가는 글

지금까지 동북공정의 이론서인 『석문회편 동북권』의 〈낙랑군〉조와 〈요동군 험독현〉조를 통해 낙랑군을 북한 강역으로 비정하는 근거의 타당성에 대해 살펴보았다. 그 결과, 위만조선의 왕험성의 위치를 요령성 태안현과 대동강 남쪽 토성리의 둘로 나누어 설명한다는 사실을 알 수 있었다. 단군조선의 도읍지는 이동했다는 기록이 있지만 위만조선의 도읍지는 이동했다는 기록이 없기에 둘로 나눌 수 없다. 『석문회편 동북권』의 모든 위치 비정은 한결같이 1차 사료를 자의적으로 왜곡한 일종의 정치 선전에 불과하다는 사실을 확인할 수 있었다. 또한 그 근거의 주요 부분을 이나바 이와기치를 비롯한 일본인 식민사학자들과 양수경 같은 중국인 식민사학자들, 그리고 남한의 이병도의 연구에도 일부 기대고 있다는 사실도 알 수 있었다.

대한민국이 해방 후 일제 식민사관을 청산하지 못한 후과가 현재 북한 강역 전체를 중국사의 영역이라고 주장하게 만드는 근거가 된 것이다. 이는 일제 식민사학을 극복하게 되면 자연히 중국의 동북공정도 극복된다는 사실을 말해준다. 사실 중국의 동북공정이나 일제 식민사학을 극복하는 길은 그렇게 어렵지 않다. 역사학의 가장 기초인 1차 사료에 의한 검증을 통해 충분히 그 허구성을 밝힐 수 있기 때문이다. 지금 남한의 강단사학계에 대해서 역사학 본연의 역할을 하기는커녕 일제강점기 때는 일본 제국주의 역사학을 위해서 복무하고 지금은 중국 동북공정을 위해서 복무한다는 비판의 목소리가 커지고 있다. 이런 정상적인 비판의 목소리를 외면할 경우 역사학 전체가 불신받을 것이라는 사실을 알아야 할 것이다.

# V. 동북공정이 한반도 통일에 미치는
영향에 관한 소고(小考)

## 1. 한국은 중국의 일부였다는 시진핑의 발언

2017년 4월 초 열린 미·중 정상회담에서 시진핑 중국 국가주석이 "한국은 역사적으로 중국의 일부였다."라고 말했다. 4월 12일 트럼프 대통령이 『월스트리트 저널』과의 인터뷰에서 시진핑이 "중국과 한국의 역사에는 수천 년 세월과 많은 전쟁이 얽혀 있고, 한국은 사실상 중국의 일부였다."라고 말했다는 내용을 전하면서 파문이 일었다.[315] 이에 대해 중국 외교부 루캉(陸慷) 대변인은 시인도 부인도 하지 않으면서 "한국 국민은 걱정할 필요가 없다. 나 역시 이를 확인할 방법이 없다."고 화살을 돌렸다. 트럼프는 『월스트리트 저널』과의 인터뷰에서 시진핑이 자신에게 한·중 역사를 설명하면서 "한국은 북한이 아니라 한국 전체(Not

---

315 『중앙일보』 인터넷판, 2017. 4. 21.

North Korea, Korea)라고 했다."고 설명했다.[316] 『월스트리트 저널』이 보도한 트럼프의 설명에 따르면 시진핑은 '역사적으로 북한이 중국의 영토였다'고 말한 것이 아니라 '한국 전체가 중국의 영토였다'고 말했다는 것이다.

이런 엄청난 사건이 발생했는데도 남한의 강단사학계는 꿀 먹은 듯 조용했다. 필자가 원장으로 있는 한국바른역사학술원만 같은 해 5월 19일 '한국은 중국의 일부였나?'라는 제목으로 '시진핑 망언 관련 학술대회'를 열었을 뿐이다.[317] 이는 남한 강단사학계가 해방 후 70년이 훌쩍 넘도록 일제 식민사관을 해체하지 못하고 지금껏 추종하고 있는 원죄에서 비롯된 일이다.

시진핑이 이런 발언을 할 수 있었던 것은 남한 강단사학자들의 역사관에 대한 보고를 받았기 때문임에 틀림없다. 그간 남한 강단사학자들은 국고 47억 원을 들여서 만든 『동북아 역사 지도』에서 한사군을 북한으로 비정해 북한 강역을 중국에 모두 넘겨주고, 조조의 위나라가 경기도까지 차지했다고 그려 놓았다. 또 4세기 후반에도 한반도 남부에 신라, 백제, 가야를 그려 놓지 않은 반면, 같은 시기 야마토왜에는 거대한 제국이 있었다고 그려 놓았다. 그리고 독도는 일관되게 삭제했다. 시진핑이 이런 내용들에 대해 자세한 보고를 받고 자신의 역사관을 정립했다는 뜻이 된다.

반면 남한의 정치가들은 이런 역사전쟁 자체에 무관심하거나 심지어 남한 강단사학과 카르텔을 지어 나라 역사 팔아먹기에 동조하고 있는

---

316  위와 같음.
317  시진핑 망언 관련 학술대회, '한국은 중국의 일부였나?', 2017. 5. 19, 순국선열유족회 강당.

형편이다. 역사를 팔아먹는 자가 강토까지 팔아먹게 되어 있는 것은 역사의 교훈이다.

## 2. 백제까지 중국 역사였다는 주장

시진핑 발언 5개월 후인 2017년 9월에는 중국에서 고구려, 발해는 물론이고 백제까지 중국사로 편입시키는 『동북 고대민족 역사 편년 총서(東北古代民族歷史編年叢書)』를 출간한 것으로 알려져 충격을 주었다.[318] 이는 중국이 공식적으로 종결되었다고 선언한 '동북공정'이 지금도 계속되고 있음을 시사하는 것이다.

『동북 고대민족 역사 편년 총서』 출간을 주도한 것은 중국 장춘(長春) 사범대 강유공(姜維公) 교수다. 그는 최근 펴낸 『백제 역사 편년(百濟歷史編年)』에서 "우리 중국 학계는 그간 백제를 한국사 범주로 인식했지만, 백제 전기 역사는 중국사에 속한다."고 주장했다.[319] 중국은 모든 서적, 특히 역사서는 당의 철저한 검열을 받고 나서야 출간할 수 있다는 점에서 고구려사, 발해사는 물론 백제사까지 중국 역사의 범주에 편입시킨 것은 중국 당국의 공식적인 의사로 보아야 할 것이다. 특히 시진핑이 "한국은 역사적으로 중국의 일부였다."라고 말할 때 북한이 아니라 한국이라고 말한 것이 단순한 실수가 아니라 중국 학계의 역사 인식과

---

318  이 책은 중국 과학출판사에서 『백제 역사 편년』이라는 제목으로 발간했는데, 현재 중화민국(대만), 홍콩은 물론 일본까지 판매되고 있다. 우리가 이에 대해 대응하지 않을 경우 세계인들이 백제를 중국사로 인식할 가능성이 있다는 뜻이다.
319  『연합뉴스』 인터넷판, 2017. 9. 14.

궤를 같이하고 있는 것임을 말해주는 것으로 해석할 수도 있을 것이다.

2017년 7월 22일 구리시에서 '패수는 어디인가?'를 주제로 제4회 고구려 국제학술세미나를 개최했는데, 중국 교포(조선족)인 전 청화대 객좌교수 정인갑 박사가 중국에서는 고구려를 중국사로 편입시키는 작업을 중지했다고 주장했다. 고구려사에 관한 책을 발간하려 했더니 당에서 허가해주지 않았다는 것이다. 이 자리에 축사차 참석했던 필자는 중국에서 동북공정의 내용을 실천하는 것을 포기했을 가능성은 전혀 없다고 생각했는데, 동북공정보다 더 악화된 내용이 연달아 등장하고 있는 상황이다.


## 3. 2003년 『광명일보』, 2017년 『동북 고대민족 역사 편년 총서』

2003년 6월 26일자 『광명일보(光明日報)』는 「고구려는 중국 동북 지역에 있던 변방 민족의 정권이다(試論高句麗歷史研究的幾個問題)」라는 글을 게재했다. 『인민일보(人民日報)』가 일반 공산당원을 상대하는 중국 공산당 기관지라면 『광명일보』는 지식인 공산당원을 상대하는 공산당 기관지라는 차이가 있는데, 『광명일보』의 논설은 때로 중국공산당이 나아갈 방향을 미리 예시하기도 했다. 등소평 집권 초기였던 1978년 『광명일보』가 「실천은 진리를 검증하는 유일한 표준(實踐是檢驗眞理的唯一標準)」이라는 제목의 논문을 실어 중국공산당이 개혁·개방으로 갈 것임을 알렸고, 실제로 중국공산당이 그렇게 간 것이 그를 잘 말해준다. 파룬궁(法輪功)을 가장 먼저 비판한 매체도 『광명일보』인데, 그 직후부터 중국 공안 당국은 세계적인 비난을 무릅쓰며 파룬궁 탄압에 나섰다.

이는 『광명일보』 논설이 중국공산당 지도부의 치밀한 계획에 의해 작성된다는 사실을 말해준다. 「고구려는 중국 동북 지역에 있던 변방 민족의 정권이다」라는 논문의 필자는 '변중(邊衆)'인데, '중국 변방에 사는 민중'이라는 뜻의 변중은 가공인물일 것이다. 중국 변방인 고구려의 민중이란 뜻이 암시되어 있다. 이 논문이 특정 개인의 주장이 아니라 중국공산당 지도부의 의중에 의해 작성되었음을 시사해주는 것이다. 필자는 위 논문에서 다음 부분에 주목했다.

서기 668년 당나라는 마침내 고씨 고려(고구려: 필자 주)를 통일함으로써 고씨 고려의 영토는 당나라 안동도호부에 의해 관할되었다. 그리고 몇십 년 후 고씨 고려가 관할하던 구역에 중국 역사에 등장하는 또 하나의 지방 정권인 발해가 들어섰고, 고씨 고려가 관할한 다른 일부분 지역은 한반도 남부에서 일어난 신라 정권에 귀속되었다. 하지만 이를 제외한 부분은 여전히 안동도호부에 의해 관할되었다.

대부분의 고구려족은 당나라에 의해 내지(內地: 중국)로 옮겨져 한족과 융합되었으며, 나머지 고구려인은 주위의 각 민족에 융합되었다. 이로써 고구려 왕족은 후계자가 끊겼으니 고구려는 나라를 세운 지 700여 년만에 드디어 중국 역사 발전의 긴 강 속으로 사라지게 된 것이다.

왕씨 고려(왕건의 고려를 뜻함)가 건국한 것은 고씨 고려가 멸망한 때로부터 250년 후인 서기 918년이었다. 왕씨 고려는 서기 935년 한반도에 있던 신라 정권을 대치하였고, 그 이듬해에 후백제를 멸망시켜 반도 중남부의 대부분을 통일하였다.[320]

---

320 「試論高句麗歷史硏究的幾個問題」, 『光明日報』 인터넷판, 2003. 6. 26.

고구려를 이름도 생소한 '고씨 고려'라고 새롭게 작명한 이유는 왕건이 건국한 '고려'와 구분하기 위한 것이다. 이 논문은 고구려는 '고씨 고려', 고려는 '왕씨 고려'라는 생소한 명사를 만들 정도로 둘을 철저하게 분리한다. '고구려는 중국사'이고, 신라사와 신라를 이은 국가들의 역사만이 현재의 한국사라고 주장하기 위한 것이다.

한반도를 북부와 남부로 나누어 그 남부만이 한국사의 강역이라고 주장한 것은 변중이 처음이 아니다. 중국 요령성의 학자 손진기(孫進己: 1931~)는 그보다 일찍이 '고구려사는 중국사'라는 현재의 중국 측 주장에 이론적 토대를 제공한 인물이다. 1993년 8월 옛 고구려 국내성 자리인 길림성 집안에서 열린 '고구려 문화 국제 학술대회'에서 북한의 박시형과 이 문제를 놓고 다투다 지병인 심장병으로 쓰러졌었다는 일화까지 있는 손진기는 1994년 중주고적출판사(中州古籍出版社)에서 펴낸 『동북 민족사 연구(東北民族史研究) 1』에서 '고구려가 차지하기 전의 한반도 북부는 한족(漢族)의 땅이었고, 한인(韓人)의 거주지가 된 것은 12세기 이후의 일'이라고 주장했다.

'고구려가 차지하기 전의 한반도 북부는 한족의 땅'이라는 손진기의 주장은 물론 한사군의 위치를 북한 지역으로 비정한 데 따른 것이다. 한사군을 근거로 북한 지역을 중국사의 영토로 보는 손진기의 주장과 '고씨 고려가 관할한 다른 일부분 지역은 한반도 남부에서 일어난 신라 정권에 귀속되었다'는 변중의 주장은 완전히 같다. 두 글은 모두 '한반도 북부'를 중국 영토라고 규정짓고 있다. 문제는 한반도를 북부와 남부로 나눈다면 그 기준은 한강이 된다는 점이다. 한반도의 북부를 중국사의 강역이라고 주장하고 있는 것이다.

## 4. 왕건은 낙랑군에 살던 한족?

그러나 이제 중국은 북한뿐만 아니라 남한 강역인 백제사까지도 자국사였다고 주장하는 단계로 악화되었다. 앞으로 신라사도 자국사라고 주장할 개연성이 농후하다. 신라를 보통 진한(辰韓)의 후예로 보는데, 『후한서』「동이열전」〈한〉조에 따르면 "진한은 그 노인들이 스스로 진(秦)나라에서 망명한 사람들로서 부역의 괴로움을 피해서 한국에 왔다."고 말했다고 나온다.[321] 진나라 사람들이 망명했다는 것은 진한이 처음 경상도 경주에서 시작한 것이 아니라 진나라에서 망명하기 가까운 대륙에서 시작했음을 말해주는 것이다. 그러나 현재 백제사까지도 자국사라고 주장하는 중국인들로서는 이런 대륙신라에 대한 부분은 염두에 두지 않고 있음은 물론이다. 나아가 『후한서』의 이런 구절들을 가지고 신라사를 자국사라고 주장할 개연성은 분명하고, 아마 지금 그런 내용을 준비하고 있을 것이다. 따라서 시진핑의 "한국은 역사적으로 중국의 일부였다."는 발언은 중국 역사학자들의 인식을 대변한 것이다.

그런데 이런 내용들은 이미 『광명일보』에 그 단초가 등장했다. 왕건을 낙랑군에 살던 한족의 후예라고 주장한 것이다.

> 마지막으로 왕씨 고려(왕건)는 고씨 고려의 후예가 아니다. 왕씨 고려의 왕족은 고씨 고려의 후예가 아니었다. 『고려사』를 쓴 사람은 왕건의 족속에 대해서 "고려의 선조는 역사에서 상세히 설명되어 있지 않다."라고 적었다. 그러나 중국 학자가 고증한 바에 의하면 왕건은 서한 시절 낙랑

---

321 『후한서』「동이열전」〈한〉. "辰韓, 耆老自言秦之亡人, 避苦役, 適韓國."

군에 있었던 한인(漢人)의 후예일 가능성이 아주 높다고 한다.[322]

2003년에 중국은 이미 왕건을 한족의 후예라고 주장했다. 왕건은 낙 랑군에 살던 한족의 후예라는 것이다. 이렇게 되면 고려사 전체가 중국 사에 편입될 수 있다. 그 근거로 제시되는 것이 바로 낙랑군의 위치다. 중국에서 바라보는 낙랑군의 위치는 물론 평양을 중심으로 한 한반도 북부다. 그래서 필자가 누누이 강조했듯이 한사군의 위치에 대한 논쟁 은 순수한 학술 논쟁이 아니라 현재의 강역을 둘러싼 역사전쟁이자 현 대사의 강역 문제인 것이다. 낙랑군의 위치는 평양 지역이 아니라 중국 의 수많은 사료에 지금의 중국 하북성 일대라고 나오지만, 중국은 물론 남한의 역사학계를 장악한 식민사학계는 '낙랑군 평양설', '한사군 한반 도 북부설'을 정설 또는 통설이라고 주장한다. 물론 자신들이 그렇게 본 다는 주장뿐 일체의 1차 사료적 근거는 없다.[323]

---

322 「試論高句麗歷史研究的幾個問題」, 『光明日報』 인터넷판, 2003. 6. 26.

323 낙랑군이 요동에 있었다는 중국의 1차 사료 몇 개를 들어보자.

 ① 『후한서』 「군국지」: 곽박이 『산해경』 주석에서 말하기를 "열은 강의 이름이다. 열수는 요동에 있다."고 했다(郭璞注『山海經』曰, "列, 水名, 列水在遼東").

  → 낙랑군 25개 속현 중 하나인 열구현을 흐르는 열수가 요동에 있다면 낙랑군 역 시 요동에 있다는 뜻. 그러나 한국 고대사학계는 열수를 사료적 근거도 없이 대동강이 라고 주장하고 있음.

 ② 『후한서』 「광무제본기」: 처음에 낙랑 사람 왕조가 군을 근거로 불복했다(낙랑군은 옛 (고)조선국이다. 요동에 있다)(樂浪人王調據郡不服(樂浪郡, 故朝鮮國也, 在遼 東)).

  → 낙랑 사람 왕조가 낙랑군을 근거로 불복했는데, 그 낙랑군은 고대 요동에 있다고 말하고 있음.

 ③ 『후한서』 「배인열전」: (배인을) 장잠현의 현령으로 삼았다(장잠현은 낙랑군 산하인데, 그 땅은 요동에 있다)(出爲長岑長(長岑縣, 屬樂浪郡, 其地在遼東)).

  → 낙랑군 소속의 장잠현은 요동에 있다고 설명하고 있음.

## 5. 중국이 만들어진 역사를 보여주고 싶은 나라는 미국

현재 남북한을 둘러싼 이른바 미국, 중국, 일본, 러시아의 4강 중에서 남북이 주체적으로 통일하는 것에 찬성하는 나라는 한 나라도 없다고 봐도 과언이 아니다. 그러나 중국이 동북공정을 진행하면서 중국식으로 만들어진 역사, 즉 '북한 또는 한국이 역사적으로 중국사의 강역이었다'는 역사를 보여주고 싶은 진정한 나라는 아마도 미국일 것이다. 미국만이 논리를 받아들이면 일본은 자신들이 만든 제국주의 역사학이기 때문에 반박할 수 없을 것이다. 중국은 2012년 「한·중 경계의 역사적 변화」라는 자료를 미 상원 의회조사국(CRS)에 보냈다. 북한 지역에 낙랑군을 포함한 한사군을 그려 놓고 이를 근거로 북한은 중국의 역사 영토였다고 주장하는 자료였다. 북한과 중국의 국경에 관한 동북공정의 일방적 연구 내용을 미 상원에 보낸 것이다. 중국이 북한 지역에 대한 영토적 욕심 없이 느닷없이 2012년에 이런 자료를 미국에 보내지는 않았을 것이다.

미 상원에서는 이 자료를 한국 정부에 전달하면서 답변을 요구했고, 이명박 정부는 동북아역사재단에 답변을 맡겼다. 당시 동북아역사재단은 이사장을 포함한 주요 인사들이 국민 세금으로 미국까지 출장 가서

---

④ 『태강지리지』: 낙랑군 수성현에는 갈석산이 있는데, (만리)장성이 시작되는 기점이다 (『太康地理志』云, "樂浪遂城縣有碣石山, 長城所起." 『사기』 「하본기」 주석).
　→ 현재 갈석산은 중국 하북성 창려시에 있고, 그 위 노룡현이 낙랑군 조선현 자리라고 중국의 여러 역사서 및 지리지에 나옴.
이런 수많은 사료적 근거를 모른 체하고 한국 고대사학계는 '낙랑군=평양설'을 아무런 사료적 근거도 없이 일방적으로 주장하는 것으로 중국 동북공정을 지지하고 있음.

이에 대한 자신들의 견해, 즉 한국 정부의 공식 입장을 전달했다.[324] 동북아역사재단이 국회 이상일 의원의 질의에 답변한 자료에 따르면 "2012년 10월 23일 미 상원 외교위원회와 의회조사국을 직접 방문하여 관련 사항에 대해 미국 측 관계자에게 우리 측 입장을 직접 설명해주었"다.[325] 이 자료에서 한국 측은 한사군의 위치에 대해 다음과 같은 내용을 전달했다.

> 한사군의 관할 지역은 현의 소재지로 보건대, 남쪽 한계는 황해도 재령강 연안 지역(멸악산맥 이북)과 강원도 북부에 그치고 있어 그 이남 지역은 한사군의 영역에 포함되지 않았다.[326]

역으로 말하면 황해도 재령강 연안 지역과 강원도 북부는 중국사의 강역이었다는 설명이다. 중국이 미 상원에 제출한 자료가 맞는다고 확인해준 것이다. 현재까지 한국 정부는 황해도 재령강 연안과 강원도 북부까지는 중국사의 강역이었다는 이명박 정부의 공식 견해에 대해서 수정을 시도한 사실이 없다. 황해도에서 강원도 북부 지역까지 중국 영토였다는 것이다. 동북아역사재단에서 발주했던 『동북아 역사 지도』에 따

---

324 이덕일, 「대통령의 역사관과 역사 정책」, 『서울신문』 인터넷판, 2017. 9. 6; 이덕일, 「우리 역사관의 현주소」, 『광주일보』 인터넷판, 2017. 7. 6.
325 이 자료는 미 의회 CRS 보고서 한국 측 내용과 관련한 이상일 의원의 질의에 동북아역사재단이 답변한 내용이다. 이 자료에 따르면 당시 동북아역사재단 이사장 정재정, 정책기획실장 김용호, 이사장 국제협력보좌관 로빈슨, 역사연구실 연구위원 이정일, 서울교육대 교수 임기환, 교과부 동북아역사대책팀 김화중 연구관, 강필호 주미대사관 1등 서기관 등이 미국을 방문해 한국 측의 자료를 전달했다고 되어 있다.
326 CRS 보고서에 대한 동북아역사재단의 검토 의견(「한·중 경계의 역사적 변화」에 대한 한국의 시각), 동북아역사재단, 2012. 8. 31.

른 것인데, 이것이 현재 미국과 중국 측에 전해진 대한민국 정부의 공식 입장이다.[327] 이 지도는 2015년 국회 동북아역사왜곡특위에서 문제를 제기하고 필자 등이 거듭 문제를 제기하면서 박근혜 정권 당시 김호섭 이사장에 의해서 폐기되었다. 그러나 문재인 정권 들어 동북아역사재단 이사장에 임명된 김도형 연세대 교수는 이 지도를 다시 발간하겠다고 공언했다.[328] 약간의 수정을 가하겠다는 것인데, 이 지도는 이미 약간의 수정을 가해서 재사용할 수 있는 상태가 아니라는 것은 여러 경로로 입증되었다. 특히 동북아 역사 '지도'임에도 남한 강단사학자들만 60~80여 명이 참여한 반면 지리학자는 거의 참여하지 않은 것은 그 내용을 떠나 지도로서 제 기능을 이미 상실했음을 뜻하는 것이다. 만약 북한 유사시 중국이 북한을 차지하고 한국 정부의 이 공식 입장을 근거로 제시하면 대한민국은 할 말이 없다. 중국은 물론이고 미국이 과연 한국을 독립국가로 생각할 것인지 의문이 든다.

## 6. 동북공정과 통일 문제

남북한을 둘러싼 동아시아 정세는 우리의 희망사항대로 흘러가지 않는다. 그래서 가장 중요한 것은 우리가 이 문제를 우리의 주체적 시각으로 바라보는 것이다. 『문명의 충돌(The Clash of Civilizations)』의 저자

---

327  국고 47억 원을 들인 『동북아 역사 지도』는 한사군의 설치(서기전 108)부터 진(晉)나라 때(서기 313)까지 한반도 북부를 중국사의 영역으로 그렸으며, 미국에 함께 출장 갔던 임기환 서울교육대 교수가 이 지도 제작 책임자 중 한 명이었다.

328  『동아일보』, 2018. 2. 23.

인 하버드대학의 새뮤얼 헌팅턴(Samuel Huntington) 교수는 "만일 미국과 중국의 갈등이 심해져 군사적 충돌이 벌어질 상황이라면 한국은 어느 편에 서겠습니까?"라는 질문을 받고는 바로 "결국 중국 아니겠습니까?"라고 답변했다.[329]

우리 사회 일각에는 국내 문제를 가지고 성조기를 흔드는 친미 사대주의 세력이 존재하지만, 미국 사회의 여론을 주도하는 인물 중의 한 명인 새뮤얼 헌팅턴은 미·중 간에 군사적 충돌이 발생할 경우 한국이 중국 편을 들 것으로 보고 있는 것이다. 이것은 비단 헌팅턴 개인만의 시각이 아니다.

전(前) NHK 워싱턴 지국장 히다카 요시키(日高義樹)는 국내 언론에 실린 「김정일 제거 후 미국의 북한 통치 계획」이라는 글에서 "한국을 배제하고 미·러·중이 공동 관리할 것이다."라고 주장했다.[330] 히다카 요시키는 미국의 싱크탱크 중 하나인 허드슨 연구소의 객원 선임연구원을 역임하고, 하버드대학 객원교수를 역임한 인물이다. 히다카 요시키는 2006년에는 일본과 북한의 국교 정상화 움직임에 반대하면서 "납치된 사람들을 구출하기 위해서 일본 정부가 해야 할 일은 국교 정상화 등 대화가 아니라 무법 국가에 단호하게 맞서는 것"이라고 주장했다. 그는 "북한을 처벌하고 납치된 사람들을 되돌아오게 하는 것은 일본이 국제사회에서 국가로서 존속하기 위한 최소한의 행동"이라고 덧붙였다.[331]

히다카 요시키는 북한이 만약 붕괴를 맞이한다면 '남북이 통일될 것'

---

329 『중앙일보』, 2003. 7. 10.
330 『월간중앙』 2003년 9월호.
331 『正論』, 東京, 産業經濟新聞社, 2006年 4月號.

으로 생각하는 한국인들의 생각은 희망사항이라는 사실을 말해준 것이다. 그는 북한의 붕괴를 원하는 것 같지만 속내로는 북한의 붕괴를 원하지 않고 분단 상태로 존재하기를 바라며, 실제 붕괴하더라도 남북한의 통일이 아니라 외국의 공동 통치를 구상하는 일본 우익의 사고 구조를 말해준 것이다. 문제는 이것이 비단 일본 우익만의 사고가 아니라는 점이다. 중국이 동북공정을 진행하는 이유는 북한 유사시 남한에 의한 통일을 막으려는 의도와 더불어 대국의 공동 통치가 아니라 중국의 단독 접수를 목표로 삼은 전략적 포석일 가능성도 배제할 수 없다. 다시 반복하지만, 동북공정은 단순한 과거 역사 연구가 아니다.

## 7. 북한의 존속과 핵 문제

우리는 북한의 핵을 주로 미국과 북한 사이의 대결 구도로 인식하는 데 익숙해져 있다. 그러나 북한의 입장에서 핵은 미국뿐만 아니라 중국의 흡수 야욕도 겨냥한 다목적 포석일 가능성이 크다. 한국보다 중국에 대한 정보가 풍부한 북한이 중국이 북한 유사시 북한을 차지할 계획을 갖고 있다는 사실을 간과할 가능성은 거의 없다. 주체사상을 내세우는 북한 입장에서 미국에 의한 자국 붕괴 시나리오뿐만 아니라 중국에 의한 흡수 시나리오에도 강한 적대감을 갖고 있을 것임은 설명할 필요도 없다. 북한이 강력한 핵을 갖게 된다면 어떤 측면에서는 미국보다도 중국이 더 큰 타격을 받을 수 있다. 그래서 북한에게 핵은 미국의 자국 붕괴 시나리오를 저지하려는 목적뿐만 아니라 중국의 흡수를 막기 위한 제재 수단이라는 양면성을 갖게 된다.

북한이 이런 사고를 할 수 있는 배경에는 주체사상, 주체사관이 있다. 북한은 이른바 조중(朝中) 혈맹 관계 시기였던 1958~1961년 리지린을 북경대에 유학시켜 고조선사를 연구하게 했다. 북경대에서 리지린을 가르친 중국의 저명한 역사학자 고힐강에 따르면 리지린은 1959년부터 한사군의 위치를 만주 서쪽 지역으로 보고 연구를 수행했다.

> 북경대 문사루에 가서 리지린의 1차 구두시험을 치렀다. 리지린은 자기 민족의 자존심을 위하여 한사군의 위치를 우리(중국)의 동북쪽으로 보고, 패수를 지금의 요수로 보았다.[332]

북한이 리지린을 북경대에 유학시켜 고조선사를 연구하게 했는데, 1959년에 이미 한사군의 위치를 만주 서쪽으로 보고 고조선과 한나라의 국경선인 패수를 요하로 비정했다는 점은 북한 주체사관의 성립 시기와 관련해서 중요한 시사를 준다. 남한 학계는 아직도 패수를 청천강(이병도), 압록강(노태돈) 등 한반도 내로 보고 있는 데 반해, 북한은 이미 1959년에 패수의 위치를 요수로 비정하고 있었다. 하지만 리지린은 정작 1962년 출간한 『고조선 연구』에서는 대릉하를 고대의 패수라고 주장했다.[333] 이는 북한 주체사관의 뿌리가 1950년대 말로 거슬러 올라갈 수 있음을 말해주는 것이다. 즉 북한은 중국이 북한 유사시 북한을

---

332 『顧頡剛日記 제8권(1956~1959)』, 1959년 12월 9일자.
333 리지린, 『고조선 연구』, 1962, p. 74. 북한의 견해는 연나라 진개(秦開)에게 1~2천 리의 땅을 빼앗기기 전인 서기전 5~4세기의 국경선이었던 패수는 하북성 난하이고, 그 후의 국경선은 대릉하라는 것이다. 리지린의 박사학위 논문은 『리지린의 고조선 연구』(말, 2018)라는 제목으로 필자의 번역으로 출간되었다.

접수하려는 계획에 대해서도 강한 적대감을 갖고 있으며, 미국뿐만 아니라 중국의 이런 의도를 분쇄하는 데도 가장 중요한 무기를 핵으로 보고 있는 것이다. 우리는 북한 핵의 이런 성격에 대해서 냉철하게 인지하고 이 문제에 대처해야 할 것이다. 북한이 핵 폐기를 선언했지만, 미국에 의한 북한의 체제 보장이 선행되지 않는 한 쉽사리 핵을 폐기하지는 않을 것이다. 남한은 북한 핵 문제에 대해서 이미 종속변수 비슷한 것으로 전락한 것처럼 보인다. 무엇보다도 이 문제를 바라보는 거시적 시각, 즉 주체적 관점에 의한 전략적 시각이 존재하지 않고, 타국의 관점으로 이 문제를 보거나 국내 일부 세력처럼 호불호를 따지는 초보적 수준에서 접근하기 때문이다. 그 뿌리에 타인의 시각으로 우리를 바라보는 남한 강단사학계의 고질적 식민사관이 자리 잡고 있는 것은 설명할 필요도 없다.

북한이 ICBM 체계를 완성할 것이 거의 기정사실화되어 있는 지금, 이 문제에 대해 본질적인 접근을 하는 것은 우리로서도 피할 수 없는 과제가 되었다. 북핵 문제를 남북 또는 미·북 사이의 단선적 문제로 보는 관점에서 벗어나야 한다. 남한의 전술핵 재배치 문제가 단순히 미·북 사이의 이해관계의 문제가 아니라 미국과 러시아·중국 사이의 이해관계가 더 중시되는 현실을 무시하는 것도 이 문제에 대한 역사적 시각이 부재하기 때문이다.

남북 문제든 한·중 문제든 이 문제는 역사적 관점으로 접근해야 한다. 북한 핵 문제가 중국의 북한 흡수 시도에 대한 대응 성격도 있는 것처럼 현재 한반도를 둘러싸고 벌어지고 있는 현안의 역사적 뿌리를 찾아야 한다. 북한이 미국으로부터 체제 보장을 받으려고 하는 것은 단순히 미국의 공격을 우려해서가 아니라 중국의 북한 흡수에 대한 우려도 그 못지않게 깔려 있다는 사실을 직시해야 하는 것이다.

　이런 점에서 중국이 북한뿐만 아니라 남한에 대한 역사적 영유권을 언급하기 시작한 것은 북한이 ICBM을 개발하는 것 이상의 중대한 문제로 보아야 한다. 즉 중국의 동북공정은 2007년에 종결된 것이 아니라 변형된 상태로 계속 진전되고 있는 것이다. 이런 중국의 역사 침탈에 대해 우리는 어떻게 해야 하는가? 중국의 역사 침탈이 단순한 역사 논쟁이 아니라 영토를 둘러싼 국가 강역에 대한 문제임이 분명해지는 지금, 한국은 동북공정으로 대표되는 중국의 역사 침탈에 대한 철저한 대응이 필요하다. 그러나 한국의 역사 관련 국책기관들, 즉 국사편찬위원회, 동북아역사재단, 한국학중앙연구원은 이 문제에 대해서 침묵하거나 오히려 중국의 동북공정에 동조하는 이해할 수 없는 상황이 정권 교체 이후에도 계속되고 있다. 남한의 강단사학계가 국가 전체의 이익에는 둔감하고 자당의 이익에는 민감한 국내 여야 정치 세력의 행태를 숙주 삼아 지금껏 기생해왔다는 현실을 말해주는 것이다. 이 문제에 대한 전 국민적 관심이 필요하다.

제2부

# 『삼국사기』 불신론' 및 '임나＝가야설' 비판

# VI. '『삼국사기』 불신론'과 '임나 = 가야설' 비판

## 1. 『삼국사기』 초기 기록 불신론'의 발명

현재 남한의 강단사학계는 한반도 남부에 있던 가야를 임나라고 주장한다. 임나사를 전공했다는 홍익대 김태식의 말을 들어보자.

그러므로 비교적 신빙성이 인정되는 전자의 다수 용례를 중심으로 볼 때, 임나는 6세기의 한반도 남부 경상남도를 중심으로 한 지역에서 신라나 백제에 복속되어 있지 않은 소국들의 총칭을 가리킨다고 보아도 좋을 것이다. 이는 당시의 가야 소국들이 신라나 백제와 구분되는 하나의 세력권을 이루고 있었던 사실의 반영이며, 그 임나를 왜 측에서 친근하게 여긴 것은 이들과의 빈번한 교역 경험과 관련된 것이다. 요컨대 대가야를 중심으로 파악되는 5~6세기의 후기 가야 연맹을 왜에서는 무슨 이유에선가 임나라는 명칭으로 불렀다.[334]

'5~6세기 후반의 가야 연맹을 왜에서는 무슨 이유에선가 임나라는 명칭으로 불렀다'는 주장이다. 여기에서 중요한 것은 5~6세기라는 시기다. 일제는 4~6세기 한반도 남부의 가야를 점령하고 여기에 임나일본부를 설치했다고 주장했다. 즉 '가야 = 임나설'을 주창한 것이다. 그런데 고민이 있었다. 『삼국사기』에는 그런 내용이 전혀 나오지 않는다는 것이다. 야마토왜가 한반도 남부의 가야를 점령하고 2세기 이상 다스렸다면 어떤 형태로든 『삼국사기』에 그런 사실이 나타나야 한다.

그러나 일제 식민사학이란 것은 학문이 아니다. 이른바 야마토 사관에 따라 결론을 미리 세워 놓고 온갖 현란한 용어로 그 결론을 꿰어 맞추는 정치 선전일 뿐이었다. 그래서 나온 것이 이른바 '『삼국사기』 초기 기록 불신론'이다. '『삼국사기』 초기 기록 불신론'이라고 하지만 때로는 5~6세기의 기록까지도 필요에 따라 불신하기 때문에 사실은 '『삼국사기』 불신론'이라고 해야 보다 정확하다. 최재석 교수는 이런 상황에 대해 이렇게 비판하고 있다.

> 일본 고대사 학자들은 일본 고대사를 연구한다고 하면서 거의 언제나 한국 고대사를 함께 언급하고 있는데, 이 경우 '『삼국사기』 불신론'을 전제로 설명하고 있다.[335]

그런데 일본인 학자들이 『삼국사기』를 위서(僞書)로 본 것은 정한론의 일환이었다. 메이지 시대 일본인들이 한국 점령은 단순한 군사 침략

334 김태식, 『미완의 문명 7백 년 가야사 1』, 푸른역사, 2002, pp. 66~67.
335 최재석, 『삼국사기 불신론 비판』, 만권당, 2016, p. 8.

이 아니라 과거사의 복원이라는 명분 차원에서 만든 것이다. 정한론의 핵심은 과거 한반도 남부에 일본의 식민지가 있었다는 것인데, 그 식민지가 가야라는 것이다. 그런데 현재도 조선총독부 역사관을 추종하는 남한의 강단사학자들은 이런 논리로 만든 '가야＝임나설'을 이른바 '정설'로 주장하고 있다. 최재석 교수는 일본인들의 역사관을 추종하는 남한 강단사학계의 현상에 대해서 이렇게 비판하고 있다.

> 일본이 1945년 패전 후에도 이런 비학문적인 정치 선전을 계속할 수 있었던 배경에는 한국인 학자들의 책임도 크다는 사실도 쉽게 알게 된다. 이병도(1896~1989)를 필두로 김철준, 이홍직, 이기백, 이기동, 문경현을 거쳐 김현구에 이르기까지 일본인 식민사학자들이 왜곡한 한국 고대사 및 고대 한일 관계사를 거의 그대로 추종하고 있기 때문이다. 일제 식민사학 극복에 앞장서야 마땅한 한국 사학계에서 오히려 일제 식민사학을 추종하는데, 일본인들이 자신들의 잘못된 주장을 고칠 리 있겠는가?[336]

일제강점기는 물론 해방 후에도 이 문제에 관한 한 한국과 일본 역사학자들은 한 몸이었다고 해도 과언이 아니다. 아무런 논리적 근거도 없고 사료적 근거도 없는 『삼국사기』 초기 기록 불신론'이란 유령이 일본 우익 역사학자들과 남한 강단사학계를 지배하고 있는 것이다. 이들이 '『삼국사기』 초기 기록 불신론'을 신봉하는 이유는 간단하다. 『일본서기』에는 임나와 임나일본부가 등장하지만 『삼국사기』와 『삼국유사』에는 나

---

336  위와 같음.

오지 않기 때문이다.[337] 정한론에서 주장하는 임나일본부설은 서기 369 년에 가라 7국을 점령하고 임나일본부를 설치해 562년까지 지배했다는 것이다. 그러나 임나일본부설의 정치적 의미는 차치하고라도 일본이 2 세기 이상 한반도 남부를 지배한 것이 객관적 사실이라면 고대사 연구 가 황순종이『임나일본부는 없었다』에서 지적한 것처럼『삼국사기』본 기 및『삼국유사』에 어떠한 형태로든 그 내용이 기재되어 있어야 했 다.[338] 그러나 그런 기사는 전혀 존재하지 않는다. 이는 임나 및 임나일 본부가 한반도 남부에 존재했던 적이 없었음을 시사한다.

더구나『일본서기』가 연대부터 맞지 않을 정도로 조작과 변개가 심한 역사서라는 사실은 일본 극우파의 침략 사관을 추종하는 일부 한·일 고대사학자를 제외한 대다수 학자들의 공통된 견해다. 일본인 학자들도 에도 시대까지는『삼국사기』,『삼국유사』,『동국통감(東國通鑑)』등을 근 거로『일본서기』에 수록된 연대의 진위를 판정해왔다. 정한론 등장 전까 지는 한국은 물론 일본의 어느 학자도『삼국사기』를 위서라고 주장하지 않았다.[339] 임나일본부설을 사실로 만들기 위해『삼국사기』를 가짜로 몰

---

337 임나라는 표현은『삼국사기』에 딱 한 번 나온다.『삼국사기』「강수열전(強首列傳)」에서 강수가 "신은 원래 임나 가량(加良) 사람입니다."라고 말하는 대목이다. 이 기술은 몇 대 조인지는 모르지만 강수의 먼 조상이 임나 가량 사람이었다는 사실을 말해줄 뿐이 다. 조선 후기 안정복은『동사강목(東史綱目)』에서 강수는 중원경 사람인데 중원은 지 금의 충주이므로 충주를 옛 임나국이라고 비정했다.『삼국사기』「강수열전」은 '임나=가 야'를 주장하는 근거 사료로 사용될 수 없다.

338 황순종,『임나일본부는 없었다』, 만권당, 2016. 이 책은 임나일본부는 한반도 남부에 존 재하지 않았음을 논증하고, 김현구 등 다시 임나일본부를 국내로 끌어들인 학자들을 1 차 사료를 바탕으로 비판한 책이다.

339 2017년 9월 한성백제박물관과 김해박물관 등지에서 한국고대사학회 주최로 시민 강좌 가 열렸는데, 여기에서 '『삼국사기』는 가짜', '신라는 야마토왜의 속국' 따위의 망국적 주 장이 국민 세금으로 설파되었다. 이들의 주장에 대해서는 인터넷 역사 전문 언론인 '코

왔다. 이것이 '『삼국사기』 불신론' 또는 '『삼국사기』 초기 기록 불신론'의 시작이자 발명이었다.

19세기 말 '가야＝임나'를 주장했던 나카 미치요가 『삼국사기』 불신론을 주창했다는 자체가 『삼국사기』 불신론이 임나일본부설과 궤적을 같이한다는 사실을 말해주는 것이다.[340] 또한 일본군 참모본부가 조선을 강제로 개항시킨 6년 후인 1882년 『임나고고』, 『임나명고』 등 두 권의 저서를 간행했다는 사실도 마찬가지다. '임나＝가야설'은 한국 침략을 과거사의 복원으로 포장하려는 일본 제국주의의 말장난이었던 것이다.

나카 미치요는 '가야＝임나설'을 주장하면서 고구려는 6대 태조대왕, 백제는 12대 계왕, 신라는 16대 흘해왕 이전의 기년(紀年)이 조작되었다고 말했지만, 아무런 근거를 제시하지 않았다. 그때부터 지금까지 한국과 일본의 어느 식민사학자도 『삼국사기』와 타 사료에 대한 교차 검증 등의 역사학적 방법론의 결과로 『삼국사기』 불신론을 주창하지 않았다. 유일한 근거는 '『삼국사기』를 믿을 수 없다'는 자신의 머릿속 생각뿐이었다. 이런 '『삼국사기』 초기 기록 불신론'이 아직까지 남한 강단사학계의 하나뿐인 '정설' 또는 '통설'로 자리 잡고 있다는 사실은 세계 역사학계의 불가사의가 아닐 수 없다.[341]

---

리아 히스토리 타임스'가 자세히 전하고 있다.

340 那珂通世, 「加羅考」 『史學雜誌』 제7編 제3號, 1896.

341 '『삼국사기』 초기 기록 불신론'이 아니라 『삼국사기』 불신론'이라고 해야 더 정확하다. 그래서 최재석 교수는 책 제목을 『삼국사기 불신론 비판』(만권당, 2016)이라고 지었다. 이마니시 류는 『삼국사기』의 진흥왕 이전의 기록은 조작[『朝鮮史の栞』(1935)]이라고 주장했는데, 신라 24대 진흥왕(540~576) 이전의 역사가 조작이라는 주장이라면 『삼국사기』(전체 기록) 불신론'이라고 봐야지 '『삼국사기』 초기 기록 불신론'이라고 볼 수는 없기 때문이다.

## 2. 쓰다 소키치가 『삼국사기』 불신론을 주창한 이유

『삼국사기』 불신론을 가장 먼저 주창한 인물은 나카 미치요지만, 이것을 마치 이론적 형태를 갖추고 있는 것처럼 체계화한 인물은 와세다대학과 만철 출신의 쓰다 소키치와 조선총독부의 이마니시 류였다. 그 후 일제 패전 후 『임나흥망사』를 저술해 임나의 강역을 전라도까지 확장시킨 스에마쓰 야스카즈 등 조선총독부 직속의 조선사편수회 출신들이 적극 가담해 불신론을 확장시켰다.

쓰다 소키치는 『삼국사기』의 「신라·고구려·백제 본기」 모두를 비판했는데, 여기에서는 「삼국사기 신라본기에 대하여(三國史記の新羅本紀について)」를 살펴보자. 『삼국사기』 불신론이 왜 나왔는지 알려주기 때문이다. 쓰다 소키치는 1919년 간행한 『고사기 및 일본서기의 신연구(古事記及び日本書紀の新研究)』에서 고대 야마토왜가 신라를 정복했다고 주장했다. 「삼국사기 신라본기에 대하여」는 그 부록 성격의 논문인데, 이렇게 시작한다.

> 조선 반도의 고사(古史)로서 고려시대에 편찬된 『삼국사기』, 특히 「신라본기(新羅紀)」의 상대(上代) 부분에는 이른바 왜(倭) 혹은 왜인(倭人)에 관한 기사가 자못 풍부하게 포함되어 있다. 그러므로 그(『삼국사기』) 기사는 기기(記紀: 『고사기』와 『일본서기』)와 더불어 우리(일본)가 상대사를 천명(闡明)하는 데 귀중한 사료인 것으로 생각된다.[342]

---

342 津田左右吉, 「三國史記の新羅本紀について」 『津田左右吉全集』 別卷 第1, 1966, p. 500.

윗글은 쓰다 소키치가 『삼국사기』 「신라본기」를 연구한 이유를 잘 설명해주고 있다. 『삼국사기』 「신라본기」 자체를 연구하기 위한 것이 아니라 「신라본기」가 왜에 관해서 어떻게 서술하고 있는지를 알아보기 위해서 연구했다는 것이다. 이어 『삼국사기』 초기 기록에 대한 격렬한 비판이 뒤따른다.

> 그러나 진실로 『삼국사기』 상대 부분을 역사적 사실의 기재로 인정하기는 어렵다고 하는 것은 동방(東方)아시아의 역사를 연구한 현대의 학자들 사이에서는 거의 이론(異論)이 없기 때문에 왜에 관한 기재 역시 마찬가지로 사료로서는 가치가 없다고 봐야 한다. 그런데 얼마나 신용하기 어려운가를 정리해 설명하는 것은 아직 구체적이지 않기 때문에 여기서 「신라본기」에 관해서 그 대요(大要)를 적어 독자가 참고할 수 있도록 한다.[343]

쓰다 소키치는 "『삼국사기』 상대 부분을 역사적 사실의 기재로 인정하기는 어렵다."고 전제했다. 그래 놓고는 "그런데 얼마나 신용하기 어려운가를 정리해 설명하는 것은 아직 구체적이지 않기 때문"이라고 덧붙였다. 『삼국사기』 상대 부분, 즉 초기 부분은 역사적 사실을 적은 것으로 인정할 수는 없지만, 왜 인정할 수 없는가는 아직 구체적으로 정리되어 있지 않다는 뜻이다. 『삼국사기』를 가짜로 모는 학문적 논리가 없다는 고백이다. 그래서 쓰다 소키치 자신이 『삼국사기』 「신라본기」의 내용을 왜 신뢰할 수 없는지 처음으로 밝히겠다는 것이다. 그런데 서두에서

---

343 위와 같음.

는 『삼국사기』 상대 부분은 믿을 수 없다는 것이 "현대 학자들 사이에서는 거의 이론이 없다."고 말해 놓고는 자신이 처음 밝힌다는 식의 모순된 이야기를 하고 있다. 이런 모순된 논리는 그때부터 지금까지 한·일 식민사학자들의 논문에서 공통적으로 나타나는 요소이기도 하다. 결국 쓰다 소키치가 『삼국사기』 「신라본기」의 내용을 믿을 수 없다고 주장하는 주된 이유는 『삼국사기』 「신라본기」에 수록된 '왜'에 관한 내용이 자신의 머릿속 생각과 다르기 때문이다.

일본인 식민사학자들은 이미 한반도 남부에 임나일본부가 있었다는 결론을 내리고 있었다. 이 결론과 『삼국사기』 초기 기록이 맞으면 『삼국사기』는 진서(眞書)가 되는 것이고, 맞지 않으면 위서(僞書)가 되는 것이다. 그런데 『삼국사기』는 시종일관 임나일본부 따위는 존재하지 않았다는 역사적 사실을 근거로 편찬되었다. 그래서 쓰다 소키치는 『삼국사기』를 대체할 다른 사서를 찾기 시작했다. 『일본서기』만을 근거로 주장하기에는 논리가 약하니까 중국의 『삼국지』 「위서」를 끌어들인 것이다. 쓰다 소키치의 논리를 계속 검토해보자.

한반도 땅(韓地)에 관한 확실한 문헌은, 현존하는 것으로는, '위지의 한전(魏志の韓傳: 『삼국지』 「위서」 「동이열전」 〈한〉조: 괄호는 필자)'[344]과 그것

---

344 『삼국지』 「위서」 「동이열전」 〈한〉조와 여기 인용된 위략을 뜻한다. 위략은 중요한 내용을 많이 담고 있지만, 전문은 현존하지 않고 『삼국지』에 인용된 형태로 전한다. 일제 식민사학은 『삼국사기』 초기 기록을 부인하고 난 후 그에 대체하는 내용으로 『삼국지』 「위서」 「동이열전」 〈한〉조를 선정했다. 그래서 한국 고대사에 삼한시대라는 것이 강조되는데, 대략 서기전 1세기부터 서기 3~4세기경까지를 삼한시대라고 보고 있다. 이 시기 신라, 고구려, 백제는 삼한의 한 소국에 지나지 않았고, 삼국이 수립된 시기는 3세기 이후부터라는 『삼국사기』 초기 기록 불신론과 동전의 양면적인 관계를 갖고 있다. 이른바

에 인용되어 있는 위략(魏略)이 최초의 것으로, 그것에 의하여 3세기의
상태(狀態)가 알려졌고, 겸하여 거슬러 올라가면 1~2세기경의 대체적인
모습을 상상할 수 있게 된다.[345]

쓰다 소키치는 『삼국지』 「동이열전」 〈한〉조와 여기 인용된 위략이 3
세기의 한반도 상태를 알려주는 '최초'의 문헌이라고 서술했다. 『삼국
지』 「동이열전」 〈삼한〉조는 마한에 54개 소국, 진한과 변한에 각각 12
개 소국, 즉 모두 78개 소국이 있었다고 말하고 있다. 3세기 한반도 남
부에는 78개 소국이 우글대고 있었으니 고대 야마토왜가 진출해 임나일
본부를 설치할 수 있었다는 주장이다. 그래서 『삼국사기』를 버리고 『삼
국지』 「동이열전」 〈한〉조로 대체시켰는데, 이것을 현재까지도 남한 강단
사학자들이 추종해 '『삼국사기』 초기 기록 불신론'을 정설로 삼고 있는
것이다.[346]

그러나 『삼국지』 「동이열전」 〈한〉조가 3세기 한반도 남부의 상황을
설명하고 있는 것으로 보기에는 『삼국지』 「동이열전」 〈한〉조 자신이 무
리라고 말하고 있다. 『삼국지』 「동이열전」 〈한〉조의 시작 부분을 보자.

한은 대방의 남쪽에 있는데, 동쪽과 서쪽은 바다로 한정되어 있고, 남쪽

---

'원삼국'이라는 시기 설정이 삼한시대를 뜻하는 것으로서 아직까지 식민사학이 한국 고
대사에 얼마나 뿌리 깊게 남아 있는가를 잘 말해준다.

345  津田左右吉, 앞의 글 「三國史記の新羅本紀について」, p. 500.

346  국고 47억 원을 들여 만든 『동북아 역사 지도』도 이 논리에 따라서 4세기에도 한반도
남부에 백제, 신라, 가야를 그리지 않았다. 이덕일, 『매국의 역사학, 어디까지 왔나』, 만권
당, 2015 참조.

은 왜와 접해 있으며, 사방 4천 리이다. 세 종족이 있는데, 하나는 마한 (馬韓), 둘은 진한(辰韓), 셋은 변한(弁韓)이며, 진한은 옛 진국(辰國)이 다.[347]

『삼국지』는 한의 강역이 사방 4천 리라고 서술했다. 한의 강역이 사방 4천 리라는 말은 한반도 남부를 설명한 것은 아님을 뜻한다. 삼국시대 도 한나라 도척(度尺)을 사용했는데, 1리는 362.84미터였다. 363미터로 계산하면 사방 4천 리는 1,452제곱킬로미터 정도가 된다. 한반도 동서 의 거리는 좁은 곳은 200킬로미터, 넓은 곳은 320킬로미터 정도로, 가 장 넓은 곳으로 계산해도 『삼국지』 「동이열전」에서 말하는 한이 들어설 자리가 없다. 한반도 남부의 4배 이상 되는 면적이 한의 영토라고 『삼국 지』는 말하고 있다. 한반도 남북의 총길이는 1,100킬로미터가 넘는다. 그래서 『삼국지』에서 말하는 삼한의 면적 비정은 한반도 남부에 대한 설명이 아니다. 또한 한반도 남부의 삼한이 남쪽으로 왜와 접해 있지도 않다. 그래서 단재 신채호는 『조선상고사』 등에서 전삼한(前三韓)과 후 삼한(後三韓)으로 나누어서 전삼한은 만주 강역에 있었고 후삼한은 한 반도에 있었다고 본 것이다.

그러나 식민사학의 특징 중 하나는 같은 사료에서도 자신들에게 유리 한 일부만을 떼어내어 근거로 삼고, 불리한 내용은 모른 체한다는 점이 다. 쓰다 소키치도 『삼국지』의 '한의 강역이 사방 4천 리'라는 면적 서술

---

347 『삼국지』 「오환선비동이열전(烏丸鮮卑東夷列傳)」 〈한〉. "韓在帶方之南, 東西以海爲 限, 南與倭接, 方可四千里. 有三種, 一曰馬韓, 二曰辰韓, 三曰弁韓. 辰韓者, 古之辰 國也."

은 자의적으로 빼버리고 '3세기의 한반도 남부를 설명한 것'이라고 주장하고 있는 것이다.

이런 점에서 주목해야 할 사료가 청나라에서 만든 『흠정 만주원류고(欽定滿洲源流考: 이하 만주원류고)』다. 『만주원류고』는 '흠정'이란 접두어가 붙어 있는 데서 알 수 있는 것처럼 황제에게 바쳤던 책인데, 황실 차원에서 만주족의 뿌리를 찾기 위한 연구서였다. 청 건륭(乾隆) 42년(1777) 내각의 아계(阿桂), 우민중(于敏中), 화곤(和珅), 동고(董誥) 등의 상주로 청나라의 수많은 학자들이 참여해 건륭 54년(1789) 완성한 역사서다. 그런데 『만주원류고』는 삼한을 현재의 요동반도 개평(蓋平), 복주(復州), 영해(寧海) 등지에 비정하고 있다.

> 삼가 상고하건대 삼한은 부여와 읍루 두 나라의 남쪽에 있었는데, 무릇 78개 나라를 거느렸고, 사방 4천 리였다. 마한은 서쪽에 있고, 진한은 동쪽에 있고, 변한은 진한의 남쪽에 있었다. 마한은 북쪽으로 낙랑과 접해 있었는데, 그 관할하던 곳은 지금의 개평·복주·영해다.[348]

『만주원류고』는 낙랑과 삼한을 모두 요동반도에 있었다고 합리적으로 설명하고 있다. 쓰다 소키치를 비롯한 일제 식민사학자들은 처음부터 역사를 위조하려는 불순한 의도를 갖고 있었던 반면, 『만주원류고』 편찬자들은 자신들의 정통성 부분과 상충되는 고구려를 서술에서 제외한 것

---

348 『만주원류고』 권8 '삼한고지·마한도독부·진주·삼한현(三韓故地·馬韓都督府·辰州·三韓縣)'. "謹案三韓在夫餘挹婁二國之南, 所統凡七十八國, 合方四千里. 馬韓在西, 辰韓在東, 弁韓在辰韓之南. 馬韓北與樂浪接, 所轄則在今蓋平復州寧海."

외에는 역사를 왜곡할 의도를 갖고 있지 않았다. 『만주원류고』에서 말하는 삼한에 대한 설명이 1차 사료를 바탕으로 한 것이라는 사실은 분명하다. 그러나 쓰다 소키치가 『삼국사기』를 분석한 것은 역사의 진실을 찾기 위해서가 아니라 임나일본부가 사실이라는 결론을 뒷받침할 사료를 찾기 위해서였다. 그러나 『삼국사기』「신라본기」는 물론 「백제본기」도 임나에 대해서는 일언반구도 없다. 그래서 쓰다 소키치는 『삼국사기』「신라본기」에 대해 이런 결론을 내렸다.

> 이상과 같이 말한 바를 종합해보면 신라기의 상대 부분에 보이는 외국 관계나 영토에 관한 기사는 모두 사실이 아닌 것으로 이해된다.[349]

『삼국사기』「신라본기」초기 기록의 외국 관계나 영토에 관한 기사는 '모두' 사실이 아니라는 주장이다. 편년체로 작성한 수많은 기사가 모두 사실이 아니라는 과감한 주장의 근거는 『삼국지』「동이열전」〈한〉조의 몇 줄짜리 기사와 쓰다 소키치 자신의 머릿속 생각뿐이다.


## 3. 처지가 뒤바뀐 『삼국사기』와 『일본서기』

서기 720년에 편찬된 『일본서기』는 편찬자들이 처음부터 마음먹고 연대를 조작한 역사서다. 야마토왜는 빨라야 3세기 후반경 가야인들이 건너가 시작하는데, 이것을 서기전 660년 하늘에서 천손이 강림해 시작

---

349  津田左右吉, 앞의 글 「三國史記の新羅本紀について」, p. 505.

하는 것으로 1,000년 이상 끌어올렸다. 그러니 연대부터 맞지 않았다. 그래서 메이지 시대 전까지는 『삼국사기』, 『삼국유사』, 『동국통감』 등 우리 역사서를 기준으로 『일본서기』 연대가 맞는지를 판정해왔다. 앞서 설명한 것처럼 『일본서기』의 특정 기사를 2주갑, 120년 끌어올려서 『삼국사기』와 비교해 맞으면 사실로 인정하는 방식이 대표적이었다. 그러나 나카 미치요, 쓰다 소키치, 이마니시 류 등이 『삼국사기』는 가짜고 『일본서기』가 진짜라고 뒤집어 설명하기 시작했다. 한국 침략을 합리화하기 위해 사실과는 180도 다른 주장을 하기 시작한 것이다. 이런 사정에 대해서 교토제국대의 나이토 도라지로[內藤虎次郎 = 內藤湖南(나이토 코난)]가 남긴 말이 있다.

> 원래 아방(我邦: 일본)의 고대사 연구가는 『일본서기』의 기년에 의심을 품는 사람이 많았기 때문에 여기에 대한 유력한 방증(傍證)으로서 조선고사(朝鮮古史: 『삼국사기』, 『삼국유사』 등)의 기년을 참고하고 더욱이 그 기사의 내용까지도 조선고사에 중점을 두는 경향이 있었지만, 이마니시 류 박사가 양국 고사의 근본적 연구 및 『삼국사기』가 이용한 지나사적(支那史籍: 중국 사료) 등의 연구로부터 종래 연구법을 일변하여 일본고사(『일본서기』)에 실려 있는 사실(史實)에 무게를 두게 되었다.[350]

『일본서기』는 기년부터 맞지 않기 때문에 일제강점기 이전에는 기년뿐만 아니라 그 내용까지도 『삼국사기』·『삼국유사』를 기준으로 삼았지만, 이마니시 류가 종래의 연구법을 일변시켰다는 것이다. 즉 『일본서

---

350 나이토 도라지로가 이마니시 류의 『百濟史研究』(近澤書店, 1934)에 써 준 서문에서.

기』만을 사실로 믿고 『삼국사기』·『삼국유사』를 부정하기 시작했다는 말이다.[351]

『일본서기』와 『삼국사기』·『삼국유사』를 비교하면 『일본서기』가 허구라는 점은 쉽게 판명난다. 임나일본부를 사실로 받아들이는 학자들은 한국과 일본이라는 국적을 막론하고 모두 『일본서기』〈신공 49년〉조의 기사를 중시한다. 『일본서기』 신공 49년은 서기 249년인데, 이를 2주갑, 즉 120년 끌어올려 369년의 사건이라고 해석한다. 『임나일본부설은 허구인가』를 쓴 김현구 고려대학교 명예교수는 이렇게 말한다.

> 『일본서기』에 기록된 한반도 남부 경영의 주요 내용은 모두 369년 목라근자의 소위 '가야 7국 평정' 내용을 전제로 해서만 그 사실이 성립될 수 있다.[352]

『일본서기』〈신공 49년〉조는 이해에 신공왕후는 신라에서 백제의 공물을 가로채자 아라타와케와 카가와케를 보내 신라를 정벌하게 했는데, 군사 숫자가 부족하자 다시 군사를 요청해 모쿠라콘지, 사사나코 등이 건너왔다고 설명하고 있다. 그리고 "모두 탁순에 집결해서 신라를 공격해 깨뜨리고, 이로 인해 비자발·남가라·녹국·안라·다라·탁순·가라 7국을 정벌하고, 군사를 서쪽으로 돌려서 고해진에 이르러 남만의

---

351 최근 백제를 야마토왜의 식민지로 묘사하고 임나 강역을 경상남북도에서 전라도까지 확장한 김현구 고려대 명예교수가 법정에서 "자신은 『삼국사기』·『삼국유사』는 모른다."고 증언한 것이 이런 상황을 적나라하게 보여준다.

352 김현구, 『임나일본부설은 허구인가』, 창작과비평, 2010, p. 55.

침미다례를 주륙하고 백제에 주었다."[353]고 주장하고 있다. 신라를 공격했는데 정작 정벌된 곳은 가라 7국이라는 사실은 『일본서기』편찬자들의 희망사항을 기록한 것이지 사실이 아님은 말할 것도 없다. 또한 탁순에 모여서 공격했는데 공격한 후에야 탁순을 정벌했다는 것도 이치에 맞지 않는다.

무엇보다도 위의 기사가 사실이라면 369년에 가야 왕이 교체되었어야 한다. 그러나 『삼국유사』는 가야의 5대 이시품왕이 346년부터 407년까지 재위에 있었다고 말하고 있다.[354] 『삼국유사』는 이시품왕이 369년에 쫓겨나기는커녕 407년까지 왕위에 있다가 그 아들 좌지왕(재위 407~421)에게 물려주었다고 설명하고 있다. 또한 이시품왕이 사농경(司農卿) 극충(克忠)의 딸 정신(貞信)을 왕비로 삼아 좌지왕을 낳았다고 말하고 있고, 6대 좌지왕은 아들 취희왕(재위 421~451)에게 7대 왕위를 물려주었다고 말하고 있다.[355] 369년에 가야 왕실은 아무 변동이 없었다. 『일본서기』의 가라 7국 정벌 기사 따위의 사건은 『삼국사기』·『삼국유사』가 말하는 가야에서는 벌어지지 않았다.

또한 가야와 임나는 건국 연대도 다르다. 『일본서기』에서 임나가 가장 먼저 등장하는 것은 〈숭신(崇神) 65년〉조다.

임나국에서 소나갈질지(蘇那曷叱知)를 파견해서 조공을 바쳤다. 임나는 축자국(筑紫國)에서 2천여 리 떨어져 있으며, 북쪽은 바다로 막혀 있고,

---

353 『일본서기』〈신공 49년〉. "俱集于卓淳, 擊新羅而破之, 因以平定比自㶱·南加羅·喙國·安羅·多羅·卓淳·加羅七國. 仍移兵西, 至古爰津, 屠南蠻忱彌多禮, 以賜百濟."
354 『삼국유사』 제1편 「왕력」편 및 「가락국기」.
355 위와 같음.

계림의 서남쪽에 있다.[356]

숭신 65년은 서기전 33년인데,『삼국유사』「가락국기」는 서기 42년에 가야가 건국되었다고 말하고 있으므로 두 나라의 건국 연대는 최소한 75년 이상 차이가 난다.『일본서기』는 서기전 33년에 이미 임나국이 존재하고 있는 것으로 설명하는데,『삼국유사』「가락국기」는 건무 18년(서기 42)에 수로왕이 가야를 건국한 것으로 설명하고 있다. 건국 연대가 75년 이상 차이 나는 두 나라를 같은 나라라고 말할 수 없는 것은 굳이 설명할 필요도 없다. 또한『일본서기』의 임나국은 지금의 규슈로 비정하는 '축자국에서 2천여 리 떨어져 있고, 북쪽은 바다로 막혀 있다'고 말하고 있으니, 북쪽이 바다가 아니라 내륙인 가야가 될 수는 없다. 그래서『일본서기』에 나오는 임나를 일본 열도 내로 비정하는 분국설이 나온 것이다.


## 4. 분국설의 등장과 임나의 위치

분국설은 북한의 김석형이 1963년에「삼한 삼국의 일본 열도 내 분국에 대하여」라는 논문에서 처음 주장한 이래『초기 조일 관계사(하)』(1988)에서 다시 정리한 견해다. 고구려, 백제, 신라, 가야 등이 일본 열도에 진출해 세운 분국들이『일본서기』에 등장하는 고구려, 백제, 신라,

---

356 『일본서기』〈숭신 65년 7월〉. "任那國, 遣蘇那曷叱知, 令朝貢也. 任那者, 去筑紫國 二千餘里, 北阻海以在鷄林之西南."

임나 등이라는 내용이 핵심이다. 김석형은 이렇게 서술했다.

> 5세기 이전 시기(기원전후 시기까지)의 조일 관계사의 주되는 내용은 조
> 선의 본국들과 일본 땅에 있던 조선 계통 소국들과의 관계이다. 이 시기
> 아직 통일적 중심이 없었던 일본 땅에서 벌어진 조선 계통 소국들의 호
> 상 관계에 대해서는 알 길이 없고, 다만 조선 계통 소국들의 그 본국과의
> 관계가 오늘 우리가 알 수 있는 전부라고 말할 수 있다. 조선과 일본의
> 옛 기록에 나오는 이 시기 조일 관계 자료는 바로 조선 본국과 일본 땅에
> 있었던 조선 계통 소국과의 관계를 말하는 것이라고 생각한다.[357]

『일본서기』에 다수 등장하는 고구려, 백제, 신라, 임나 등을 『삼국사
기』·『삼국유사』의 고구려, 백제, 신라, 가야로 볼 수는 없다. 『일본서기』
와 『삼국사기』가 같은 시기, 같은 지역에 대해 서술하고 있다면 반드시
일치하는 내용이 있어야 하는데, 전혀 다른 내용만 서술되어 있는 것이
다. 따라서 『일본서기』가 의도적으로 조작·변개한 것이든지, 아니면 고
구려, 백제, 신라, 가야 등이 일본 열도에 진출해 세운 일본 내 소국들에
대해 서술한 것이라고 보면 합리적이라는 것이다. 김석형은 이렇게 덧
붙였다.

> 이 시기에 일본 땅으로 이주해 간 조선 사람들은 자기들이 살던 본국 고
> 장의 이름을 따서 이주해 가 사는 마을과 고을, 소국에 붙였다. 일본 열
> 도 서부 도처에 조선 이름이 굵직굵직한 것만 해도 가라, 시라기, 고마,

---

357 김석형, 앞의 책 『초기 조일 관계사(하)』, p. 2.

<表2> 임나의 위치에 대한 여러 학설

| 한반도 남부설 | | 일본 열도설(분국설) | |
|---|---|---|---|
| 쓰다 소키치 | 김해 | 김석형 | 기비–나라 부근 |
| 이마니시 류 | 김해~경북 고령 | 최재석, 문정창, 윤내현 | 대마도 |
| 스에마쓰, 김현구 | 경상도~전라도 | 김인배 · 김문배 | 규슈 |

\* 임나의 위치에 관한 학설은 크게 두 종류이다. 하나는 일본 열도 내로 비정하는 것이고, 다른 하나는 한반도 남부로 비정하는 것이다.


구다라, 아라 등의 이름이 붙은 마을, 고을, 소국들이 생겼고, 이들은 일찍부터 본국과 접촉을 가졌을 것이다.[358]

김석형의 분국설은 일본 학계에 큰 충격을 주었다. 일본인 학자들도 한국을 다시 침략하려는 극우파 역사학자를 제외하고는 『일본서기』에 나오는 고구려, 백제, 신라 등을 『삼국사기』에 나오는 나라들로 볼 수 없었기 때문이다. 지금도 일본 열도 내에는 무수한 한국계 지명이 남아 있다. 간략한 예를 들면 지목(志木: 시키), 백목(白木: 시라키) 등은 신라 계통 지명이고, 거마(巨麻: 코마), 맥백(狛=貊白: 코마시로) 등은 고려, 즉 고구려 계통 지명이며, 구태량(久太良: 쿠다라), 구다량(久多良: 쿠다라)은 백제 계통 지명이고, 당(唐: 가라), 가량(可良: 가라) 등은 가야 계통 지명이다.

지금까지 이런 지명이 남아 있다는 것은 고구려 · 백제 · 신라 · 가야 사람들이 일본 열도에 진출해 대를 이어 살았다는 것을 의미한다. 그러나 『일본서기』에 나오는 임나 지명들은 앞서 탁순이라든지 침미다례 같

---

358   위와 같음.

은 경우에서 알 수 있듯이 한반도 남부에서 그 흔적을 찾을 수가 없다. 원래부터 존재하지 않았기 때문이다.


## 5. 369~371년의 『삼국사기』와 『일본서기』 기록의 차이

두 학설 중 어느 것이 맞는지는 관련 사료들을 살펴봐야 할 것이다. 한반도 남부설은 『삼국사기』·『삼국유사』는 부인하고 『일본서기』만 일방적으로 신봉하는 기사인 반면, 일본 열도설은 『일본서기』에 대한 비판적 분석과 일본 열도 내의 고고학 유물과 삼국·삼한의 일본 내 현존 지명 등을 가지고 분석한 것이다. 앞서 말했듯이 한반도 남부설은 모두 『일본서기』〈신공 49년(249)〉조의 기사를 근거로 삼는다. 이를 120년 끌어올려서 369년으로 해석하는 것이다. 그러나 『일본서기』에 야마토왜가 신라를 정벌했다는 기사는 〈신공 49년〉조뿐만 아니라 신공이 섭정하고 있었다는 〈중애 9년(200)〉조에도 나온다. 같은 신공왕후가 한 일인데, 임나일본부설을 신봉하는 학자들은 〈중애 9년〉조는 사실로 인정하지 않고, 〈신공 49년〉조만 사실로 인정한다. 왜 〈중애 9년〉조는 사실이 아니고 〈신공 49년〉조는 사실인지에 대한 설명은 하지 못한다. 자신들이 그렇게 생각한다는 것뿐이다.

그럼 〈중애 9년〉조의 내용을 보자. 중애 9년 겨울 신공왕후가 직접 신라를 정벌했다는 기사다. 1년 중 가장 추운 음력 10월에 대한해협을 건너 신라를 정벌했다는 주장이다. 〈중애 9년〉조는 왕후의 군대가 나타나자 신라 왕이 "내가 듣기에 동쪽에 신국(神國)이 있는데, 일본이라고 한다. 또한 성왕(聖王)이 계시는데, 천황(天皇)이라고 한다. 이는 반드시 그

나라의 신병(神兵)일 것이다. 어찌 군사를 들어 저지하겠는가.”라면서 스스로 항복하고 조공을 바치겠다고 맹세했다고 전한다. 이때 고구려와 백제 두 나라 왕도 몰래 그 군세를 엿보고 항복했는데, 이것이 삼한이라는 것이다.[359] 중애 9년은 서기 200년으로 신라는 내해왕 5년, 고구려는 산상왕 4년, 백제는 초고왕 35년이다. 신라·고구려·백제 왕 중 어느 누구도 신공에게 항복하는 일 따위는 없었다. 『일본서기』의 기년에 120년을 더해서 연대를 보정하면 중애 9년은 320년이다. 320년은 신라 흘해왕 11년, 고구려 미천왕 21년, 백제 비류왕 17년인데, 물론 삼국이 야마토왜에 항복했다는 이야기는 『삼국사기』에 전혀 나오지 않는다.

신공 49년은 서기 249년인데, 일본인들은 역시 2주갑 올려서 369년의 일이라고 주장한다. 369년에 신라는 내물왕 14년, 백제는 근초고왕 24년, 고구려는 고국원왕 39년이다. 『삼국사기』에는 물론 야마토에서 온 군사가 가야를 점령하고 남쪽의 침미다례를 빼앗아 백제에게 하사했다는 이야기 등은 나오지 않는다. 『일본서기』는 〈중애 9년〉조와 〈신공 49년〉조에 신라를 점령했다는 기사가 나온다. 『일본서기』의 기년 그대로 산정하든 120년을 끌어올려서 산정하든 『삼국사기』·『삼국유사』에 따르면 그런 일 따위는 존재하지 않았다. 둘 중 하나는 거짓을 말하는 것이다.

그런데 식민사학자들은 『일본서기』 〈중애 9년〉조는 사실이 아니라면서 〈신공 49년〉조는 사실이라고 달리 주장한다. 그렇다면 역사학적 방법

---

359 『일본서기』 〈중애 9년〉. “吾聞, 東有神國, 謂日本. 亦有聖王, 謂天皇. 必其國之神兵也. 豈可擧兵以距乎. 即素旆而自服. 素組以面縛. 封図籍 …… 於是高麗. 百濟二國王 聞新羅收図籍降於日本國. 密令伺其軍勢. 則知不可勝. 自來于營外. 叩頭而款曰. 從今以後. 永称西蕃. 不絶朝貢. 故因以定內官家. 是所謂之三韓也. 皇后從新羅還之.”

론에 따라서 다른 사료로 교차 검증했더니 〈중애 9년〉조는 사실이 아니지만 〈신공 49년〉조는 사실이라고 논증해야 하지만, 그런 과정은 생략되었다. 모든 기준은 자신들의 머릿속 생각뿐이기 때문이다. 그럼 일본인 식민사학자들이 사실로 인정하는 〈신공 49년〉조를 다시 한 번 보자.

> 49년 봄 3월에 (신공왕후가) 아라타와케와 카가와케를 장군으로 삼고, 백제 사신 구저 등과 함께 군사를 다스려 건너가게 해서 탁순국에 이르러 신라를 공격하려 했다. 이때 어떤 사람이 "군사 숫자가 적기 때문에 신라를 공격해서 깨뜨릴 수 없습니다. 다시 사와쿠코로를 보내 군사 증원을 요청해야 합니다."라고 말했다. (신공왕후는) 곧 모쿠라콘지(목라근자)와 사사나코(사사노궤)(이 두 사람은 성을 알 수 없다. 다만 모쿠라콘지는 백제의 장군이다)에게 정예로운 군사를 주어 사와쿠코로와 함께 파견해 탁순에 모두 모여 신라를 공격해 깨뜨리고, 이로 인해 비자발 · 남가라 · 녹국 · 안라 · 다라 · 탁순 · 가라 7국을 평정했다. 군사를 서쪽으로 돌려서 고해진에 이르러 남쪽 오랑캐인 침미다례를 도륙해서 백제에게 주었다.[360]

신공왕후가 신라를 다시 정벌한 이유는 조공품 때문이라는 것이 『일본서기』의 설명이다. 신공 47년(247)에 신라에서 백제의 공물을 빼앗아 신라의 공물인 것처럼 야마토에 바쳤기 때문에 화가 난 신공이 신라를

---

360 『일본서기』〈신공 49년〉. "以荒田別 · 鹿我別爲將軍, 則與久氏等共勒兵而度之, 至卓淳國, 將襲新羅. 時或曰 '兵衆少之, 不可破新羅. 更復, 奉上沙白蓋盧, 請增軍士.' 卽命木羅斤資 · 沙々奴跪[是二人不知其姓人也, 但木羅斤資者百濟將也] 領精兵, 與沙白蓋盧共遣之, 俱集于卓淳, 擊新羅而破之, 因以平定比自炑 · 南加羅 · 喙國 · 安羅 · 多羅 · 卓淳 · 加羅七國. 仍移兵西, 至古爰津, 屠南蠻忱彌多禮, 以賜百濟."

정벌하러 군사를 보냈다는 것이다. 『일본서기』는 조공에 한이 맺힌 역사서다. 수많은 전쟁이 조공품 때문에 일어난다. 『일본서기』의 대부분의 정벌 기사는 모순으로 가득 차 있는데, 이 기사도 마찬가지다. 첫째, 신라를 공격했는데, 정작 정벌된 곳은 가라 7국이라는 것이다. 둘째, 탁순에 모여서 공격했는데, 가라 7국 정벌의 결과로 탁순이 정벌되었다는 것도 이치에 맞지 않는다. 셋째, 기껏 군사를 보내 정벌하고는 백제에게 주었다는 것도 이치에 맞지 않는다. 그런데 『일본서기』는 과정은 엉터리지만 그 결론은 명확해서 고대 야마토왜가 삼국과 가라 등을 점령했다는 것이다. 이 〈신공 49년〉조의 기사가 앞서 김현구 교수가 말했듯이 가라 7국을 정벌하고 임나를 세웠다는 '임나일본부설의 요체'다.

## 6. 이른바 임나 7국의 위치 비정

『일본서기』는 신공 49년 가라를 점령하고 그 자리에 임나 7국을 세웠다고 서술하고 있다. 메이지 이래 일본인 학자들은 이른바 이 임나 7국에 대해서 위치 비정을 시도했다. 그중 대표적인 인물이 스에마쓰 야스카즈다. 스에마쓰 야스카즈는 도쿄제대 사학과를 졸업하고 조선총독부 직속의 조선사편수회에서 수사관으로 근무했으며, 경성제국대학에서도 학생들을 가르쳤다. 그는 일제 패전 후 다른 일본인 학자들이 역사학이 제국주의 침략 도구로 이용된 것을 반성하고 있던 1949년 『임나흥망사』를 발간해 '대일본제국은 다시 한국을 점령할 수 있다'는 뜻을 패전의 실의에 젖은 일본 국민들에게 전달했다. 『임나흥망사』는 임나를 가라라고 주장하면서 그 크기를 전라남도 전부와 충청남북도 일부, 경상남북도 일부에 걸치는 제국으로 그려 놓았다. 현재 한국 고대사학계에서는 김현구뿐만 아니라 여러 학자들이 '임나 = 가야'라고 전제하고 논리를 전개하고 있다.

그런데 이른바 임나의 위치를 비정한 인물 중에 아유카이 후사노신 (鮎貝房之進: 1864~1946)이라는 인물이 있다. 그는 1894년 한국으로 건너와서 활동했는데, 그의 활동 중 특기할 만한 것이 바로 명성황후 시해 사건에 가담한 것이다. 그는 러일전쟁 때 공을 세워 1906년에 훈(勳) 6 등을 수여받았고, 1916년에는 조선총독부 박물관의 협의원이 되었으며, 『잡고 일본서기 조선지명고(雜攷日本書紀朝鮮地名攷)』라는 책을 썼다. 일본의 낭인 깡패 아유카이 후사노신은 임나 7국 중에 탁순을 대구로 비정했다.[361] 『삼국사기』 「지리지」에 "대구현(大丘縣)은 본래 달구화현 (達句火縣)인데, 경덕왕 때 개명해서 지금에 이르고 있다."[362]는 기록이 있기 때문이라는 것이다. 『삼국사기』의 이 구절이 어떻게 임나의 탁순을 지금의 대구로 비정하는 근거가 되는지 이해하기 힘들 것이다. 탁순의 '탁'과 달구벌의 '달'의 발음이 비슷하다는 것이다.

후술하겠지만, 놀랍게도 이런 논리가 지금까지 일본은 물론 남한 강단사학계에도 그대로 통용되고 있는 상황이다. 스에마쓰 야스카즈는 『임나흥망사』의 영문 초록에서 이렇게 말했다.

1893년에 출간된 간 마사토모의 『임나고(任那考)』는 임나 역사 연구에

---

361  鮎貝房之進, 『雜攷日本書紀朝鮮地名攷』, 東京, 國書刊行會, 昭和 12(1937), p. 303.
362  『삼국사기』 「지리지」 〈대구현〉. "大丘縣, 本達句火縣, 景德王改名. 今因之."

중요한 선구적 역할을 했다. 과거 50년 동안 여러 중요한 서지학적 연구
와 고고학 연구가 있었는데, 그중 『일본서기』에 기록된 한국 지명 연구
를 수록한 1937년의 아유카이의 『잡고』가 임나 역사 연구에 새로운 견
해를 더했다. 필자는 본 연구가 아유카이의 연구 덕분임을 알린다. 그가
사용한 방법은 646년 이전 한·일 관계에 관한 모든 관련 주에 대해 임
나를 강조하는 방식으로 조사되었다. 이 방법은 본래 간 마사토모를 이
은 것…….[363]

스에마쓰 야스카즈는 아유카이 후사노신의 연구 덕분에 자신의 연구
가 가능했다고 밝히고 있다. 임나의 위치 비정이 명성황후 시해에 가담
한 낭인 깡패에 의해 시작되었다는 말이다. 스에마쓰 야스카즈는 아유
카이 후사노신의 연구를 바탕으로 임나 위치를 비정했고 『임나흥망사』
를 썼는데, 신공 49년, 즉 서기 369년의 『일본서기』 기사에 대해서 이렇
게 설명했다.

기사년(369. 괄호는 필자)의 기사를 중요시하는 이유는 그해에 평정했다
고 기록된 지역의 넓이에서 알 수 있다. 먼저 신라를 공격해서 평정했다
는 7국에 관해서 보면, 다음과 같이 낙동강 중류 이남의 태반에 걸쳐 있
었던 지역이다.[364]

스에마쓰 야스카즈의 이런 주장에 대해 지리학자 정암은 이렇게 비판

---

363  末松保和, 앞의 책 『任那興亡史』, p. 1.
364  末松保和, 앞의 책 『任那興亡史』, p. 46.

하고 있다.

스에마쓰는 369년에 야마토왜가 군사를 보내 신라를 공격해서 7국을 평
정했는데, 그 지역이 낙동강 중류 이남의 대부분이라고 주장하고 있다.
그런데 『삼국유사』의 가야 6국과 『일본서기』의 가야 7국은 나라 숫자도
다르고, 나라 이름도 모두 다르다. 즉 『일본서기』는 이 임나 7국을 비자
발·남가라·탁국·안라·다라·탁순·가라라고 기록하고 있지만, 『삼
국유사』는 가야 6국을 금관가야·대가야·고령가야·아라가야·성산
가야·소가야라고 기록하고 있다. 양자를 비교하면 같은 국명이 하나도
없음을 알 수 있다. 그럼에도 스에마쓰는 가야 7국이 경상도 남부에 있
었다고 주장한다.[365]

그러면 스에마쓰 야스카즈는 무슨 논리로 이른바 임나 7현(7국)을 한
반도 남부로 비정하는지 살펴보자. 먼저 아유카이 후사노신이 대구라고
비정한 탁순에 대해서 스에마쓰는 무엇이라고 하는지 살펴보자.

탁순(卓淳)은 첫째 탁순(啄淳)에서 만들었다.[「흠명천황기(欽明天皇紀)」]
위에서 인용한 것처럼 일본군의 집결지이자 아래 기술하는 것처럼 백제
에서 처음으로 일본에 건너간 사신의 도래지라는 점으로 볼 때, 앞서 말
한 달구화(達句火)에 해당한다고 보는 것이 더 자연스러울 것이다. 지금

---

365  정암, 「스에마쓰와 김현구의 임나 위치 비정에 관한 소고(小考)」, 역사 관련 단체 연합학
　　술회의 자료집 『재상륙한 임나일본부설』, 2016, p. 35.

의 경상북도 대구이다.[366]

스에마쓰는 탁국(喙國)을 대구로 비정해야 하는데 탁순이 대구이기 때문에 탁국을 대구로 비정할 수 없다는 것이다. 그럼 탁국은 어디라고 비정했을까?

탁국은 『삼국사기』의 달구화현에 해당한다고 보는 것이 가장 쉽지만, 아래에서 기술하는 것처럼 달구화는 탁순(卓淳)에 해당하기 때문에 탁국은 달구화 남쪽 3리 남짓 떨어진 압독군(押督郡)이다. 압독의 독(督)이 탁(喙)과 통한다고는 할 수 없지만, 압(조선어 발음 ap)은 남쪽이나 앞(前)을 의미하는 조선어 ap, arp을 나타내는 것으로, 달구화의 지리적 관계로부터 생각해보면 어울리는 이름이다. 지금의 경상북도 경산군이다.[367]

스에마쓰의 논리는 이런 것이다. 탁국의 '탁'과 달구화(대구)의 '달'이 발음이 비슷하기 때문에 탁국을 대구로 비정해야 하는데, 탁순을 대구로 비정해버렸다는 것이다. 그래서 찾아보니 경산의 옛 이름이 압독인데, 압은 한국어의 방위사 '앞'과 같으므로 대구 앞에 있는 경산으로 비정하겠다는 것이다.

그런데 『일본서기』에는 백제에서 탁순으로 사신을 보내 일본으로 가는 길을 물어보았다는 기사가 나온다.[368] 스에마쓰의 해석대로라면 해양

---

366  末松保和, 앞의 책 『任那興亡史』, p. 47.
367  末松保和, 앞의 책 『任那興亡史』, pp. 46~47.
368  『일본서기』〈신공 46년〉. "百濟王, 聞東方有日本貴國, 而遣臣等, 令朝其貴國. 故, 求道路以至于斯土. 若能教臣等令通道路, 則我王必深德君王."

왕국 백제가 내륙인 대구로 가서 야마토왜에 가는 길을 물어보았다는 것이다. 이런 논리가 그대로 통해서 고려대학교 명예교수 김현구는 스에마쓰 설을 그대로 따라 탁순을 대구로 비정했다.[369]

스에마쓰 지명 비정의 압권은 침미다례다. 앞서 인용한 『일본서기』 〈신공 49년〉조에 "군사를 서쪽으로 돌려서 고해진에 이르러 남쪽 오랑캐인 침미다례를 도륙해서 백제에게 주었다."[370]는 그 침미다례다. 김현구는 『삼국사기』를 비롯한 한국의 온갖 역사지리서를 뒤졌지만 침미다례 비슷한 지명을 하나도 찾을 수 없었다. 탁순의 '탁'과 달구벌의 '달'의 발음이 같다는 희한한 논리를 동원해도 찾을 수 없었다. 그러자 스에마쓰는 침미다례의 일본어 발음을 가지고 위치를 찾기 시작했다.

> 이어 둘째로 서쪽의 정복지로는 먼저 남만 침미다례가 있다. 이것을 하나의 지명으로 본다면 중심은 침미(忱彌)에 있다. 침미에 관한 첫 번째 후보지로 여겨지는 곳은 『삼국사기』「지리지」 무진주(武珍州)의 도무군(道武郡) 및 그 군의 속현 중 하나인 동음현(冬音縣)이다. 도무와 동음은 각각 군과 현으로 구별되는 별개의 지역이지만, 원래 도무라는 지역에서 분화된 것으로 그 지방 일대가 도무의 땅이었음을 나타내는데, 그것은 지금의 전라남도 서남단에 가까운 강진(康津) 지방이다.[371]

스에마쓰는 '침미다례'에 'トムタレ(토무다례)'라는 일본어 발음을 달

---

369 김현구, 앞의 책 『임나일본부설은 허구인가』, p. 43.
370 『일본서기』 〈신공 49년〉. "仍移兵西, 至古爰津, 屠南蠻忱彌多禮, 以賜百濟."
371 末松保和, 앞의 책 『任那興亡史』, pp. 47~48.

아 놓았다. 토무다레라는 발음을 가지고 한국의 역사지리서를 뒤지자 『삼국사기』「지리지」에 무진주에 속한 군현 중에 도무군이 나왔다. 도무군의 속현 중 하나인 동음현이 전라남도 옛 강진에 있었으니까 『일본서기』의 침미다레를 전라남도 강진에 비정한 것이다. 사실 이 논리는 아유카이가 만들어 놓은 것을 스에마쓰가 그대로 가져다 쓴 것이다. 김현구도 아유카이와 스에마쓰를 따라서 강진으로 비정했다.[372]

일본인들의 임나 위치 비정이라는 것이 이런 식이었다. 정상적인 사고라고 보기 어려운 아유카이 후사노신과 스에마쓰 야스카즈의 이런 위치 비정이 놀랍게도 남한 강단사학계에서 맹위력을 떨치는 것이다. 아유카이 후사노신에 대해 김태식은 이렇게 설명했다.

> 그러나 점패방지진(鮎貝房之進: 아유카이 후사노신)은 방대한 문헌 고증을 통하여 임나의 지명 비정 범위를 경남·경북 및 충남·전남까지 확장시켜서, 임나는 경주 지방 부근과 부여·공주 일대를 제외한 한반도 남부 전역을 가리키게 되었다. 그것은 『일본서기』에 왜의 한반도 내 지배 영역이었다고 상정된 '임나'의 범위를 넓혀 잡기 위해 그가 문헌 비교 및 언어학적 추단을 거듭함으로써 얻어진 연구 결과였다고 여겨진다.[373]

명성황후 시해에 가담한 낭인 깡패에 대해 김태식은 "방대한 문헌 고증", "문헌 비교 및 언어학적 추단" 등의 용어를 써가면서 위대한 학자

---

372  김현구, 앞의 책 『임나일본부설은 허구인가』, p. 44.
373  김태식, 「가야사 인식의 제문제」, 국사편찬위원회, 『한국사 7: 삼국의 정치와 사회 3—신라·가야』, 1997, p. 277.

라도 되는 양 높였다. 명성황후 시해에 가담한 깡패답게 임나의 영역이 신라와 백제의 수도였던 '경주 · 부여 · 공주'를 제외한 '한반도 남부 전역'이라고 우기는데, "문헌 비교 및 언어학적 추단을 거듭함으로써 얻어진 연구 결과"라고 높이는 것이다. 김태식은 스에마쓰 야스카즈에 대해서는 이렇게 설명했다.

> 그 후 말송보화(末松保和: 스에마쓰 야스카즈)는 기존의 지명 고증을 비롯한 문헌 고증 성과에 의존하면서 한국, 중국, 일본 등의 관계 사료를 시대 순에 따라 종합함으로써 고대 한 · 일 간 대외 관계사의 틀을 마련하였다. 그리하여 최초로 학문적 체계를 갖춘 이른바 '남한경영론(南韓經營論)'을 완성시켰으니, 그 설을 요약하면 다음과 같다.[374]

김태식은 여기에서 스에마쓰 야스카즈의 설을 일곱 가지로 나누어 자세히 설명했다. '탁순'의 '탁'자와 '달구벌'의 '달'자가 같으니 탁순이 대구라는 논리가 남한 강단사학계에 오면 "최초로 학문적 체계를 갖춘" 대학문으로 둔갑하는 것이다. 그럼 김태식은 분국설을 주창한 북한의 김석형에 대해서는 무엇이라고 말하는지 살펴보자.

> 북한의 김석형은 『일본서기』와 일본 고고학 자료들을 가지고 일본 열도 내에서의 상황을 중심으로 한 고대 한일 관계사 영역을 개척하여서 이른바 '분국설'을 내놓았다. 그에 따르면 4~5세기의 일본 고분 문화는 백제, 가야 등 한반도로부터 영향을 받아서 이루어졌고, 그 주체 세력들은 모

---

374 김태식, 위의 글 「가야사 인식의 제문제」, p. 278.

두 한국 계통 소국, 즉 분국이었으며, 『일본서기』에 나오는 한반도 관계 기사는 일본 열도 내부의 한국 계통 소국들 사이의 일을 반영한다는 것이다. …… (그러나) 분국설은 『일본서기』를 비롯한 문헌 사료들을 이용할 때 거의 모든 사료를 무리하게 일본 열도에서의 사실로 억측함으로써 오히려 한반도 내의 가야사를 포기한 결과를 초래하였다.[375]

김태식이 김석형의 분국설을 비판하는 논리가 앞뒤가 맞지 않는다는 사실은 쉽게 알아차릴 수 있을 것이다. 김석형의 분국설은 임나는 가야가 아니라는 것이다. 즉 가야계가 일본 열도에 진출해 세운 소국이 임나라는 것인데, 김태식은 '가야＝임나'라는 것이고, 그 위치는 한반도 남부라는 것이다. 김석형의 분국설에 따르면 가야사는 가야사대로 연구하고, 그 분국인 일본 열도의 임나사는 임나사대로 따로 연구하면 된다. 이것이 오히려 가야사를 풍부하게 하는 것인데, 김태식은 "한반도 내의 가야사를 포기한 결과를 초래하였다."고 우기는 것이다.

김석형의 '분국설'은 일본 학계에 엄청난 영향을 미쳤다. 김태식조차도 "(김석형의) 이 연구 결과들은 고고학적 문화 전파의 방향을 올바르게 제시하여 일본 고대사 자체 및 임나일본부의 취약성을 입증함으로써 1970년대 이후 일본 학계의 반성을 촉구하는 데 성공하였다."[376]라고 평가할 수밖에 없었다.

『일본서기』에 나오는 고구려 · 백제 · 신라 · 가라 관계 기사는 도저히 『삼국사기』에 나오는 고구려 · 백제 · 신라 · 가야를 뜻한다고 받아들일

---

375 김태식, 위의 글 「가야사 인식의 제문제」, pp. 288~289.
376 김태식, 위의 글 「가야사 인식의 제문제」, p. 288.

수 없었다. 일본 학자들도 이를 인식했기 때문에 김석형의 '분국설'이 나오자 이 학설을 받아들이려는 조짐이 있었던 것이다. 그러나 문제는 남한 강단사학자들의 태도였다. 김현구는 이렇게 말한다.

> 김석형의 '삼한 삼국의 일본 열도 내 분국론'은 관련 자료를 일방적으로 한국 측에 유리하게 자의적으로 해석하고 있다고 볼 수 있다.[377]

김현구는 자신의 저서에서 "특별한 경우가 아니면 지명 비정은 스에마쓰의 설을 따랐다."[378]라고 말했다. 임나사의 핵심이 위치 비정이다. 이런 위치 비정에서 김현구는 일본 극우파 스에마쓰를 추종한다. 물론 총론에서는 스에마쓰에 대한 비판도 한두 마디 끼워 넣어 자신의 본심을 감추지만, "임나일본부설에 대해 고전적인 정의를 내린 사람은 일제강점기 경성제국대학에서 교편을 잡았던 스에마쓰 야스카즈였다."[379]라고 임나일본부설에 대해 '고전적인 정의'를 내린 대학자로 칭송했다.

스에마쓰 야스카즈에 대한 칭송과 김석형의 분국론에 대한 비판은 김태식과 김현구에서 그치는 것이 아니다. 인제대학교 교수 이영식은 "분국론은 별도로 하더라도 『일본서기』에 보이는 임나일본부의 문제는 한반도 남부의 가야 지역에서 일어났던 역사적 사실임에 틀림없다."라고 주장한다. 우스운 논리다. 분국론은 왜 별도로 해야 하나? 『일본서기』에 나오는 임나가 가야계가 일본 열도에 진출해서 세운 분국이라는 설을

---

377 김현구, 앞의 책 『임나일본부설은 허구인가』, p. 174.
378 김현구, 앞의 책 『임나일본부설은 허구인가』, p. 43.
379 김현구, 앞의 책 『임나일본부설은 허구인가』, p. 16.

논리적으로 반박하는 것이 학문이지, 일본 우익 학계에 큰 타격을 준 '분국론'은 별도로 하고 무조건 '임나＝가야설'을 주창하는 것이 학문은 아니다.

『일본서기』가 문제 많은 역사서라는 이야기는 앞서 여러 번 설명했다. 그런데 이영식은 『일본서기』에 대해서 이렇게 말한다.

> 현대적 국가 의식을 배제할 수 있는 방법은 오히려 『일본서기』로 다시 돌아가는 일이다. 객관적인 사료 비판을 통해 관련 기술을 다시 보는 일이 무엇보다 중요하다. 그러나 우선은 『일본서기』의 기록을 있는 그대로 보는 태도도 필요하다.[380]

『일본서기』의 기록을 "있는 그대로" 보면 고구려, 신라, 백제는 모두 야마토왜의 식민지가 된다. 세 나라는 모두 야마토왜에 조공을 바치는 속국이 된다. 그런 『일본서기』를 사료 비판도 하지 말고 그대로 보자는 것이다. 고구려·백제·신라를 야마토왜의 속국으로 보자는 말이다. 『동북아 역사 지도』에서 신라, 백제, 가야는 삭제하거나 축소한 반면 야마토왜는 거대한 제국으로 그려 놓은 것이 그냥 나온 실수가 아니라 의도적인 것이라는 반증이다. 실제로 이영식은 "오히려 『일본서기』의 정밀한 사료 비판은 다음 문제일 수 있다."[381]면서 『일본서기』에 대한 사료 비판도 하지 말고 무조건 『일본서기』를 믿자고 주장한다. 한마디로 갈 데

---

380 이영식, 「임나일본부에 대한 연구의 역사」, 강만길 외, 『우리 역사를 의심한다』, 서해문집, 2002, p. 46.
381 이영식, 위의 글 「임나일본부에 대한 연구의 역사」, p. 47.

까지 가보자는 것이다.

그럼 『일본서기』를 무조건 믿어야 하는지 한 대목을 가지고 살펴보자. 서기 371년의 기록을 『삼국사기』와 『일본서기』를 가지고 분석해보자. 이때는 『일본서기』 신공 51년인데, 주갑제로 120년을 끌어올려 371년의 일로 해석한다. 『일본서기』는 야마토왜에서 사신을 보내자 백제 근초고왕 부자가 이마를 땅에 대고 이렇게 맹세했다고 전한다.

> 귀국의 넓은 은혜는 무겁기가 하늘과 땅과 같습니다. 어느 날 어느 때인들 감히 잊겠습니까? 성왕께서 위에 계셔서 밝기가 해와 달 같으신데, 지금 신하가 아래에 있어서 굳기가 산악과 같으니 영원히 서쪽 울타리가 되어 끝까지 두 마음을 갖지 않겠습니다.[382]

근초고왕 부자가 야마토왜에서 온 사신에게 이마를 땅에 대고 영원한 충성을 맹세했다는 371년에 백제에서는 어떤 일이 있었는지 『삼국사기』를 살펴보자. 『삼국사기』 「백제본기」 〈근초고왕 26년(371)〉조는 이렇게 말한다.

> 겨울에 왕이 태자와 함께 정예군 3만 명을 거느리고 고구려에 침입하여 평양성을 공격하였다. 고구려 왕 사유가 필사적으로 항전하다가 화살에 맞아 사망하자 왕이 군사를 이끌고 물러났다.[383]

---

382 『일본서기』 〈신공 51년〉. "貴國鴻恩, 重於天地, 何日何時, 敢有忘哉. 聖王在上, 明如日月, 今臣在下, 固如山岳, 永爲西蕃, 終無貳心."
383 『삼국사기』 「백제본기」 〈근초고왕 26년〉. "冬, 王與太子帥精兵三萬, 侵高句麗, 攻平壤城麗王斯由力戰拒之, 中流矢死, 王引軍退."

이해 백제는 고구려에 대한 그간의 열세를 만회하고 드디어 고국원왕까지 전사시켰다. 개국 이래 최고의 전성기를 구가하던 때였다. 이 내용은 『삼국사기』 「고구려본기」에도 나온다. 371년에 근초고왕이 고구려 평양성까지 진격해 고국원왕을 전사시켰다는 『삼국사기』 「백제본기」 및 「고구려본기」 기사와 같은 해 야마토에서 온 사신에게 근초고왕 부자가 이마에 땅을 대고 영원한 충성을 맹세했다는 『일본서기』 기사 중 하나는 거짓이 분명하다. 무엇이 거짓일까? 『일본서기』가 거짓임이 분명하지만, 다른 사료들과 교차 검증해보자.

『삼국사기』는 고구려 고국원왕 사유의 이름을 쇠(釗)라고도 한다.[384] 근초고왕이 고국원왕을 전사시킨 사건은 『위서』 「고구려열전」에도 "쇠는 후에 백제에게 죽임을 당했다."[385]라고 나온다. 『삼국사기』 371년조 기사는 중국의 『위서』에 의해서도 사실로 입증된다.

반면 『일본서기』는 자신만의 일방적 주장이다. 『일본서기』의 〈중애 9년〉조는 말할 것도 없고, 〈신공 49년〉조와 〈신공 51년〉조도 모두 거짓이다. 그래서 심지어 신공왕후 자체가 가공인물이라는 주장까지 나오는 것이다. 반면 『삼국사기』는 일부 삭제한 내용은 있을지언정 사실이 아닌 내용을 기재한 적은 없는 정확한 사서다. 그러나 남한의 강단사학계는 『일본서기』를 믿자고 주장한다. 『일본서기』에 대한 사료 검증도 하지 말자고 주장한다.

369년에 야마토왜가 한반도 남부의 가야를 정벌하고 임나를 설치한

---

384 『삼국사기』 「고구려본기」 〈고국원왕 즉위년(331)〉. "고국원왕[故國原王: 국강상왕(國岡上王)이라고도 한다]은 이름이 사유이다(쇠라고도 한다)."
385 『위서』 「고구려열전」. "釗後爲百濟所殺."

일 따위는 존재하지 않았다. 『삼국사기』 불신론은 모두 일제 식민사학의 조작이고, 가야는 임나가 아니다. 사료가 그렇게 말하고 있다.


## 7. 파탄 난 '『삼국사기』 불신론'과 '임나＝가야설'

'『삼국사기』 불신론'과 '임나＝가야설'은 조선총독부의 한국 강점 논리라는 정치적 함의를 제외하고라도 관련 사료를 역사학적 방법론으로 검토해보면 금방 거짓임이 드러난다. 최소한의 상식이 통하는 서구 학계 같았으면 이미 폐기 처분되었을 논리다. 그러나 '『삼국사기』 불신론'과 '임나＝가야설'은 역설적으로 학문이 아니라 일본 극우파의 정치 선전이기 때문에 명맥을 유지하고 있는 것이다. 정치적 필요성 때문에 명맥을 유지하고 있는 것이다.

1990년대 전후부터 일본 문부성 장학금이나 일본 극우파 장학금 등을 받고 일본에 유학하고 돌아온 남한 학자들이 '『삼국사기』 불신론'과 '임나＝가야설'을 퍼뜨리고 있는 현실이 이를 반영한다. 그리고 이 나라는 이런 망국적 설을 퍼뜨리는 학자들이 전국의 주요 대학은 물론 역사 관련 국책기관에도 포진해 있기 때문에 마치 '가야＝임나설'이 사실인 것처럼 전파되고 있다. 이 망국적 논리를 '정설' 또는 '통설'로 포장해 국민들을 속인다. 이 설들은 여차할 경우 일본 극우파의 한국 강점 논리로 전환될 수 있기 때문에 전 국민적 관심사항이 되어야 하고, 따라서 국가 차원의 대책이 필요하다.

그러나 대한민국의 역사 관련 국책기관들은 대부분 식민사학자들에게 장악당해 국민들의 바람과는 달리 이런 논리를 전파하는 기관이 되었다는 비판이 거세다. 이런 국가기관들을 대한민국 국민들의 바람대로 개편하지 못한다면 존폐 차원의 문제 제기가 이루어질 것이다. 이제 국민들이 이 문제에 대한 인식을 새롭게 하고 있기 때문이다.

# 참고문헌

## 1. 사료

『高麗史』,『管子』,『括地志』,『舊唐書』,『讀史方輿紀要』,『孟子』,『北史』,『史記』,『史記索隱』,『史記正義』,『史記集解』,『山海經』,『三國史記』,『三國遺事』,『三國志』,『書經』,『說文』,『水經』,『水經注』,『詩經』,『呂氏春秋』,『燕轅直指』,『熱河日記』,『魏略』,『魏書』,『日本書紀』,『日知錄』,『資治通鑑』,『潛夫論』,『晉書』,『太平寰宇記』,『通典』,『漢書』,『淮南子』,『後漢書』

## 2. 단행본 · 논문 등

공석구,「『중국 역사 지도집』의 평양 지역까지 연결된 진 장성 고찰」,『선사와 고대』 43호, 2015.

_____,「낙랑군의 위치와 갈석산」,『요서 지역 조사와 현장 토론회 자료집』, 동북아역사재단, 2016.

공학유,『삼국지 역사기행』, 삼국지연구회 · 이주영 옮김, 이목, 1995.

김교경 · 정강철,「물성 분석을 통하여 본 점제비와 봉니의 진면모」,『조선고고연구』, 1995년 제4호.

김상현,「백제 위덕왕의 부왕을 위한 추복(追福)과 몽전관음(夢殿觀音)」,『한국 고대사 연구』 15, 1999.

김석형,「삼한 삼국의 일본 열도 내 분국에 대하여」,『력사과학』, 1963년 1월호.

_____,『초기 조일 관계사(하)』, 평양, 사회과학출판사, 1988.

김태식,「가야사 인식의 제문제」, 국사편찬위원회,『한국사 7: 삼국의 정치와 사회 3 ─신라 · 가야』, 1997.

_____,『미완의 문명 7백 년 가야사 1』, 푸른역사, 2002.

김현구,『임나일본부설은 허구인가』, 창비, 2010.

노태돈 편저,『단군과 고조선사』, 사계절, 2010.

노태돈,「고조선 중심지 변천에 대한 연구」,『한국사론』 23, 1990.

도면회 · 윤해동 엮음,『역사학의 세기: 20세기 한국과 일본의 역사학』, 휴머니스트, 2009.

리순진,『평양 일대 락랑무덤에 대한 연구』, 사회과학출판사, 1966.

리지린,『고조선 연구』, 평양, 과학원출판사, 1962.

문정창,『한국사의 연장, 고대 일본사』, 인간사, 1989.

박상진 · 강애경,「백제 무령왕릉 출토 관재의 수종(樹種)」,『국립박물관 고적조사 보고서』 23, 1991.

박양식,「서양사학 이론에 비추어 본 실증사학」,『숭실사학』 제31집, 2013.

박정학 · 심백강 · 이덕일,『미래로 가는 바른 고대사 1』, (사)유라시안 네트워크, 2016.

서영수, 「고조선의 위치와 강역」 『한국사 시민 강좌』 2집, 일조각, 1988.

———, 「대외 관계사에서 본 낙랑군」 『사학지』 제31집, 1998. 12.

송호정, 「고조선의 위치와 중심지 문제에 대한 고찰」 『한국 고대사 연구』 58, 한국고대사학회, 2010.

———, 『고조선 국가 형성 과정 연구』, 서울대학교 출판부, 1999.

———, 『단군, 만들어진 신화』, 산처럼, 2004.

———, 『한국 고대사 속의 고조선사』, 푸른역사, 2003.

신용하 · 임재해 · 윤명철 · 백종오 등, 『고조선 문명 총서 세트』(전 6권), 지식산업사, 2018.

안정준, 「오늘날의 낙랑군 연구」 『역사비평』, 2016년 봄호.

우실하, 『고조선 문명의 기원과 요하 문명』, 지식산업사, 2018.

———, 『동북공정 너머 요하 문명론』, 소나무, 2007.

윤내현, 『고조선 연구(상 · 하)』, 만권당, 2015.

———, 『한국 고대사 신론』, 만권당, 2017.

윤휘탁, 「'포스트(post) 동북공정': 중국 동북 변강 전략의 새로운 패러다임」 『역사학보』 197, 2009.

이개석, 「현대 중국 역사학 연구의 추이와 동북공정의 역사학」 『중국의 동북공정과 중화주의』, 고구려연구재단, 2005.

이기동, 「고조선 연구, 무엇이 문제인가」 『한국사 시민 강좌』 49집, 일조각, 2011.

———, 「북한에서의 고조선 연구」 『한국사 시민 강좌』 2집, 일조각, 1988.

이기백, 「고조선의 국가 형성」 『한국사 시민 강좌』 2집, 일조각, 1988.

———, 『한국사 신론』, 일조각, 1999.

이덕일, 『매국의 역사학, 어디까지 왔나』, 만권당, 2015.

———, 『한국사, 그들이 숨긴 진실』, 역사의아침, 2009.

이덕일 해역, 『리지린의 고조선 연구』, 말, 2018.

이덕일 · 김병기, 『고조선은 대륙의 지배자였다』, 역사의아침, 2006.

이병도, 『역주 삼국사기』, 한국학술정보, 2012.

———, 『한국 고대사 연구』, 박영사, 1976.

———, 『한국고대사론』, 한국학술정보, 2012.

———, 『한국고대사회사론고』, 한국학술정보, 2012.

———, 『한국사 대관(大觀)』, 동방도서, 1983.

———, 『한국사: 고대편』, 한국학술정보, 2012.

이병선, 『임나국과 대마도』, 동양서원, 1992.

이영식, 「임나일본부에 대한 연구의 역사」, 강만길 외, 『우리 역사를 의심한다』, 서해문집, 2002.

이형구, 「리지린의 〈고조선 연구〉 그 후」 『한국사 시민 강좌』 49집, 일조각, 2011.

정암,「스에마쓰와 김현구의 임나 위치 비정에 관한 소고」, 역사 관련 단체 연합학술회의 자료
　　집,『재상륙한 임나일본부설』, 2016.

정인보,『조선사 연구(상)』,『담원 정인보 전집』, 연세대학교 출판부, 1983.

『조선반도사』, 연도 미상, 미국 하와이대학 해밀튼도서관 소장.(『친일반민족행위관계사료집 Ⅴ─
　　일제의 조선사 편찬 사업』에서 인용)

조희승,『초기 조일 관계사(상)』, 평양, 사회과학출판사, 1988.

진단학회,『역사가의 유향』, 일조각, 1991.

최재석,『고대 한일 관계사 연구』, 경인문화사, 2010.

_____,『삼국사기 불신론 비판』, 만권당, 2016.

_____,「임나왜곡사 비판」『통일신라 · 발해와 일본의 관계』, 일지사, 1993.

_____,『일본 고대사의 진실』, 경인문화사, 2010.

_____,『한국 고대사회사 방법론』, 일지사, 1987.

홍성화,「『중국 역사 지도집』의 편찬 과정과 강역 인식」『백산학보』100호, 2014.

황순종,『임나일본부는 없었다』, 만권당, 2016.


『朝鮮古蹟圖譜』, 朝鮮總督府, 1915.

今西龍,「加羅疆域考」, 1919.

那珂通世,『朝鮮古史考』, 1894~1896.

_____,「加羅考」『史學雜誌』第7篇 第3號, 1896.

譚其驤 主編,『中國歷史地圖集』,『釋文滙編東北卷』, 中央民族學院出版社, 1987.

稻葉岩吉,「秦長城東端及王險城考」『史學雜誌』第21篇 第2號

末松保和,『任那興亡史』, 吉川弘文館, 1949.

鮎貝房之進,『雜攷 日本書紀朝鮮地名攷』, 東京, 國書刊行會, 昭和 12年(1937).

中國社會科學院 主辦, 譚其驤 主編,『中國歷史地圖集』, 第2冊, 秦 · 西漢 · 東漢時期, 中國地圖
　　出版社, 1982.

津田左右吉,「三國史記の新羅本紀について」『津田左右吉全集』別卷 第1, 1966.

_____,「任那疆域考」, 1913.

_____,「浿水考」,『朝鮮歷史地理』(1913),『津田左右吉全集』(1964), 第11卷, 岩波書店.

黃惠賢 主編,『二十五史人名大辭典』, 中州古籍出版社, 上冊, 1994.

『新譯 史記 1』,「本紀」, 臺北, 三民, 2011.

# 찾아보기

# 동아시아 고대사의 쟁점

**초판 1쇄 펴낸 날**    2019. 1. 25.

지은이    이덕일
발행인    양진호
책임편집  김진희
디자인    김민정
발행처    도서출판 |만권당▮

등    록    2014년 6월 27일(제2014-000189호)
주    소    (04045) 서울시 마포구 양화로 56 동양한강트레벨 718호
전    화    (02) 338-5951~2
팩    스    (02) 338-5953
이메일    mangwonbooks@hanmail.net

ISBN  ISBN  979-11-88992-03-4  (93900)

이 도서의 국립중앙도서관 출판예정도서목록(CIP)은 서지정보유통지원시스템 홈페이
지(http://seoji.nl.go.kr)와 국가자료공동목록시스템(http://www.nl.go.kr/kolisnet)에
서 이용하실 수 있습니다.(CIP제어번호: CIP2019001007)